中国特色高水平高职学校建设项目成果
浙江省“十三五”会计优势专业建设项目成果
省级精品课程教材
浙江省普通高校“十三五”新形态教材
浙江省重点教材
国家文化产业资金支持媒体融合重大项目
高等职业教育教学改革融合创新型教材·财经基础课

基础会计（第五版）

赵 筠 白海龙 主 编
杨 艾 黄 法 副主编

JICHU KUAIJI

东北财经大学出版社 大连
Dongbei University of Finance & Economics Press

图书在版编目（CIP）数据

基础会计 / 赵筠，白海龙主编．—5版．—大连：东北财经大学出版社，2022.7
（高等职业教育教学改革融合创新型教材·财经基础课）
ISBN 978-7-5654-4454-8

Ⅰ．基…　Ⅱ．①赵…②白…　Ⅲ．会计学-高等职业教育-教材
Ⅳ．F230

中国版本图书馆CIP数据核字（2022）第017252号

东北财经大学出版社出版
（大连市黑石礁尖山街217号　邮政编码　116025）
网　址：http：//www.dufep.cn
读者信箱：dufep@dufe.edu.cn
大连天骄彩色印刷有限公司印刷　东北财经大学出版社发行

幅面尺寸：185mm×260mm　字数：387千字　印张：17.25
2022年7月第5版　2022年7月第1次印刷

责任编辑：张晓鹏　刘贤恩　责任校对：孟　鑫　包利华
封面设计：原　皓　版式设计：原　皓

定价：39.00元

教学支持　售后服务　联系电话：（0411）84710309

如有印装质量问题，请联系营销部：（0411）84710711

富媒体智能型教材出版说明

“财经高等职业教育富媒体智能型教材开发系统工程”入选国家新闻出版广电总局新闻出版改革发展项目库，并获得文化产业专项资金支持，是“国家文化产业资金支持媒体融合重大项目”。项目以“融通”“融合”“共建”“共享”为特色，是东北财经大学出版社积极落实国家推动传统媒体与新媒体融合发展的重要举措之一。

“财济书院”智能教学互动平台是该工程项目建设成果之一。该平台通过系统、合理的架构设计，将教学资源与教学应用集成于一体，具有教学内容多元呈现、课堂教学实时交互、测试考评个性设置、用户学情高效分析等核心功能，是高校开展信息化教学的有力支撑和应用保障。

富媒体智能型教材是该工程项目建设成果之二。该类教材是我社供给侧结构性改革探索性策划的创新型产品，是一种新形态立体化教材。富媒体智能型教材秉持严谨的教学设计思想和先进的教材设计理念，为财经职业教育教与学、课程与教材的融通奠定了基础，较好地避免了传统教学模式和单一纸质教材容易出现的“两张皮”现象，有助于教学质量的提高和教学效果的提升。

从教材资源的呈现形式来说，富媒体智能型教材实现了传统纸质教材与数字技术的融合，通过二维码建立链接，将VR、微课、视频、动画、音频、图文和试题库等富媒体资源丰富地呈现给用户；从教材内容的选取整合来说，其实现了职业教育与产业发展的融合，不仅注重专业教学内容与职业能力培养的有效对接，而且很好地解决了部分专业课程学与训、训与评的难题；从教材的教学使用过程来说，其实现了线下自主与线上互动的融合，学生可以在有网络支持的任何地方自主完成预习、巩固、复习等，教师可以在教学中灵活使用随堂点名、作业布置及批改、自测及组卷考试、成绩统计分析等平台辅助教学工具。

富媒体智能型教材设计新颖，一书一码，使用便捷。使用富媒体智能型教材的师生首先下载“财济书院”App或者进入“财济书院”（www.idufep.com）平台完成注册，然后登录“财济书院”，输入教材封四学习卡中的激活码，建立或找到班级和课程对应教材，就可以开启个性化教与学之旅。

“重塑教学空间，回归教学本源！”“财济书院”平台不仅仅是出版社提供教学资源和服务的平台，更是出版社为作者和广大院校创设的一个教学空间，作者和院校师生既是这个空间的使用者和消费者，也是这个空间的创造者和建设者，在这里，出版社、作者、院校共建资源，共享回报，共创未来。

最后，感谢各位作者为支持项目建设所付出的辛劳和智慧，也欢迎广大院校在教学中积极使用富媒体智能型教材和“财济书院”平台，东北财经大学出版社愿意也必将陪伴广大职业教育工作者走向更加光明而美好的职教发展新阶段。

东北财经大学出版社

第五版前言

“基础会计”是会计专业的专业基础课，也是经济管理类各专业的共同必修课。本课程将为后续的“财务会计”“成本会计”等会计专业课程奠定理论基础。

本书以我国最新颁布的企业会计准则为依据，以培养学生会计职业岗位能力和取得初级会计专业技术资格认证为目标，以“夯实会计基础知识，注重会计操作技能，培养学生会计职业素养，形成会计综合职业能力”为宗旨，按照“理实一体”的设计理念，将理论知识、实际操作技能融为一体，以会计信息生成为主线，根据完成实际会计工作任务的逻辑顺序优化整合教材内容。

本书改革了以理论为核心的传统教材体系，突出了会计基础理论与基本操作技能一体化，围绕会计工作的要求来选择课程内容。为适应会计专业高职教育改革、落实培养高素质技能型人才的要求，在会计优势专业课程建设和教材建设过程中，我们结合多年从事会计教学工作的经验，重新修订并编写了本书。本书在结构和内容上体现了如下特点：

1.校企合作，强调实训

本书的编写，除了有教学一线的骨干教师参加外，还邀请企业财务人员直接参与教材大纲的制定、实训项目的编写以及课程的实训指导，按照企业实际工作整合教学内容，不仅尊重教学规律，也有助于提升学生会计职业技能，充分满足高职高专学生的学习要求，做到了循序渐进、通俗易懂，符合会计职业要求。

2.课证融通，内容新颖

本书注重实践操作，为与初级会计专业技术资格内容相配套，在体例设计上，突出了实践教学的重要性。同时，本书依据新企业会计准则，结合数字经济发展，实现了教材内容的全部更新，以进一步提高学生分析问题、解决问题的能力。

3.突出“教、学、做”一体化

本书合理安排了基础理论与实践教学的内容。在体例设计上，为充分体现“学中做、做中学”的指导思想，运用了大量企业典型工作实例，并插入了“课堂实训”；同时，为与学生考证内容相配套，在每章最后，设计了相应的单项选择题、多项选择题、判断题及实训题。

4.案例教学，资源丰富

本书十分注重案例教学，运用了大量典型的工作实例。同时，配有丰富的数字化课程资源，包括微课、课程标准、PPT教学课件、习题库、案例等。选用本书的教师可登录东北财经大学出版社“财济书院”（www.idufep.com）免费下载。丰富的资源有利于教师采用线上线下相结合的混合式教学模式，有助于推进课程教学改革。

本书由浙江金融职业学院赵筠教授、齐鲁医药学院白海龙老师担任主编，杨艾副教授以及注册会计师、财务总监黄法担任副主编。本书具体编写分工为：赵筠编写第1章至第6章，白海龙编写第7章和第8章，杨艾编写第9章和第10章，黄法参与本书大纲的制定、课程实训的设计。全书最后由赵筠教授总纂定稿。

本书可作为高等职业院校会计及其他经济管理类专业的教材，也可作为各类财会培训学校教材以及从事会计工作的人员自学用书。

本书在编写过程中，得到有关专家、同行以及企业财务人员的大力支持与协助，在此表示诚挚的感谢。由于我国正处于执行新企业会计准则的过程中，许多新知识、新问题还有待于进一步学习和解决，再加上编者水平有限，时间仓促，书中疏漏之处在所难免，恳请广大读者不吝赐教，批评指正。

编　者

2022年2月于杭州

目 录

第 1 章

会计认知

知识目标

1. 明确会计的概念、职能、目标及对象。
2. 明确会计假设、会计核算基础及会计信息质量要求。
3. 掌握会计核算方法和会计准则体系。

能力目标

1. 能明确会计的基本理论和基本方法。
2. 能初步认识会计职业并对自己的会计职业生涯进行规划。

思政目标

1. 树立诚信意识，坚持职业操守。
2. 树立守法意识，坚持准则，不做假账。

重点难点

重点：基本职能、对象、目标、会计假设、会计核算基础、会计信息质量要求。
难点：会计核算基础。

1.1 会计的含义

1.1.1 会计的产生和发展

1）会计的产生

会计的产生和发展已经历了很长的历史时期。它是随着社会生产的发展和加强管理的要求而产生，并随着社会经济，特别是市场经济的发展和科学技术的进步而不断完善、提高的。

物质资料的生产，是人类社会存在和发展的基础。人们在进行生产活动时，一方面要创造物质财富，取得一定的劳动成果；另一方面要发生劳动耗费，包括人力、物力的耗费。在一切社会形态中，人们进行生产活动时，总是力求以尽可能少的劳动耗费，取得尽可能多的劳动成果，做到所得大于所费，提高经济效益。为达到这一目的，人们在社会生产中除了不断采用新技术、新工艺外，还必须对劳动过程进行组织和规划，同时对劳动耗费和劳动成果进行记录和计算，并将计算的结果与以往的结果或他人的结果进行比较和分析。这种对所得与所费进行记录和比较的要求，正是会计产生的前提。

在原始社会的初期，由于生产简单，人们只凭头脑记忆即可。当社会生产力发展到出现剩余产品时，会计才逐渐从生产职能中分离出来，成为特殊的、专门委托的当事人的独立职能。

会计的产生始于人类社会的早期生产，它最初只是生产职能的附带部分，在古希腊、古巴比伦曾有在树木、石头上刻记符号的会计遗迹。我国上古时期，尚无文字，人们“结绳记事”“刻契记数”，这是会计产生的萌芽。那时其只是“生产职能的附带部分”，没有统一的计量尺度和记账方法，只是人类的原始计量和记录行为，通常称为“史前会计”。当社会生产力发展到一定水平，出现了剩余产品，为从事会计活动的社会分工提供了物质条件时，会计才逐渐地从生产职能中分离出来，形成特殊的、专门的独立职能，并逐渐形成了专门从事这一工作的专职人员。可见会计是生产活动发展到一定阶段的产物。它伴随着生产活动的产生、发展而产生，其作用是管理生产。

2）会计的发展

在我国，“会计”一词产生于西周时期。当时，专门设有核算官方财赋收支的官职——司会，并对财物收支采取了“月计岁会”的办法，即“零星算之为计，总合算之为会”。

到了封建社会，由于生产过程的日趋复杂和商品经济的发展，会计方法也有了很大发展。秦汉时期出现的“簿书”、南北朝时期出现的“账簿”等会计账册，用来登记经济业务事项。唐宋两代，记账方法有了新的发展，主要表现在创建了“四柱清册法”，通过“旧管（期初余额）+新收（本期收入）-开除（本期支出）=实在（期末余额）”的基本公式进行结账。每一柱都反映了经济活动的一个方面。该原理在近代会计中占有很重要的地位，为我国通用的收付记账法奠定了基础。

明末清初之际，山西人傅山创建“龙门账”，一般认为这是我国最早的复式记账法。它把全部账目划分为“进（收入）”“缴（支出）”“存（资产）”“该（负债）”四大类，运用“进-缴=存-该”的平衡公式进行核算，设总账进行“分类记录”，并编制“进缴表”和“存该表”，计算其差额，决定其盈亏。当时人们把这种双轨制计算盈亏并核对账目的方法叫“合龙门”。“龙门账”因此而得名。“进缴表”和“存该表”分别相当于现代会计中的“利润表”和“资产负债表”。清代，又产生了“四脚账”，并逐步形成了中式簿记，这些均促进了我国会计工作的发展。

会计方法的演变，经历了单式记账向复式记账的转变过程，这是社会经济发展的客观要求。在欧洲，12世纪到15世纪，地中海沿岸的热那亚、威尼斯等城市商业已非常繁荣，繁荣的商品经济及相互依存的借贷资本，迫切要求通过会计全面、系统地反映经济活动。1494年，被誉为“现代会计之父”的意大利数学家卢卡·帕乔利出版了第一部关于复式记账法的专著《算术、几何、比及比例概要》，该书从理论上对借贷记账法作了全面系统的阐述，有力地推动了借贷记账法的传播和发展，为西方会计学的建立和发展奠定了坚实的基础。这一科学的记账方法很快在欧洲乃至全世界流传。借贷记账法的产生，标志着近代会计的形成。复式借贷记账法于清末通过日本传入我国。

20世纪以来，特别是第二次世界大战结束后，资本主义生产社会化程度得到空前的加强，现代科学技术以及经营管理科学也高速发展。受社会、政治、经济、科学技术、环境等因素的影响，传统的会计不断充实和完善，使财务会计工作更加标准化、科学化和规范化，逐步形成了为企业内部经营管理提供信息的管理会计体系，从而使会计工作从传统的事后记账、算账、报账转为事前的预测与决策、事中的监督与控制、事后的核算与分析。管理会计的产生与发展，是会计发展史中的一次伟大变革，从此，现代会计形成了财务会计和管理会计两大分支。

随着现代化生产的迅速发展和经济管理水平的提高，电子计算技术广泛应用于会计核算，使会计信息的搜集、分类、处理、反馈等操作过程摆脱了传统的手工操作，大大提高了工作效率，实现了会计科学的根本变革。在传统财务会计的基础上，通过变革而逐步形成了现代会计。

1.1.2 会计的概念

会计是以货币为主要计量单位，以提高经济效益为主要目标，以凭证为依据，用一系列专门的技术方法，对一定主体的经济活动进行全面、综合、连续、系统的核算和监督，并向有关方面提供会计信息的一种经济管理活动。上述定义包括的要点主要有：

（1）会计以货币作为主要计量单位，但货币不是唯一的计量单位。

（2）会计拥有一系列专门方法。会计核算方法主要包括：设置会计科目和账户、复式记账、填制和审核会计凭证、登记会计账簿、成本计算、财产清查和编制会计报告等。

（3）会计具有核算和监督的基本职能。

（4）会计的本质是管理活动。

会计按其报告的对象不同，又有财务会计与管理会计之分。财务会计主要侧重于向企业外部关系人提供有关企业财务状况、经营成果和现金流量情况等方面的信息；管理会计主要侧重于向企业内部管理者提供进行经营规划、经营管理、预测和决策所需的相关信息。财务会计侧重于过去的信息，为外部有关各方提供所需的数据；管理会计侧重于未来的信息，为内部管理部门提供数据。两者的区别见表1-1。

表 1-1　财务会计与管理会计的区别

会计的分类（按其报告的对象不同）	财务会计	（1）主要侧重于对外、过去的信息，为外部有关各方提供所需的数据； （2）向企业外部关系人提供有关企业财务状况（资产负债表）、经营成果（利润表）和现金流量（现金流量表）情况等方面的信息
	管理会计	（1）主要侧重于对内、未来的信息，为内部管理部门提供数据； （2）向企业内部管理者提供进行经营规划、经营管理、预测和决策所需的相关信息

1.1.3　会计的基本职能

会计的职能是指会计在经济管理活动中所具有的功能。会计的基本职能是核算和监督。

1）会计核算

会计核算贯穿于经济活动的全过程，它是会计最基本的职能，又称反映职能，是指会计以货币为主要计量单位，通过确认、计量、记录、报告等环节，对特定主体的经济活动进行记账、算账、报账，为各有关方面提供会计信息的功能。

记账是指对特定单位的经济活动按照一定的记账方法，在账簿中进行登记；算账是指在记账的基础上，对特定单位一定时期的收入、费用、利润和一定日期的资产、负债、所有者权益进行计算；报账是指在算账的基础上，对特定单位的财务状况、经营成果和现金流量以会计报表的形式向有关方面进行报告。会计核算是会计工作的起点和基础，是会计工作必不可少的内容。

会计确认是定性问题，即判断发生的经济活动是否属于会计核算的内容、归属于哪类性质的业务，是作为资产还是作为负债或其他会计要素入账等；会计计量是定量问题，即在会计确认的基础上确定入账的具体金额；会计记录是将经过确认、计量的经济事项通过一定方法记载下来的过程；会计报告是确认和计量的结果，即通过报告，将确认、计量和记录的结果进行归纳和整理，以财务报告的形式提供给信息使用者。

2）会计监督

会计监督职能又称控制职能，是指会计人员在进行会计核算的同时，对特定对象经济业务的合法性、合理性进行审查。

合法性审查是指保证各项经济业务符合国家的有关法律法规，遵守财经纪律，执行国家的各项方针政策，杜绝违法乱纪行为；合理性审查是指检查各项财务收支是否符合特定单位的财务收支计划，是否有利于预算目标的实现，是否有奢侈浪费行为，是否有违背内部控制制度等现象，为增收节支、提高经济效益严格把关。会计监督职能具有以下两个特点：

（1）会计监督主要是通过价值指标进行的。

（2）会计监督要对单位经济活动的全过程进行监督，包括事前、事中和事后监督。

3）会计核算和会计监督的关系

会计核算与会计监督两项基本职能关系密切、相辅相成、辩证统一。会计核算职能是会计的首要职能，是会计监督的基础，会计监督是会计核算的质量保证。会计核算工作的好坏，直接影响到会计信息质量的高低，并为会计监督提供依据。但是，如果只有核算没有监督，就难以保证会计核算所提供信息的真实性和完整性，会计核算的作用就难以发挥。

随着生产力水平和管理水平的日益提高，会计所发挥的作用更加重要，同时会计职能也在不断地丰富和发展，现代会计除了会计核算和会计监督两个基本职能外，还具有预测经济前景、参与经济决策、评价经营业绩等其他职能。

会计职能如图1-1所示。

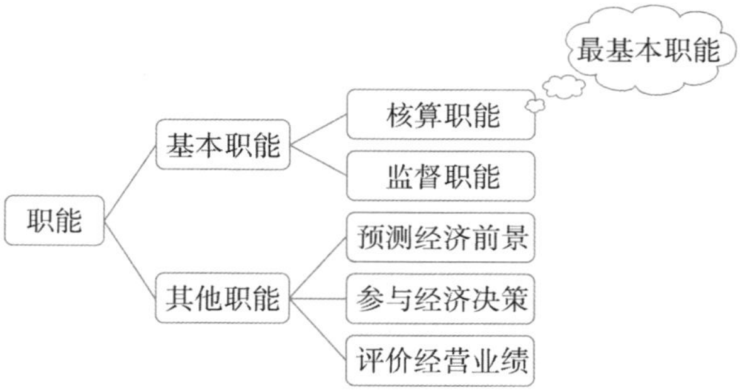

图1-1　会计职能

1.1.4　会计的基本特征

1）会计以货币为主要计量单位

会计要反映和监督特定单位经济活动内容，需要运用多种计量尺度，包括实物量度（如千克、吨、件等）、劳动量度（如工时等）和货币量度，但以货币量度为主。当然，实物量度和劳动量度都能够具体反映各项财产、物资的增减变动和生产过程中的劳动消耗，对核算和经济管理都是必要的，但这两种量度都不能综合反映会计的内容，而综合又是会计的一个主要特点。会计以货币作为综合计量尺度，全面地、系统地反映和监督特定单位的财产物资、财务收支、生产过程中的劳动消耗和成果，并计算出最终财务成果。因此，以货币为主要计量尺度，综合反映特定单位的经济活动情况，是现代会计的一个重要特点。

2）会计必须以合法的原始凭证为核算依据

单位要如实地反映会计记录和会计信息，就要求单位对发生的所有经济业务都必须取得或填制合法的凭证，在会计核算时按照国家统一会计准则的规定，对原始凭证进行审核，以合法的原始凭证为核算依据，保证会计记录和会计信息的真实性、可靠性和一致性。

3）会计核算具有连续性、系统性、全面性和综合性

所谓连续性，是按业务发生的时间顺序逐笔、逐日记录，不能中断；系统性是指会计在反映经济业务时，要按经济业务性质不同分门别类地进行登记反映；全面性是指会计在反映经济业务时，要全面反映、分文不漏；综合性是指会计将大量零星、分散的数据，加以分类、汇总并用金额反映，使之成为有用的信息。

4）会计具有一系列比较科学的核算方法

国家对会计核算制定了一系列的法律、法规和制度，有一套科学完整的专门核算方法。因此，单位在进行会计核算时要按照规定的核算方法进行，只有这样，才能保证会计核算信息的合法性、一致性和可比性。

1.1.5　会计的目标

会计目标是在一定的会计环境下，人们期望通过会计活动所要达到的境地或结果。会计目标取决于相关的会计环境，尤其是相关会计环境中会计信息使用者的特征。一般来说，有什么样的会计环境，就有什么样的会计信息使用者，从而就有什么样的会计目标。

根据《企业会计准则——基本准则》的定位，财务会计报告的目标是向企业财务会计报告使用者（包括投资者、债权人、政府及其有关部门和社会公众等）提供与企业财务状况、经营成果和现金流量等有关的会计信息，反映企业管理层受托责任履行情况，有助于财务会计报告使用者作出经济决策。

【想一想】

1.会计职能有哪些？

2.会计的目标是什么？

1.2　会计的对象

会计的对象是指会计所核算和监督的内容。凡是特定主体能够以货币表现的经济活动，都是会计核算和监督的内容，也就是会计的对象。以货币表现的经济活动通常又称为价值运动或资金运动。因此，会计核算和监督的内容（即会计对象）就是资金运动。

任何单位的资金都要经过资金的投入、资金的循环与周转（即运用）和资金退出这样一个运动过程。下面以工业企业为例说明资金运用的过程。

资金运动如图 1-2 所示。

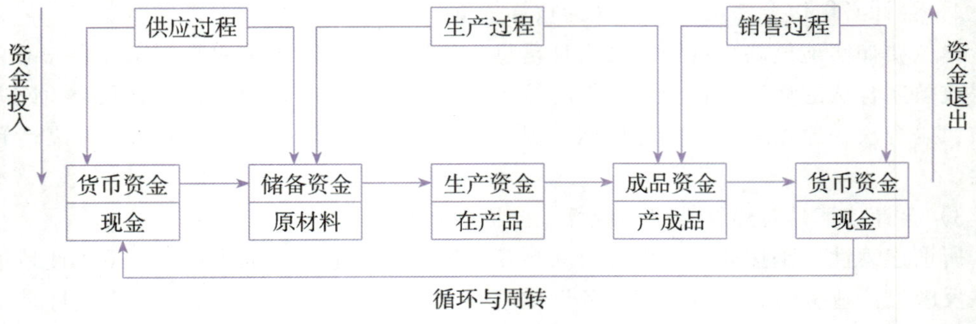

图1-2　资金运动图示

1.2.1 资金投入

工业企业要进行生产经营，必须拥有一定的资金，这些资金的来源包括所有者投入的资金和从债权人借入的资金两部分，前者属于所有者权益，后者属于企业债权人权益——负债。投入企业的资金被用于购买机器设备和原材料并支付职工的工资等。这样投入的资金最终构成企业的流动资产、非流动资产。

1.2.2 资金循环与周转

资金的循环与周转分为供应、生产、销售三个阶段。在供应过程中，企业要购买材料等劳动对象，发生材料买价、运输费、装卸费等材料采购成本，与供应单位发生货款结算关系。在生产过程中，劳动者借助于劳动手段将劳动对象加工成特定的产品，发生材料消耗的材料费用、固定资产磨损的折旧费用、生产工人劳动耗费的人工费用等，构成产品使用价值与价值的统一体，同时，还将发生企业与工人之间的工资结算关系、与有关单位之间的劳务结算关系等。在销售过程中，将生产的产品销售出去，发生有关销售商品、收回货款、缴纳税金等业务活动，并同购货单位发生货款结算关系、同税务机关发生税务结算关系等。企业获得的销售收入，扣除各项费用后的利润，还要提取盈余公积并向所有者分配利润。

由此可见，企业的资金运动是从货币资金形态开始，经过供、产、销三个环节，分别表现为储备资金形态、生产资金形态、成品资金形态，最后又回到货币资金形态，资金的这一运动过程称为资金循环。随着企业生产经营活动的不断进行，资金周而复始不断地循环就叫资金周转。

1.2.3 资金退出

资金退出包括偿还各项债务、上缴各项税金、向所有者分配利润等，这部分资金离开企业，退出企业的资金循环与周转。

上述资金运动的三个阶段，是相互支撑、相互制约的统一体。没有资金的投入，就不会有资金的循环与周转；没有资金的循环与周转，就不会有债务的偿还、税金的上缴和利润的分配等；没有这类资金的退出，就不会有新一轮的资金投入，就不会有企业的进一步发展。

【提示】并不是企业生产经营过程中的所有活动都是会计核算的对象，会计核算的对象只是那些能以货币计量的经济活动。

1.3 会计基本假设与会计核算基础

1.3.1 会计基本假设

会计基本假设是会计确认、计量和报告的前提，是对会计核算所处范围、时间环境等所作的合理设定。会计基本假设包括会计主体、持续经营、会计分期和货币计量。

1）会计主体

会计主体是指会计所核算和监督的特定单位或者组织，是会计确认、计量和报告的空间范围。

典型的会计主体是企业。在会计主体假设下，企业应当对其自身发生的交易或事项进行会计确认、计量和报告，反映企业本身所从事的各项生产经营活动。

界定这一基本前提的主要意义在于：一是将特定主体的经济活动与该主体的所有者及职工的经济活动区别开来；二是将该主体的经济活动与其他单位的经济活动区别开来。

需要注意的是，会计主体与法律主体（法人）并非对等的概念，法律主体是指具有法人资格的单位。一般来说，法律主体往往是会计主体，而会计主体不一定是法律主体。

任何企业，无论是独资、合资还是合伙企业，都是会计主体。在企业规模较大的情况下，还可以将分支机构作为一个会计主体。因此，会计主体可以是独立法人，也可以是非独立法人；可以是一个企业，也可以是企业内部某一单位或企业中的一个特定的部门；可以是单一企业，也可以是由几个企业组成的企业集团。例如，某母公司拥有几家子公司，母公司和所有的子公司均属于不同的法律主体，所以母公司和所有的子公司都是不同的会计主体。在这种情况下，尽管企业集团不属于法人，但它却是会计主体。企业内部的部门，如分公司、营业部、生产车间等，也可以单独进行会计核算，并编制内部会计报表。这些单独核算的部门，也是会计主体，但不是法人。

【提示】在我国，企业主要有三种形式，即公司、合伙企业和独资企业，而其中合伙企业和独资企业就不是独立的法律主体，但它们独立经营，自负盈亏，向外报送财务会计报告，是会计主体。再比如一些公司的分公司，也不是法律主体，但是会计主体。

2）持续经营

持续经营是指会计主体在可以预见的未来，其经济活动是持续正常进行的，不会面临破产清算。企业会计确认、计量和报告应当以持续经营为前提。

持续经营要求会计人员以会计主体持续、正常的经营活动为前提，在此前提下选择会计程序及会计处理方法，进行会计核算。只有假设会计主体持续经营，才能进行正常的会计处理。如采用历史成本计价，是假设特定单位在正常情况下运用它所拥有的各种经济资源和依照原来的偿还条件偿付其所负担的各种债务，否则，就不能继续采用历史成本计价。

由于持续经营是根据特定单位发展的一般情况所作的假设，特定单位在生产经营过程中缩减经营规模乃至停业的可能性总是存在的，因此，往往要求定期对企业持续经营这一前提作出分析和判断。当然，企业一旦进入破产清算，持续经营的前提就不复存在，就应改变会计的核算方法。

3）会计分期

会计分期是指将一个会计主体持续经营的生产经营活动过程人为划分为若干个相等的会计期间，以便分期结算账目和编制财务会计报告。会计核算应当划分会计期间，应分期结算账目和编制财务会计报告。

会计期间分为年度和中期。会计年度是基本的会计期间。我国企业的会计期间按年度划分，以日历年度为一个会计年度，即从每年的公历1月1日至12月31日作为一个会计期间。会计中期是指短于一个完整的会计年度的报告期间。年度、半年度、季度和月度均按公历起讫日期确定。企业会计制度中所称会计期间的期末或定期，是指月末、季末、半年末和年末。

这一基本假设的主要意义在于：界定会计信息的时间段落，为分期结算账目、编制财务会计报告以及相关会计原则的运用奠定了理论和实务的基础。

4）货币计量

货币计量是指会计核算必须以货币作为统一计量单位，计量企业的经营活动，并假设货币本身的价值是稳定不变的。

在会计核算过程中选定货币作为计量单位，是由货币本身的属性所决定的。货币是一般等价物，是衡量一般商品价值的共同尺度。其他的计量单位，如重量、长度、体积、数量等，只能从一个侧面反映企业的生产经营情况，无法在量上进行汇总和比较，不便于管理和会计计量。所以，为全面反映企业的生产经营情况、业务收支情况，会计上就选定货币作为计量单位，以实物计量和劳动时间计量作为辅助。

我国《会计法》规定："企业的会计核算以人民币为记账本位币。业务收支以人民币以外的货币为主的企业，可以选定其中一种货币作为记账本位币，但是编报的财务会计报告应当折算为人民币。"

会计核算的四项基本假设，具有相互依存、相互补充的关系。会计主体确立了会计核算的空间范围，持续经营与会计分期确立了会计核算的时间长度，而货币计量则为会计核算提供了必要手段。没有会计主体，就不会有持续经营；没有持续经营，就不会有会计分期；没有货币计量，就不会有现代会计。

【提示】"人民币以外的货币"是一种维护国家主权的准确提法，不可以将其替换为"外币"，因为我国的货币单位除人民币以外还包括港元、澳门元和台币，如果将其称为"外币"，就相当于不承认中国对这些地区的国家主权。

1.3.2　会计核算基础

会计核算基础主要有两种：权责发生制和收付实现制。

微课 1-1

会计核算基础

1）权责发生制

权责发生制，也称应计制。权责发生制要求，凡当期已经实现的收入和已经发生或应当负担的费用，无论款项是否收付，都应当作为当期的收入和费用，计入利润表；凡不属于当期的收入和费用，即使款项已在当期收付，也不应当作为当期的收入和费用。

《企业会计准则——基本准则》规定，企业应当以权责发生制为基础进行会计确认、计量和报告。也就是说，企业应当在收入已经实现和费用已经发生时就进行确认，而不是等到实际收到现金或者支付现金时才确认。

例如，A公司2022年4月销售给B公司一批商品，合同价28 000元，商品已经发出。根据合同规定，B公司应于2022年9月付款。B公司信用良好，财务状况稳定。根据权责发生制要求，此项销售业务，A公司确认收入的时间是2022年4月，而不是2020年9月。

又如，甲公司2022年9月以银行存款8 800元支付某项租入设备9月份和10月份的租金。根据权责发生制要求，甲公司应在2022年9月份和10月份分别确认费用4 400元，而不应在9月份一次性确认费用8 800元。

2）收付实现制

收付实现制，也称现金收付制或现金制。收付实现制是与权责发生制相对应的一种会计核算基础，它是以收到或支付现金作为确认收入和费用等的依据。在这种会计核算基础下，凡在本期实际收到现金（包括银行存款）的收入，不论其是否归属于本期，均应作为本期的收入处理；凡在本期实际以现金（包括银行存款）支付的费用，不论其是否在本期收入中取得补偿，均应作为本期的费用处理。

例如，A公司2022年4月销售商品，2022年6月才收到货款，按照收付实现制的要求，A公司6月份收到现金时才能确认收入。

又如，甲公司2022年9月以银行存款8 800元支付某项租入设备9月份和10月份的租金。根据收付实现制的要求，此项业务，甲公司不应在2022年9月份和10月份分别确认费用4 400元，而应在9月份一次性确认费用8 800元。

显然，按照权责发生制确认收入与费用，会使得各有关会计期间损益的确定更为合理。在实际工作中，企业会计确认、计量和报告并非绝对只能采用权责发生制基础。当某项经济业务的发生金额很小，对企业经营成果基本没有影响的情况下，根据重要性原则，为简化核算，可采用收付实现制。例如，某企业1月份订全年报刊一份，金额360元。该项业务，按照权责发生制基础处理，每月应计费用30元，每月均需对该项业务进行处理；若按收付实现制基础处理，支付报刊费用的当月，即可将360元全部计入费用，其他月份不需要再对该项业务进行处理。由于费用金额小，采用收付实现制对企业盈亏没有实质性影响，而且会计处理简单，节约了核算成本，因此，可以选择使用收付实现制基础。

目前，我国的行政单位会计采用收付实现制，事业单位会计除经营业务可以采用权责发生制以外，其他大部分业务采用收付实现制。

工作实例1-1

工作实例1-1

解析

某企业2021年12月发生下列经济业务（不考虑相关税费，下同）：

（1）销售产品80 000元，其中30 000元已收到存入银行，其余50 000元尚未收到。

（2）收到现金600元，系上月提供的劳务收入。

（3）用现金支付本月份的水电费900元。

（4）本月应计劳务收入1 900元。

（5）用银行存款预付下年度房租18 000元。

(6) 用银行存款支付上月份借款利息500元。
(7) 预收销售货款26 000元，已通过银行收妥入账。
(8) 本月负担年初已支付的保险费500元。
(9) 上月预收货款的产品本月实现销售收入18 000元。
(10) 本月负担下月支付的修理费1 200元。
要求计算：
(1) 按收付实现制基础计算12月份的收入、费用。
(2) 按权责发生制基础计算12月份的收入、费用。

课堂实训1-1

［目的］练习会计核算基础。
［资料］某企业在2021年10月份发生的经济业务见表1-2。

表1-2 某企业在2021年10月份发生的经济业务

经济业务	权责发生制	收付实现制
1.10月29日销售同时收款		
2.10月29日收款，合同约定11月10日交付商品		
3.10月29日销售，11月5日收款		
4.10月29日购入办公用品一批并付款		
5.10月29日预付明年全年房租		
6.10月29日预提当月房租（协议约定全年房租于年底一次性付清）		

［要求］在两种会计核算基础下，请确认收入和费用的归属期。

1.4 会计信息质量要求

根据《企业会计准则——基本准则》的规定，会计信息质量要求包括：可靠性、相关性、可理解性、可比性、实质重于形式、重要性、谨慎性和及时性等八个方面。

1.4.1 可靠性

可靠性要求企业以实际发生的交易或事项为依据进行会计确认、计量和报告，如实反映符合确认和计量要求的各项会计要素及其他相关信息，保证会计信息真实可靠、内容完整。

可靠性是对会计工作的基本要求。企业提供会计信息的目的是满足会计信息使用者的决策需要，因此，会计信息要求做到内容真实、数字准确、资料可靠。在会计核算工作中坚持可靠性原则，就要求所有经济业务必须是实际已发生的，而不是预计未来可能发生的。所有的财务报表必须以企业的总账、明细账、记账凭证为依据，而记账凭证又必须以原始凭证为依据，如实地反映企业的财务状况、经营成果和现金流量，保证会计信息的真实性。会计工作应当正确运用会计原则和方法，准确反映企业的实际情况。会计信息应当能够经受验证，以核实其是否真实。如果企业的会计核算不是以实际发生的交易或事项为依据，没有如实地反映企业的财务状况、经营成果和现金流量，会计工作就失去了存在的意义，甚至会令会计信息使用者作出错误的决策。

1.4.2 相关性

相关性也称有用性，要求企业提供的会计信息应当与财务会计报告使用者的经济决策需要相关，有助于财务会计报告使用者对企业过去、现在或者未来的情况作出评价或者预测。

具体来说，会计信息应当符合国家宏观经济管理的要求，满足有关各方了解企业财务状况和经营成果的需要，满足企业加强内部经营管理的需要。也就是说，会计信息必须对各方决策有用。在会计核算工作中坚持相关性原则，就要求在收集、加工、处理和提供会计信息的过程中，充分考虑会计信息使用者的信息需求。相关性是指会计信息的预测价值、反馈价值和及时性。

1.4.3 可理解性

可理解性要求企业提供的会计信息应当清晰明了，便于财务会计报告使用者理解和使用。

提供会计信息的主要目的就是便于信息使用者使用信息作出决策，会计信息使用者首先必须了解会计信息的内涵，弄懂会计信息的内容，这就要求会计核算和财务会计报告必须清晰明了，使会计信息使用者只要具备一定的知识就可以对会计信息进行分析，就能够了解企业的财务状况、经营成果和现金流量等情况。在会计核算中坚持可理解性原则，才能保证会计信息使用者准确、及时、完整地使用会计信息，从而作出有关决策。若企业的会计核算和编制的财务会计报告不能做到清晰明了、便于理解和使用，就不符合可理解性原则的要求，就不能满足会计信息使用者的决策需要。

1.4.4 可比性

可比性要求企业提供的会计信息具有可比性。

可比性包括两层含义：其一，同一企业不同时期可比或者说纵向可比，即同一企业不同时期发生的相同或者相似的交易或事项，应当采用一致的会计政策，不得随意变更。确需变更的，应当在附注中说明。其二，不同企业相同会计期间可比或者说横向可比，即不同企业发生的相同或者相似的交易或事项，应当采用规定的会计政策，确保会计信息口径一致、相互可比。

可比性原则是指企业的会计核算应当按照规定的会计处理方法进行，会计指标应当口径一致、相互可比。只有当一个会计主体前后各个会计期间的会计信息口径一致、相互可比，才能使不同会计主体之间的比较有意义；只有各个会计主体的会计信息是真实可靠的，进行比较才有必要。

可比性原则的目的在于提高会计信息的决策相关性，只有遵循了这一原则，才使不同企业同一会计期间的会计报表之间和同一企业不同会计期间的会计报表具有可比性，可以解释它们之间相同与差异的原因，使财务会计报告使用者进行投资决策时有据可依，使国家可以据以进行有关的宏观经济决策，使投资者和债权人可以进行有关的投资与信贷决策，使企业内部管理者可以进行有关的经营管理决策等。

1.4.5 实质重于形式

实质重于形式要求企业按照交易或事项的经济实质进行会计确认、计量和报告，不应仅以交易或事项的法律形式为依据。

企业发生的交易或事项在多数情况下，其经济实质和法律形式是一致的。但在某些情况下，会出现不一致的情况。所以，会计信息必须根据交易或事项的实质进行核算和反映，而不能仅仅根据它们的法律形式进行核算和反映。如以融资租赁方式租入的固定资产，虽然从法律形式来讲承租企业并不拥有该资产的所有权，但由于租赁合同中规定的租赁期相当长，几乎等于该资产的使用寿命且租赁期满后承租企业有优先购买该固定资产的选择权，在租赁期内承租企业有权支配该固定资产并从中受益，从其经济实质来看，承租企业能够控制该固定资产并使其为企业创造未来的经济利益。因此，在会计核算上应将融资租赁方式租入的固定资产作为承租企业的资产进行管理。

1.4.6 重要性

重要性要求企业提供的会计信息反映与企业财务状况、经营成果和现金流量等有关的所有重要交易或事项。

在会计核算过程中，对交易或事项应当区别其重要程度，采用不同的核算方式。对资产、负债、损益等有较大的影响，并进而影响会计信息使用者据以作出合理判断的重要交易或事项，必须按照规定的会计方法和程序进行处理，并在财务会计报告中予以充分、准确的披露；对于次要的交易或事项，在不影响会计信息真实性和不至于影响财务会计报告使用者作出正确判断的前提下，可适当简化处理。这能够使企业提供会计信息的收益大于成本。

重要性原则与会计信息成本效益直接相关。坚持重要性原则，才能够使提供会计信息的收益大于成本。对于那些不重要的项目，如果也采用严格的会计程序，分别核算，分项反映，就会导致会计信息成本高于收益。

评价某些项目的重要性，很大程度上取决于会计人员的职业判断。一般来说，应当从质和量两个方面来进行分析。从性质方面来说，当某一交易或事项有可能对决策产生一定影响时，就属于重要项目；从数量方面来说，当某一交易或事项的数量达到一定规模时，就可能对决策产生影响。

1.4.7 谨慎性

从谨慎性的运用来看，会计在一定程度上核算经营风险，提供反映经营风险的信息，有利于企业作出正确的经营决策、保护债权人权益和提高企业在市场上的竞争能力。因此，将谨慎性原则规定为会计信息质量要求具有现实意义。如要求企业定期或者至少于每年年度终了时，对可能发生的各项资产减值损失计提资产减值准备，就充分体现了谨慎性原则。

需要注意的是，谨慎性并不意味着企业可以任意设置各种秘密准备。因此，在运用谨慎性的同时，还需对谨慎性的具体运用作出规定，而不能由企业任意使用或歪曲使用，否则将会影响会计核算信息的客观性，造成会计核算信息的混乱。

1.4.8 及时性

及时性要求企业对于已经发生的交易或事项，应当及时进行会计确认、计量和报告，不得提前或者延后。

会计信息除了保证其真实性、有用性之外，还要保证其信息的时效性。不及时的信息将使其有用性大打折扣，甚至毫无价值。因此，在会计核算工作中，及时性原则包括以下三个方面的要求：一是及时收集各种会计信息。要求对发生的每一项经济业务，经办人员都应按规定的程序和要求，认真办理凭证手续，以记录和证明经济业务的完成情况，从而使会计核算能及时取得原始凭证。二是及时加工和处理会计信息。根据取得的原始凭证，及时地进行整理、分类和汇总，编制成记账凭证，并据以登记账簿，从而使会计信息系统化。三是编制财务会计报告，将会计信息及时地传递给信息使用者。

1.5 会计核算的具体内容

会计核算的具体内容是指特定主体的资金运动，包括资金投入、资金循环与周转、资金退出三个阶段。资金运动又通过一系列的经济业务事项来进行，经济业务事项包括经济业务和经济事项两类。经济业务又称经济交易，是指企业与其他单位和个人之间发生的各种经济利益的交换，如商品销售、发放工资等。经济事项是指企业发生的具有经济影响的各类事件，如计提坏账准备、计提工资等。

1.5.1 款项和有价证券的收付

款项是作为支付手段的货币资金，主要包括现金、银行存款以及其他视同现金和银行存款的银行汇票存款、银行本票存款、信用卡存款、信用证存款等。有价证券是指表示一定财产拥有权或支配权的证券，如国库券、股票、企业债券等。

款项和有价证券是流动性最强的资产。从会计核算的角度看，款项和有价证券的核算并不复杂，但由于其具有高度的流动性，因此加强对款项和有价证券的管理和控制十分重要。如果款项和有价证券收付环节出现问题，不仅会使企业款项和有价证券受损，而且直接影响企业货币资金的供应，从而影响企业的生产经营活动。各企业必须按照国家统一的会计制度的规定，及时、如实地核算款项和有价证券的收付及结存，保证企业货币资金的流通性、安全性，提高货币资金的使用效率。

1.5.2 财物的收发、增减和使用

财物是财产、物资的简称。企业的财物是企业进行生产经营活动且具有实物形态的经济资源，一般包括原材料、燃料、包装物、低值易耗品、在产品、库存商品等流动资产，以及房屋、建筑物、机器、设备、设施、运输工具等固定资产。这些物资在企业资产总额中往往占有很大比重。

财物的收发、增减和使用，是会计核算中的经常性业务，也是发挥会计控制和降低成本、保证财物安全完整、防止资产流失等职能作用的重要方面。因此，各企业必须加强对财物收发、增减和使用环节的核算，维护企业正常的经营秩序。

1.5.3 债权、债务的发生和结算

债权是企业收取款项的权利，一般包括各种应收及预付款项等。债务则是指由于过去的交易、事项形成的，企业需要以资产或劳务等偿付的现时义务，一般包括各项借款、应付及预收款项和应交款项等。

债权和债务是企业日常生产经营和业务活动中大量发生的经济业务事项。由于债权债务的发生和结算涉及本企业与其他单位或有关方面的经济利益，关系到企业自身的资金周转，影响着企业的生产经营活动和业务活动，因此，各企业必须及时、真实、完整地核算本企业的债权债务，防止在债权债务环节发生非法行为。

1.5.4 资本、基金的增减

资本是投资者为开展生产经营活动而投入的资金。会计上的资本专指所有者权益中的投入资本。基金是各单位按照法律、法规的规定而设置或筹集的具有某些特定用途的专项资金，如政府基金、社会保险基金、教育基金等。

资本、基金的利益关系人比较明确，用途也基本定向。办理资本、基金增减的政策性强，一般都应以具有法律效力的合同、协议、董事会决议等为依据，各单位必须以国家统一的会计制度规定和具有法律效力的文书为依据进行资本、基金的核算。

1.5.5 收入、支出、费用、成本的计算

收入是指企业在销售商品、提供劳务及让渡资产使用权等日常活动中所形成的经济利益的总流入。支出是指企业实际发生的各项开支，以及在正常生产经营活动以外的开支和损失。费用是指企业为销售商品、提供劳务等日常活动所发生的经济利益的流出。成本是指企业为生产产品、提供劳务而发生的各种耗费，是按一定的产品或劳务对象所归集的费用，是对象化了的费用。

收入、支出、费用、成本都是计算和判断企业经营成果及盈亏状况的主要依据。各

企业应当重视对收入、支出、成本、费用环节的管理，按照国家统一的会计制度的规定，正确核算收入、支出、费用、成本。

1.5.6 财务成果的计算和处理

财务成果主要是指企业在一定时期内通过从事生产经营活动而在财务上所取得的结果，具体表现为盈利或亏损。财务成果的计算和处理一般包括利润的计算、所得税的计算、利润分配或亏损弥补等。

财务成果的计算和处理，涉及所有者、国家等各方面的利益，因此，各单位必须按照国家统一的会计制度和其他法规制度的规定，对财务成果进行正确的计算和处理。

1.5.7 需要办理会计手续、进行会计核算的其他事项

其他事项是指除上述六项经济业务事项以外的、按照国家统一的会计制度规定应办理会计手续和进行会计核算的其他经济业务事项。随着我国经济的不断发展，新的会计业务不断出现，对其必须及时办理有关会计手续、进行会计核算。

1.6 会计核算的方法

会计方法是用来核算和监督会计对象，完成任务的一种手段，包括会计核算方法、会计检查方法和会计分析方法。

会计核算方法是基础，会计检查方法是会计核算方法的继续，会计分析方法是会计核算方法的补充，三者组成了一个完整的科学方法体系。会计分析方法和会计检查方法将在其他课程中讲述。

会计核算方法主要包括：设置会计科目和账户、复式记账、填制和审核会计凭证、登记会计账簿、成本计算、财产清查和编制会计报表等。

1.6.1 设置会计科目和账户

会计科目是按照经济业务的内容和经济管理的要求，对会计要素作进一步分类的项目。账户是根据会计科目开设的，用来连续记录经济业务，全面反映会计对象的增减变化及其结果。设置会计科目和账户是会计核算的一种专门方法。

1.6.2 复式记账

复式记账是指对每一笔经济业务，都以相同的金额，同时在相互联系的两个或两个以上的账户中进行登记。采用复式记账方法既能全面、完整、相互联系地反映经济业务，又便于检查账簿记录的正确性，它是一种科学的记账方法。

1.6.3 填制和审核会计凭证

会计凭证是记录经济业务发生和完成情况、明确经济责任的书面证明，也是登记

账簿的依据。任何一项经济业务都要按照实际发生和完成情况，填制会计凭证，并经会计机构、会计人员审核，确认无误后，才能据以登记会计账簿。填制和审核会计凭证是为了保证会计记录完整、可靠，审查经济活动是否合理、合法而采用的一种专门方法。

1.6.4　登记会计账簿

会计账簿由具有一定格式的账页组成，是以会计凭证为依据，用以全面、系统、序时、分类地登记经济业务的簿籍。登记会计账簿就是将所发生的经济业务序时、分类地记入各类账簿，反映经济活动和财务收支的一种专门方法。

1.6.5　成本计算

成本计算就是把生产经营过程中所发生的各种费用支出按照成本计算对象进行归集和分配，分别计算出各个对象的总成本和单位成本的一种专门方法。通过成本计算，可以了解成本构成，分析和考核成本计划完成情况，寻找成本升降的原因，促进企业加强成本核算和管理，节约费用，降低成本。

1.6.6　财产清查

财产清查是指通过对货币资金、实物资产和往来款项的盘点或核对，确定其实存数，查明账存数与实存数是否相符的一种专门方法。在实际工作中，某些主客观原因会造成账面记录与实际数不一致，为了保证账簿记录的正确性和财产安全，应定期或不定期地对企业财产进行清查，并根据清查结果，查明原因，明确责任，调整账簿记录，保证账实相符。

1.6.7　编制会计报表

会计报表是综合反映企业某一特定日期的资产、负债和所有者权益状况，以及某一特定时期的经营成果和现金流量情况的书面文件。编制会计报表的目的就是向有关人员提供反映企业财务状况、经营成果和现金流量方面的信息，以便其作出决策。编制会计报表是会计核算的一种专门方法。

会计核算的各种方法相互联系、相互制约而形成有机的整体。当交易或事项发生后，要填制或取得原始凭证，按照设置的会计科目和账户，依据复式记账的要求，编制和审核记账凭证，依据记账凭证并结合原始凭证登记会计账簿，依据会计账簿和有关资料，采用一定方法进行成本计算，按规定进行财产清查，在保证账实相符的基础上，根据会计账簿资料和有关资料编制会计报表。在会计核算过程中，填制和审核会计凭证是开始环节，登记会计账簿是中间环节，编制会计报表是终结环节，以这三个环节为联结点，联结其他核算方法而形成会计核算方法体系。七种核算方法关系如图1–3所示。

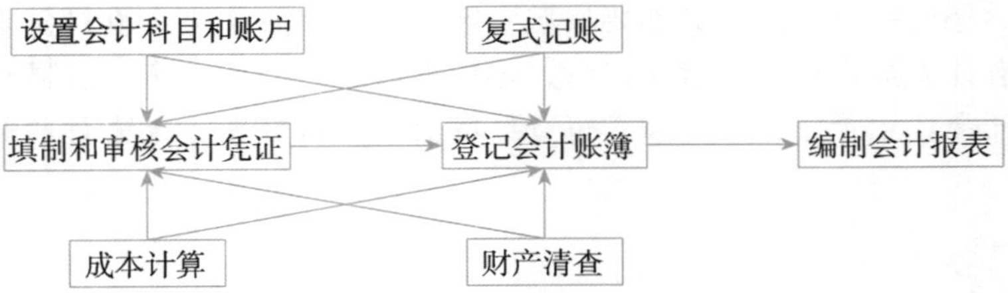

图1-3 会计核算方法的关系图

1.7 会计准则体系

1.7.1 会计准则的构成

会计准则是反映经济活动、确认产权关系和进行收益分配的会计技术标准，是生成和提供会计信息的系统，是政府干预经济活动、规范经济秩序和从事经济管理的重要手段。我国已颁布的会计准则有企业会计准则、小企业会计准则、事业单位会计准则和政府会计准则。

1.7.2 企业会计准则

我国企业会计准则体系包括基本准则、具体准则、应用指南和解释公告等。2006年2月15日，财政部发布《企业会计准则》，自2007年1月1日起在上市公司范围内施行，并鼓励其他企业执行。其中，基本准则共十一章，主要内容有财务会计报告的目标、会计基本假设、会计信息质量要求、会计要求及其确认标准、会计计量属性与运用原则以及财务会计报告要求等；具体准则分别规范了存货、长期股权投资、固定资产、投资性房地产、金融工具确认和计量等的会计处理。2006年10月30日，又发布了《企业会计准则——应用指南》，从而实现了我国会计准则与国际财务报告准则的实质性趋同。2014年以来，财政部相继对《企业会计准则——基本准则》、《企业会计准则第2号——长期股权投资》、《企业会计准则第9号——职工薪酬》、《企业会计准则第30号——财务报表列报》、《企业会计准则第33号——合并财务报表》、《企业会计准则第37号——金融工具列报》、《企业会计准则第14号——收入》和《企业会计准则第16号——政府补助》等进行了修订，并发布了《企业会计准则第39号——公允价值计量》、《企业会计准则第40号——合营安排》、《企业会计准则第41号——在其他主体中权益的披露》和《企业会计准则第42号——持有待售的非流动资产、处置组和终止经营》等四项具体准则。

1.7.3 小企业会计准则

2011年10月18日，财政部发布《小企业会计准则》，要求符合适用条件的小企业自2013年1月1日起执行，并鼓励提前执行。《小企业会计准则》一般适用于在我国境内依法设立、经济规模较小的企业，具体标准参见《小企业会计准则》和《中小企业划型标准规定》。《小企业会计准则》共十章，与《企业会计准则》制定的依据和基本原则相同，兼顾了小企业自身的特点，主要表现在：

（1）简化了会计确认的程序和方法。

（2）简化了会计计量方法，仅要求采用历史成本计量。

（3）简化了披露要求，财务报表内容相对简单，且不要求提供股东权益变动表。

（4）删除了小企业不常涉及的经济业务的会计处理。

（5）取消了《企业会计准则》中的一些会计方法。

（6）减少了会计职业判断，按照用途确定固定资产的使用年限。

1.7.4　事业单位会计准则

2012年12月5日，财政部修订发布了《事业单位会计准则》，自2013年1月1日起施行。该准则对我国事业单位的会计工作予以规范，共九章，包括总则、会计信息质量要求、资产、负债、净资产、收入、支出或者费用、财务会计报告和附则等。与《企业会计准则》相比，《事业单位会计准则》的主要特点如下：

（1）要求事业单位采用收付实现制进行会计核算，部分另有规定的经济业务或事项才能采用权责发生制进行会计核算。

（2）将事业单位会计要素划分为资产、负债、净资产、收入、支出（或费用）五类。

（3）要求事业单位的财务报表至少包括资产负债表、收入支出表（或费用表）和财政补助收入支出表。

1.7.5　政府会计准则

我国的政府会计准则体系由政府会计基本准则、具体准则和应用指南三个部分组成。2015年10月23日，财政部发布了《政府会计准则——基本准则》，自2017年1月1日起施行。

本章小结

本章从总体上概括阐述了会计的职能、会计的目标、会计的特征、会计的对象、会计的基本假设、会计信息质量要求、会计核算的方法体系以及会计准则体系等基本理论。全面、准确地理解和掌握这些会计理论，对学好本课程具有一定的理论指导意义。

习题与实训

1）单项选择题

（1）会计以（　　）为主要计量单位。

A.货币　　B.实物

C.工时　　D.劳动耗费

随堂测1

(2) 会计的基本职能是（　　）。

A.预测和决策　　B.核算和监督

C.管理生产经营活动　　D.分析和考核

(3) 下面关于会计职能的说法中，错误的是（　　）。

A.会计核算与监督是会计的两大职能，它们之间是辩证统一的关系

B.会计监督是会计核算的基础，没有监督，会计核算很难提供真实的会计信息

C.会计还具有参与经济决策、评价经营业绩的职能

D.会计监督是会计核算质量的保障，会计核算是会计监督的基础

(4) 下列方法中，（　　）体现谨慎性原则的要求。

A.计提坏账准备　　B.发放股利　　C.提取盈余公积　　D.预收账款

(5) 下面关于会计主体的说法中，错误的是（　　）。

A.会计主体与法人不是一回事

B.法人是会计主体，会计主体是法人和自然人

C.合伙企业可作为会计主体

D.会计主体不一定是法人

(6)（　　）为会计核算确立了核算的空间范围，（　　）为会计核算提供了必要手段。

A.会计分期 货币计量　　B.会计主体 会计分期

C.会计主体 货币计量　　D.持续经营 货币计量

(7) 企业会计分期的基础是（　　）。

A.会计主体　　B.权责发生制　　C.持续经营　　D.货币计量

(8) 会计核算应当遵循（　　），合理核算可能发生的损失和费用。

A.谨慎性原则　　B.配比原则　　C.重要性原则　　D.权责发生制基础

(9) 会计分期是从（　　）引申出来的。

A.会计主体　　B.权责发生制　　C.会计目标　　D.持续经营

(10) 下列项目中，不属于会计核算方法的是（　　）。

A.复式记账　　B.登记账簿　　C.成本分析　　D.财产清查

(11) 以下不属于有价证券项目的是（　　）。

A.国库券　　B.股票　　C.企业债券　　D.银行本票存款

(12) 下列说法中，正确的是（　　）。

A.收入是在日常活动中形成的、会导致所有者权益增加的、与所有者投入资本无关的经济利益的总流入

B.经济利益的流入必然是由收入形成的

C.只有日常经营活动才会产生支出

D.费用就是成本

(13) 下列项目中，不属于会计核算具体内容的是（　　）。

A.有价证券的收付　　B.财物的使用

C.制订下年度管理费用开支计划　　　D.资本的增减

(14) 2022年9月20日采用赊销方式销售产品50 000元，12月25日收到货款存入银行。按收付实现制核算时，该项收入应属于（　　）。

A.2022年9月　　B.2022年10月　　C.2022年11月　　D.2022年12月

(15) 2022年3月20日采用赊销方式销售产品60 000元，6月20日收到货款存入银行。按权责发生制基础核算时，该项收入应属于（　　）。

A.2022年3月　　B.2022年4月　　C.2022年5月　　D.2022年6月

2）多项选择题

(1) 会计期间包括（　　）。

A.年度　　B.半年度　　C.月度　　D.季度

(2) 下列项目中，属于我国会计信息质量特征的有（　　）。

A.可靠性　　B.实质重于形式　　C.持续经营　　D.重要性

(3) 下列各项中，属于会计核算方法的有（　　）。

A.建立会计机构并配备会计人员　　B.设置会计科目和账户

C.复式记账　　D.填制和审核会计凭证

(4) 工业企业的资金运动包括（　　）等阶段。

A.资金投入　　B.资金循环与周转　　C.销售过程　　D.资金退出

(5) 工业企业的资金循环形态有（　　）。

A.货币资金　　B.储备资金　　C.生产资金　　D.成品资金

(6) 下列各项中，属于企业会计核算内容的有（　　）。

A.投资者投入的货币资金　　B.企业购入原材料

C.以银行存款偿还货款　　D.支付职工工资

(7) 下列各项中，属于计算和判断企业经营成果及盈亏状况主要依据的有（　　）。

A.收入　　B.支出　　C.费用　　D.成本

(8) 下列各项中，属于企业货币资金核算内容的有（　　）。

A.银行汇票存款　　B.银行本票存款　　C.信用证存款　　D.信用卡存款

(9) 下列各项中，属于企业债权的有（　　）。

A.应收账款　　B.应付账款　　C.预收账款　　D.预付账款

(10) 下列业务中，不属于会计核算范围的事项是（　　）。

A.用银行存款购买材料　　B.编制财务计划

C.企业自制材料入库　　D.与其他企业签订购料合同

3）判断题

(1) 会计核算以人民币为记账本位币。业务收支以外币为主的企业，也可选择某种外币作为记账本位币，但编报的财务会计报告应当折算为人民币反映。（　　）

(2) 企业对于次要的交易或事项，在不影响会计信息真实性和不误导财务会计报告使用者正确理解企业财务状况和经营成果的前提下，可适当简化处理。（　　）

(3) 会计处理方法前后各期应当一致，使不同会计期间的会计资料可比，属于可比

性原则。 (   )

(4) 会计的谨慎性质量特征要求在资产计价及确定损益时，如果有两种或两种以上的方法或金额可供选择，应选择使本期资产或收益、负债或费用较低的方法或金额。 (   )

(5) 零星算之为会，总合算之为计。 (   )

(6) 使用电子计算机进行会计核算的单位，无论是使用会计软件还是用电子计算机生成的会计资料，都必须符合国家统一的会计制度的规定。 (   )

(7) 会计监督是一种事后监督。 (   )

(8) 会计主体可以是独立法人，也可以是非法人。 (   )

(9)《企业会计准则——基本准则》规定，企业应当以权责发生制为基础进行会计确认、计量和报告。 (   )

(10) 收付实现制是以收取或支付的现金作为确认收入和费用的依据。 (   )

第2章

设置会计科目和账户

知识目标

1.理解会计六大要素的含义和内容。
2.掌握会计等式，并理解经济业务的发生对会计等式的影响。
3.明确会计科目设置的意义、原则和分类。
4.掌握账户的基本结构及账户金额间的关系。
5.掌握会计对象、会计要素、会计科目和账户之间的联系及区别。

能力目标

1.能够区分会计六大要素。
2.能够区分经济业务对会计等式的影响。
3.能够对会计科目和账户进行恰当分类。
4.能够计算账户余额及本期发生额。
5.能够通晓会计对象、会计要素、会计科目和账户之间的联系及区别。

思政目标

1.遵循诚实守信、客观公正的原则。
2.做到实事求是。

重点难点

重点：会计要素、会计等式、会计科目与账户的关系。
难点：会计要素的内容、对会计等式的理解及经济业务对会计等式的影响。

2.1 会计要素

会计要素是对会计对象进行的基本分类，是会计核算对象的具体化。我国企业会计准则将会计要素划分为资产、负债、所有者权益、收入、费用、利润六大要素。这六大会计要素可以划分为两大类，即反映财务状况的会计要素和反映经营成果的会计要素。其中，资产、负债和所有者权益反映企业在某一特定日期的财务状况，称为静态会计要素。收入、费用和利润主要反映企业在一定时期的经营成果，称为动态会计要素。

2.1.1 会计要素的确认

1）资产

资产是指过去的交易或者事项形成的、由企业拥有或控制的、预期会给企业带来经济利益的资源。

（1）资产的特征。根据资产的定义，资产具有以下基本特征：

第一，资产预期会给企业带来经济利益。所谓经济利益，是指直接或间接地流入企业的现金或现金等价物。资产都应能够为企业带来经济利益，例如，企业通过收回应收账款、出售库存商品等直接获得经济利益，也可通过对外投资以获得股利或参与分配利润的方式间接获得经济利益。按照这一特征，那些已经没有经济价值、不能给企业带来经济利益的项目，就不能继续确认为企业的资产。

第二，资产是为企业拥有的，或者即使不为企业拥有，也是企业所控制的。一项资源要作为企业资产予以确认，企业应该拥有此项资源的所有权，可以按照自己的意愿使用或处置资产。

这里要注意经营租入与融资租入的区别。企业对经营租入的设备既没有所有权也没有控制权，因此不应确认为企业的资产。而企业对融资租入的设备虽然没有所有权，但享有与所有权相关的报酬并承担相应的风险，即拥有实际控制权，因此应将该设备确认为企业的资产。

第三，资产是由过去的交易或事项形成的。也就是说，资产是过去已经发生的交易或事项所产生的结果，资产必须是现时的资产，而不能是预期的资产。未来交易或事项可能产生的结果不能作为资产确认。

如企业计划在年底购买一批机器设备，9月份与销售方签订了购买合同，但实际购买行为发生在12月份，则企业不能在9月份将该批设备确认为资产。

（2）资产的确认条件。一项资源符合资产定义并不一定能够作为资产确认，该资源要确认为资产，除了符合资产定义外，还应同时满足以下两个条件：①与该资源有关的经济利益很可能流入企业；②该资源的成本或者价值能够可靠地计量。

（3）资产的分类。企业的资产按其流动性不同，分为流动资产和非流动资产。

①流动资产。流动资产是指可以在一年或超过一年的一个营业周期内变现或被耗用的资产。它主要包括货币资金、交易性金融资产、应收及预付款项、存货、一年内到期的非流动资产等。

货币资金，是指处于货币形态的资金，包括库存现金、银行存款和其他货币资金。

交易性金融资产，是指企业持有的债券投资、股票投资、基金投资等。

应收及预付款项，是指企业在日常生产经营活动中发生的各项债权，包括应收账款、应收票据、预付账款、其他应收款等。

存货，是指在日常生产经营过程中持有的，为销售或耗用而储备的资产，包括原材料、在途物资、库存商品、周转材料、发出商品、委托加工物资等。

②非流动资产。非流动资产是指除了流动资产以外的其他资产，主要包括债权投资、其他债权投资、其他权益工具投资、投资性房地产、长期股权投资、长期应收款、固定资产、无形资产、商誉、长期待摊费用和其他非流动资产等。

其中，长期应收款是指企业在日常生产经营中发生的超过一个正常营业周期的各项债权。它包括融资租赁产生的应收款项、采用递延方式具有融资性质的销售商品和提供劳务等产生的应收款项等。

固定资产是指企业为生产商品、提供劳务、出租或经营管理而持有的、使用寿命超过一个会计年度的具有实物形态的资产。它包括房屋、建筑物、机器设备、运输工具等。

无形资产是指企业拥有或者控制的没有实物形态的可辨认非货币性资产。它包括专利权、非专利技术、商标权、著作权、土地使用权等。

商誉是指能在未来期间为企业经营带来超额利润的潜在经济价值，亦即一家企业预期的获利能力超过可辨认资产正常获利能力的资本化价值。由于其具有不可辨认性，新企业会计准则将其从原来的无形资产项目中划分出来，并作为一个单独项目在资产负债表中列示。按现行制度规定，企业自创商誉不予确认。

其他非流动资产指持有期限超过一个正常营业周期，但又不能归入上述各项的资产，如银行冻结存款、诉讼中财产等。

资产的构成如图2-1所示。

- 资产
  - 流动资产
    - 货币资金
    - 交易性金融资产
    - 应收及预付款项
    - 存货
    - ⋮
  - 非流动资产
    - 债权投资
    - 其他债权投资
    - 其他权益工具投资
    - 长期股权投资
    - 投资性房地产
    - 固定资产
    - 无形资产
    - 长期待摊费用
    - ⋮

图2-1　资产的构成

2）负债

负债是指过去的交易或者事项形成的、预期会导致经济利益流出企业的现时义务。

（1）负债的特征。根据负债的定义，负债具有以下基本特征：

第一，负债是企业承担的现时义务。现时义务，是指企业在现行条件下已承担的义务，未来发生的交易或者事项形成的义务，不属于现时义务，不应当确认为负债。只有已经发生的交易或事项，会计上才有可能确认为负债，如应付账款。

第二，负债是企业过去的交易、事项形成的。也就是说，负债是过去已经发生的交易或事项所导致的结果。例如，购置货物或使用劳务会产生应付账款（已经预付或是在交货时支付的款项除外），接受银行贷款则会产生偿还贷款的义务。只有源于已经发生的交易或事项，会计上才有可能确认为负债。对于企业正在筹划的未来交易或事项，如企业的业务计划等，并不构成企业的负债。

第三，负债预期会导致经济利益流出企业。所谓预期会导致经济利益流出，是指直接或者间接导致现金或现金等价物流出企业。例如，用现金偿还或以实物资产偿还，以提供劳务偿还等。

（2）负债的确认条件。将一项现时义务确认为负债，首先应满足负债的定义。除此之外，还需要同时满足以下两个条件：①与该项义务有关的经济利益很可能流出企业；②未来流出企业的经济利益金额能够可靠地计量。

（3）负债的分类。企业的负债按其流动性的不同，分为流动负债和非流动负债。

①流动负债。它是指在一年或超过一年的一个营业周期内偿还的债务。它主要包括短期借款、应付票据、应付及预收款项、应付职工薪酬、应付股利、应交税费、其他应付款和一年内到期的非流动负债等。

短期借款是指企业向银行或其他金融机构借入的偿还期在一年以内（含一年）的各种借款。

应付票据是指企业通过商业汇票结算方式发生购买活动时须偿付给持票人的债务。

应付及预收款项，主要包括应付账款、其他应付款和预收款项等。

应付职工薪酬是指企业应付而未付给职工个人的各种薪酬。

应付股利是指企业应当分配给投资者的现金股利。非上市公司称为应付利润。

应交税费是指根据规定应缴纳的各种税费。其主要包括增值税、消费税、资源税、城市维护建设税等。

②非流动负债。它是指流动负债以外的负债，是指偿还期在一年或超过一年的一个营业周期以上的债务。其主要包括长期借款、应付债券、长期应付款等。

长期借款是指企业向银行或其他金融机构借入的、偿还期在一年以上的各种借款。

应付债券是指企业为筹集长期资金而面向社会公众发行的、约定在一定日期或分期偿还本金，并按期付息的一种有价证券。

长期应付款是指除长期借款和应付债券以外的其他各种长期应付款项，如应付融资租入固定资产的租赁费等。

负债的构成如图2-2所示。

3）所有者权益

（1）所有者权益的含义。所有者权益也称为净资产，是指企业资产扣除负债后由所有者享有的剩余权益。公司的所有者权益又称为股东权益。

- 负债
  - 流动负债
    - 短期借款
    - 应付票据
    - 应付及预收款项
    - 应付职工薪酬
    - 应付股利
    - 应交税费
    - ⋮
  - 非流动负债
    - 长期借款
    - 应付债券
    - 长期应付款
    - ⋮

图2-2　负债的构成

（2）所有者权益的特征。其包括：①除非发生减资、清算或分派现金股利，企业不需要偿还所有者权益；②企业清算时，只有在清偿所有的负债后，所有者权益才返还给所有者；③所有者凭借所有者权益能够参与企业利润的分配。

（3）所有者权益的确认条件。所有者权益的确认依赖于资产和负债要素的确认。所有者权益的金额也主要取决于资产和负债的计量。

（4）所有者权益的分类。

《企业会计准则第30号——财务报表列报》规定，所有者权益类按照实收资本（或股本）、资本公积、其他综合收益、盈余公积、未分配利润等项目分项列示。其中：

实收资本（股份制企业也称为股本）是指投资者（股东）按照企业章程或合同、协议的约定，实际投入企业的资本。所有者投入的资本既包括构成企业注册资本或者股本的金额，也包括投入资本超过注册资本或股本部分的金额，即资本溢价或股本溢价，这部分投入资本作为资本公积（资本溢价）反映。

资本公积是企业收到的投资者出资额超出其在注册资本（或股本）中所占份额的部分，以及其他资本公积等。资本公积包括资本溢价（或股本溢价）和其他资本公积等。其他资本公积是指除净损益、其他综合收益和利润分配以外所有者权益的其他变动，如企业的长期股权投资采用权益法核算时，因被投资单位除净损益、其他综合收益和利润分配以外所有者权益的其他变动，投资企业按应享有份额而增加或减少的资本公积。

其他综合收益是指企业根据会计准则规定未在当期损益中确认的各项利得和损失。

留存收益是指企业各年实现的净利润留存于企业的部分，主要包括盈余公积和未分配利润。

盈余公积是指企业按照规定从净利润中提取的积累资金。

未分配利润是指企业的税后利润按照规定进行分配后的剩余部分。该部分利润可在以后年度进行分配。

所有者权益的构成如图2-3所示。

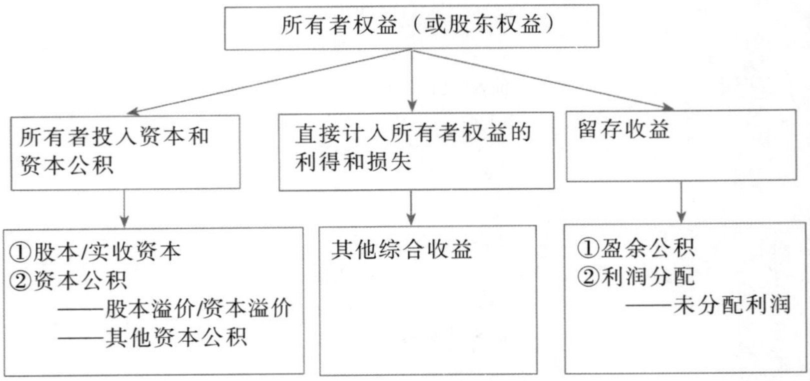

图2-3 所有者权益的构成

4）收入

收入是指企业在日常活动中形成的、会导致所有者权益增加的、与所有者投入资本无关的经济利益的总流入。

（1）收入的特征。

第一，收入是企业在日常活动中形成的。日常活动，是指企业为完成其经营目标所从事的经常性的活动以及与之相关的活动。明确界定日常活动是为了将收入与利得相区分，因为企业非日常活动所形成的经济利益的流入不能确认为收入，而应当计入利得。例如，某工业企业将制造的产品售出，获得20万元。由于产品销售是该企业的日常活动，该收入应确认为企业的收入。但是，如果该企业拥有一项专利技术，出租给另一企业使用，收取的租金也应确认为企业的收入，因为这是与日常活动相关的其他经营活动取得的收入；若把该项专利技术出售给另一企业，该项活动与企业日常经营活动无关，则出售的净收益不能作为企业的收入，而应作为企业的利得。

第二，收入会导致经济利益的流入。收入使企业资产增加或者负债减少，但这种经济利益的流入不包括由所有者投入资本的增加所引起的经济利益流入。收入不包括为第三方或者客户代收的款项，如企业销售产品收到的增值税销项税额。

第三，收入最终导致所有者权益增加。收入所引起的经济利益流入，可能表现为企业资产的增加，如增加银行存款、应收账款等；也可能表现为企业负债的减少，如以商品或劳务抵偿债务；或者两者兼而有之，如商品销售的货款中部分抵偿债务，部分收取现金。这些最终会导致所有者权益增加。这里仅指收入本身导致的所有者权益的增加，而不是指收入扣除相关成本费用后的毛利对所有者权益的影响。

（2）收入的确认条件。收入的确认除了满足收入定义外，还应当同时符合以下条件：①与收入相关的经济利益很可能流入企业；②经济利益流入企业的结果会导致资产的增加或负债的减少；③经济利益的流入额能够可靠计量。

（3）收入的分类。根据企业所从事的日常活动的内容，企业的收入包括销售商品收入、提供劳务收入和让渡资产使用权收入。

根据重要性要求，企业的收入可以分为主营业务收入和其他业务收入。

主营业务收入是指企业销售商品、提供劳务等主营业务所实现的收入。

其他业务收入是指企业除主营业务活动以外的其他经营活动实现的收入，如工业企业出租固定资产、出租无形资产、出租包装物和商品、销售材料等实现的收入。

【提示】我国的企业会计准则中对收入的定义是狭义的收入，一般指的是营业收入。广义的收入除了营业收入外，还包括营业外收入。营业外收入是指企业发生的与其生产经营活动无直接关系的各项收入，包括报废毁损非流动资产利得、与企业日常活动无关的政府补助、盘盈利得、捐赠利得等。

5）费用

费用是指企业在日常活动中发生的、会导致所有者权益减少的、与向所有者分配利润无关的经济利益的总流出。

（1）费用的特征。

第一，费用是在企业日常活动中发生的。将费用界定为“日常活动”发生的总流出，是为了将其与损失相区分。企业非日常活动所形成的经济利益流出不能确认为费用，而应当计入损失。例如，企业进行产品广告宣传，花费10万元，这10万元广告费应该确认为企业的费用。但是，企业报废固定资产发生净损失5万元，这5万元净损失与企业日常经营活动无关，不能作为企业的费用，只能作为损失确认为营业外支出。

第二，费用可能表现为资产的减少，或负债的增加，或二者兼而有之。费用会导致所有者权益的减少，不导致所有者权益减少的经济利益流出不应确认为费用。例如，企业用银行存款300万元购买生产用原材料，尽管使企业经济利益流出了300万元，但不会导致企业所有者权益的减少，因为它使企业增加了另外一项资产（存货），在这种情况下，不能将该经济利益的流出确认为费用。

第三，费用与向所有者分配利润无关。向所有者分配利润属于企业利润分配的内容，不构成企业的费用。费用会导致所有者权益的减少。

（2）费用的确认条件。费用的确认除了满足费用定义外，还应当同时符合以下条件：①与费用相关的经济利益很可能流出企业；②经济利益流出企业的结果会导致资产的减少或负债的增加；③经济利益的流出额能够可靠计量。

（3）费用的分类。费用按照经济用途进行分类，可分为营业成本和期间费用。费用的分类如图2-4所示。

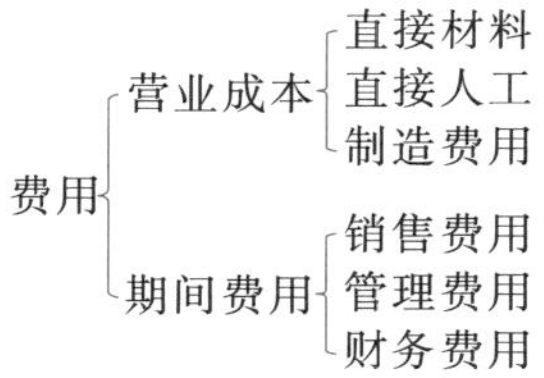

图2-4　费用的分类

第一，营业成本。它是指企业本期已实现销售的产品的成本和已对外提供劳务的成本。产品成本或劳务成本是企业为生产产品或提供劳务等所发生的应计入产品成本或劳务成本的各项费用，包括直接材料、直接人工和制造费用等。

第二，期间费用。它是指企业为组织和管理企业生产经营、筹集生产经营所需资金以及销售商品等而发生的各项费用。期间费用应在发生当期直接计入损益，并在利润表中分项目列示，包括销售费用、管理费用和财务费用等。

销售费用是指企业在销售商品和材料、提供劳务的过程中发生的各种费用，包括运输费、装卸费、包装费、保险费、商品维修费、展览费和广告费以及为销售本企业商品而专设的销售机构的职工薪酬、业务费、折旧费等经营费用。

管理费用是指企业为组织和管理企业生产经营所发生的费用，包括企业在筹建期间内发生的开办费以及董事会和行政管理部门在企业的经营管理中发生的或者应当由企业统一负担的公司经费、董事会费、聘请中介机构费、咨询费、业务招待费、技术转让费、研究费用等。

财务费用是指企业为筹集生产经营所需资金等而发生的筹资费用，包括利息支出(减利息收入)、汇兑损益和相关的手续费等。

【提示】费用与成本的区别主要表现在：费用是资产的耗费，它与一定的会计期间相联系，而与生产哪一种产品无关；成本与一定种类和数量的产品相联系，而不论发生在哪一个会计期间。

企业的产品销售后，其生产成本就转化为销售当期的费用，称为产品销售成本或主营业务成本。

6）利润

利润是指企业在一定会计期间的经营成果。利润包括收入减去费用后的净额、直接计入当期利润的利得和损失等。

其中，收入减去费用后的净额反映的是企业日常活动的经营业绩，直接计入当期利润的利得和损失，反映的是企业非日常活动的业绩。

直接计入当期利润的利得和损失，是指应当计入当期损益、最终会引起所有者权益增减变动、与所有者投入资本或者向所有者分配利润无关的利得或者损失。直接计入当期利润的利得和损失在我国会计准则体系中被计入了营业外收入和营业外支出，并在利润表中予以反映。应严格区分收入和利得、费用和损失，以明确企业不同性质的经营业绩。

（1）利润的确认条件。利润的确认主要依赖于收入、费用、利得和损失的确认。利润金额取决于收入和费用、直接计入当期利润的利得和损失金额的计量。利润项目应当列入利润表。

通常情况下，如果企业实现了利润，表明企业的所有者权益将增加；反之，如果企业发生了亏损（即利润为负数），表明企业的所有者权益将减少。

（2）利润的分类。利润一般包括营业利润、利润总额和净利润。

$$\text{营业利润}=\text{营业收入}-\text{营业成本}-\text{税金及附加}-\text{销售费用}-\text{管理费用}-\text{研发费用}-\text{财务费用}-\text{资产减值损失}-\text{信用减值损失}+\text{公允价值变动收益}\left(-\text{公允价值变动损失}\right)+\text{投资收益}\left(-\text{投资损失}\right)+\text{其他收益}+\text{资产处置收益}\left(-\text{资产处置损失}\right)$$

利润总额=营业利润+营业外收入-营业外支出

净利润=利润总额-所得税费用

利润的构成如图2-5所示。

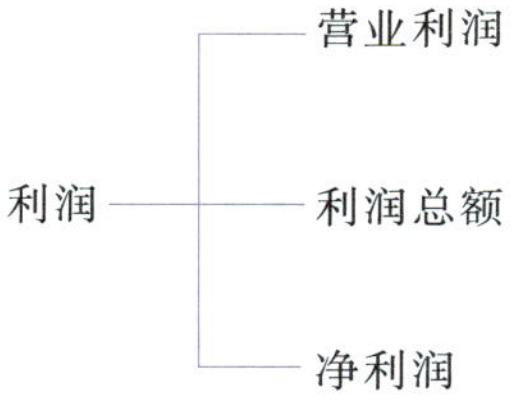

图2-5　利润的构成

课堂实训2-1

【目的】练习会计要素分类。

【资料】项目如下：

项目	会计要素
投资收益	资产
长期股权投资	
期间费用	负债
主营业务收入	
未分配利润	所有者权益
预付账款	
预收账款	收入
货币资金	
固定资产	费用
税金及附加	
应付股利	利润
营业外收入	
生产成本	

【要求】用直线连接，说明以上各项目应归属于哪个会计要素。

2.1.2　会计要素的计量

1）会计要素计量属性

会计计量是为了将符合确认条件的会计要素登记入账并列报于财务报表而确定金额的过程。企业应当按照规定的会计计量属性进行计量，确定相关金额。

会计计量属性通常是指用货币对会计要素进行计量时采用的标准。从会计角度讲，计量属性反映的是会计要素金额的确定基础，主要包括：

（1）历史成本。它又称为实际成本，就是取得或制造某项财产物资时所实际支付的现金或现金等价物。在历史成本计量下，资产按购置时支付的现金或者现金等价物的金额，或者按照购置资产时所付出的对价的公允价值计量。负债按照因承担现时义务而实际收到的款项或者资产的金额，或承担现时义务的合同金额，或者按照日常活动中为偿还负债预期需要支付的现金或者现金等价物的金额计量。

（2）重置成本。它又称现行成本，是指按照当前市场条件，重新取得同样一项资产所需支付的现金或现金等价物的金额。在重置成本计量模式下，资产按照现在购买相同或者相似资产所需要支付的现金或者现金等价物的金额计量。负债按照现在偿付该项债务所需要支付的现金或者现金等价物的金额计量。

（3）可变现净值。它是指在正常生产经营过程中，以预计售价减去进一步加工成本和销售所必需的预计税金、费用后的净值。在可变现净值计量模式下，资产按照其对外销售所能收到的现金或者现金等价物的金额扣减该资产至完工时估计将要发生的成本、估计的销售费用以及相关税费后的金额计量。

（4）现值。它是指对未来现金流量以恰当的折现率进行折现后的价值，是考虑货币时间价值因素等的一种计量属性。在现值计量下，资产按照预计从其持续使用和最终处置中所产生的未来净现金流入量的折现金额计量。负债按照预计期限内需要偿还的未来净现金流出量的折现金额计量。

（5）公允价值。它是指市场参与者在计量日发生的有序交易中，出售一项资产所能收到或者转移一项负债所需支付的价格。在公允价值计量下，资产和负债按照市场参与者在计量日发生的有序交易中，出售资产所能收到或者转移负债所需支付的价格计量。

2）会计计量属性的选择

企业在对会计要素进行计量时，一般应当采用历史成本。采用重置成本、可变现净值、现值、公允价值计量的，应当保证所确定的会计要素金额能够取得并可靠计量。

2.2 会计等式

会计等式也称为会计平衡公式，它是反映会计要素之间基本关系的计算公式。它是设置账户、复式记账和设计资产负债表的理论依据。

2.2.1 会计等式的概念

1）资产、负债与所有者权益之间的关系

任何企业都必须拥有一定数量的资产，作为从事经济活动的基础。这些资产在经济活动中分布在各个方面，表现为不同的占用形态，如房屋、建筑物、机器设备、原材料、库存商品、货币资金等。这些资产都是从一定来源取得的，资产取得或形成的来源或渠道，即资产来源，会计上称为权益，权益包括负债（债权人权益）和所有者权益。资产表示企业拥有的经济资源，权益则表示资产的来源，即资产由谁提供，归谁所有。企业资产的来源有两个途径：一是来自所有者投入，即所有者权益；二是来自债权人，即负债。

资产和权益（包括所有者权益和债权人权益）实际上是企业所拥有的经济资源在同一时点上所表现的不同形式。资产表明的是资源在企业存在、分布的形态，而权益则表明了资源取得和形成的渠道。没有资产，就没有权益，没有权益，资产不会存在，因而二者客观上存在相等的关系。从数量上看，有一定数额的资产，就必然有一定数额的权益（资产来源）；反之，有一定数额的权益，也必然形成一定数额的资产。从任何时点来看，两者都保持着相互依存的平衡关系。

因此，一个企业所拥有的资产总额必然等于权益总额。资产与权益的这种等额关系构成下面的会计等式：

资产=权益

=债权人的权益+投资人的权益

=负债+所有者权益

这是最基本的会计等式，通常称为会计恒等式。这一等式反映了资产与负债、所有者权益之间的内在联系，是设置账户、进行复式记账和编制会计报表的理论依据，表明了企业在一定时点的财务状况。因此，这一等式也称为静态会计等式，是编制资产负债表的理论依据。

2）收入、费用和利润之间的关系

收入与费用是企业在一定时期从事生产经营活动所取得的各项收入和发生的耗费。企业一定时期内所获得的收入大于所发生的费用，其差额即为利润；若收入小于所发生的费用，其差额为亏损。企业所获得的利润属于企业所有者，所发生的亏损最终也要由所有者承担，因此，利润的获得从实质上看是所有者权益的增加，亏损的发生则是所有者权益的减少。

综上所述，收入、费用、利润存在下列关系：

收入-费用=利润

这一等式可称为第二会计等式，该等式是从某个会计期间考察企业的最终经营成果而形成的等式关系，因此我们称之为动态会计等式。收入、费用和利润是构成利润表的三个基本要素，收入、费用和利润之间的上述关系也是企业编制利润表的基础。

在实际工作中，由于收入不包括处置固定资产净收益、固定资产盘盈、出售无形资产收益等，费用也不包括处置固定资产净损失、自然灾害损失等，所以，收入减去费用，并经过调整后，才能等于利润。

3）扩展的会计等式

如果考虑收入、费用和利润这三个会计要素，则基本会计等式就会扩展为：

资产=负债+所有者权益+（收入-费用）

=负债+所有者权益+利润

我们将这一等式称为扩展的会计等式。

综上所述，资产、负债、所有者权益、收入、费用和利润这六大会计要素之间存在着一种恒等关系。会计等式反映了这种恒等关系，因而，任何会计事项的发生都不会破坏会计等式的平衡关系。

扩展的会计等式动态地反映了企业财务状况和经营成果之间的关系。

【提示】

(1) 企业成立之初或会计期初：

资产=负债+所有者权益

(2) 会计期间内：

资产=负债+所有者权益+（收入−费用）

=负债+所有者权益+利润

(3) 会计期末：

恢复为基本等式的形式，即：

资产=负债+所有者权益

2.2.2 经济业务、事项的发生对会计等式的影响

微课2-1

经济业务、事项的发生对会计等式的影响

各企业单位发生的交易或者事项虽然多种多样，错综复杂，但由此引起的资产和权益的增减变化归纳起来，不外乎四种类型和九种具体情况。

1）四种类型

（1）资产和权益双方同时等额增加。这类交易发生后，引起会计等式两边会计要素同时增加，增加的数额相等，会计等式两边平衡。

例如，投资人向企业投入资本600 000元，存入银行。这项交易的发生，一方面使资产中的“银行存款”增加600 000元，另一方面又使权益中的“实收资本”增加600 000元，资产和权益同时等额增加600 000元，虽然双方总额增加，但二者仍保持平衡关系。

（2）资产和权益双方同时等额减少。这类交易发生后，引起会计等式两边会计要素同时减少，减少的数额相等，会计等式两边平衡。

例如，企业用银行存款归还短期借款30 000元，这项交易的发生，一方面使资产中“银行存款”减少30 000元，另一方面又使权益中的“短期借款”减少30 000元，资产和权益同时等额减少30 000元，虽然双方总额减少，但二者仍保持平衡关系。

（3）资产内部有增有减，增减金额相等。这类交易发生后，只引起会计等式左边资产要素内部项目发生变动，有的项目增加，有的项目减少，增减的数额相等，资产总额不变，会计等式两边平衡。

例如，企业从银行存款中提取现金10 000元备用。这项交易的发生，只引起资产内部两个项目之间以相等的金额一增一减的变动，即“银行存款”减少10 000元，“库存现金”增加10 000元。资产内部一增一减，只表明资产形态的转化，而不会引起资产总额的变动，更不涉及负债和所有者权益项目，因此，不会破坏资产和权益之间的平衡关系。

（4）权益内部有增有减，增减金额相等。这类交易发生后，只引起会计等式右边权

益要素内部项目发生变动，有的项目增加，有的项目减少，增减数额相等，权益总额不变，会计等式两边平衡。

例如，企业向银行借入短期借款20 000元，直接偿还前欠某供应单位货款。这项交易的发生，只引起权益项目之间以相等的金额一增一减的变动，即“短期借款”增加20 000元，“应付账款”减少20 000元。权益内部一增一减，只表明资金来源渠道的转化，即从“应付账款”转化为“短期借款”，而不会引起权益总额的变动，更不涉及资产项目，因此，不会破坏资产和权益之间的平衡关系。

资产和权益的变化关系如图2-6所示。

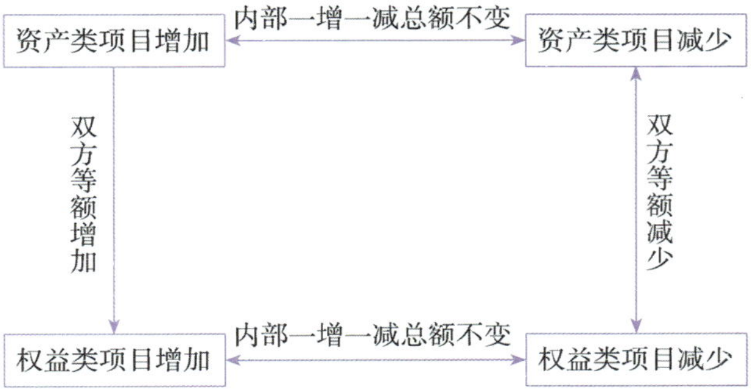

图2-6　资产和权益的变化关系

工作实例2-1

达昌公司2022年1月1日的资产负债情况为（单位：万元）：

资产	=	负债	+	所有者权益
200	=	80	+	120

该公司2022年1月份发生如下经济业务：

（1）从银行取得短期借款40万元，存入开户银行；

（2）用银行存款归还前欠某公司货款20万元；

（3）购买原材料30万元，用银行存款支付；

（4）以应付票据抵付应付账款15万元。

根据上述会计事项，分析它们对会计等式的影响：

工作实例2-1

解析

2）九种具体情况

因为权益包括负债和所有者权益，所以，对“资产=负债+所有者权益”会计等式进行具体分类组合，将上述四种类型的交易或者事项具体化，可表现为以下九种情况：

（1）一项资产增加，另一项资产减少；

（2）一项资产增加，一项负债增加；

（3）一项资产增加，一项所有者权益增加；

（4）一项资产减少，一项负债减少；

（5）一项资产减少，一项所有者权益减少；

（6）一项负债增加，另一项负债减少；

（7）一项所有者权益增加，另一项所有者权益减少；

（8）一项负债增加，一项所有者权益减少；

（9）一项所有者权益增加，一项负债减少。

工作实例2-2

2022年5月，大海公司资产、负债及所有者权益月初余额均为零（为方便讲解），5月份发生以下经济业务：

（1）向银行借入期限6个月的短期借款300 000元，存入银行。

分析：该笔经济业务的发生，一方面使资产项目银行存款增加300 000元，另一方面使负债项目短期借款也增加300 000元，由于资产项目和负债项目同时等额增加，所以，资产总额与负债及所有者权益总额仍然相等。会计等式两边同时增加300 000元，双方总额仍然保持平衡。

	资产	=	负债	+	所有者权益
经济业务发生前	0		0		0
经济业务发生时	+300 000		+300 000		
经济业务发生后	300 000	=	300 000	+	0

（2）收到投资者追加投资400 000元，当即存入银行。

分析：该笔经济业务的发生，一方面使资产项目银行存款增加400 000元，另一方面使所有者权益项目实收资本也增加400 000元，由于资产项目和所有者权益项目同时等额增加，所以，资产总额与负债及所有者权益总额仍然相等。会计等式两边同时增加400 000元，双方总额仍然保持平衡。

	资产	=	负债	+	所有者权益
经济业务发生前	300 000	=	300 000		0
经济业务发生时	+400 000				+400 000
经济业务发生后	700 000	=	300 000	+	400 000

（3）以银行存款8 000元归还前欠供应单位货款。

分析：该笔经济业务的发生，一方面使资产项目银行存款减少8 000元，另一方面使负债项目应付账款也减少8 000元，会计等式两边同时减少8 000元，双方总额仍然保持平衡。

	资产	=	负债	+	所有者权益
经济业务发生前	700 000	=	300 000		400 000
经济业务发生时	−8 000		−8 000		
经济业务发生后	692 000	=	292 000	+	400 000

（4）根据公司章程决定减少资本50 000元，以银行存款退还投资人。

分析：该笔经济业务的发生，一方面使资产项目银行存款减少50 000元，另一方面使所有者权益项目实收资本也减少50 000元，会计等式两边同时减少，双方总额仍然保持平衡。

	资产	=	负债	+	所有者权益
经济业务发生前	692 000	=	292 000		400 000
经济业务发生时	−50 000				−50 000
经济业务发生后	642 000	=	292 000		+350 000

（5）从银行提取现金70 000元，备发工资。

分析：这笔经济业务的发生，一方面使资产项目银行存款减少70 000元，另一方面使资产项目库存现金增加70 000元。这是资产类内部有关项目之间同时发生的此增彼减，且增减金额相等，资产总额保持不变。会计等式左边有增有减，增减金额相等，右边不受任何影响，双方总额仍然保持平衡。

	资产	=	负债	+	所有者权益
经济业务发生前	642 000	=	292 000		350 000
经济业务发生时	+70 000−70 000				
经济业务发生后	642 000	=	292 000	+	350 000

（6）向银行申请取得6个月的短期借款40 000元偿还前欠供应单位的款项。

分析：这笔经济业务的发生，一方面使负债项目短期借款增加了40 000元，另一方面使负债项目应付账款减少了40 000元，会计等式右边有增有减，增减金额相等，左边不受任何影响，双方总额仍然保持平衡。

	资产	=	负债	+	所有者权益
经济业务发生前	642 000	=	292 000		350 000
经济业务发生时			+40 000−40 000		
经济业务发生后	642 000	=	292 000	+	350 000

（7）经批准将盈余公积20 000元转增资本。

分析：该笔业务的发生，一方面使所有者权益项目盈余公积减少20 000元，另一方面使所有者权益项目实收资本增加20 000元，会计等式右边有增有减，增减金额相等，左边不受任何影响，双方总额仍然保持平衡。

	资产	=	负债	+	所有者权益
经济业务发生前	642 000	=	292 000		350 000
经济业务发生时					+20 000−20 000
经济业务发生后	642 000	=	292 000	+	350 000

（8）向银行借入为期3年的长期借款30 000元，因到期无力偿还，经双方协商，将此笔借款转作银行对本企业的投资。

分析：该笔业务的发生，一方面使负债项目应付账款减少30 000元，另一方面使所有者权益项目实收资本增加30 000元，会计等式右边有增有减，增减金额相等，左边不受任何影响，双方总额仍然保持平衡。

	资产	=	负债	+	所有者权益
经济业务发生前	642 000	=	292 000		350 000
经济业务发生时			−30 000		+30 000
经济业务发生后	642 000	=	262 000	+	380 000

（9）经研究决定向投资者发放现金股利4 000元（尚未发放）。

分析：这项经济业务的发生，使该企业负债项目应付股利增加了4 000元，使所有者权益项目未分配利润减少了4 000元。负债增加和所有者权益减少，双方总额仍保持平衡。

	资产	=	负债	+	所有者权益
经济业务发生前	642 000	=	262 000		380 000
经济业务发生时			+4 000		−4 000
经济业务发生后	642 000	=	266 000	+	376 000

综上所述，每一项经济业务的发生，都必然引起会计等式的一方或双方有关项目相互联系地发生等量变化，即当涉及会计等式的一方时，有关项目的数额发生相反方向的等额变动；而当涉及会计等式的两方时，有关项目的数额必然会发生相同方向的等额变动，但始终不会打破会计等式的平衡关系。

课堂实训2-2

【目的】练习经济业务的类型及其对会计等式的影响。

【资料】海兴公司2021年9月30日的资产负债表中资产总计585 000元，负债总计218 000元，该公司2021年10月份发生如下经济业务：

1.用银行存款购入全新机器一台，价值90 000元。

2.投资者投入原材料，价值30 000元。

3.以银行存款偿还所欠供应单位账款8 000元。

4.收到购货单位所欠货款6 000元，存入银行。

5.按规定将90 000元资本公积转增资本。

【要求】

1.根据10月份发生的经济业务，分析说明对会计要素的影响。

2.计算10月月末海兴公司的资产总额、负债总额和所有者权益总额。数据表见表2-1。

表2-1　数据表　单位：元

项目	资产	负债	所有者权益
2021年10月1日	585 000	218 000	
1			
2			
3			
4			
5			
合计			

2.3　会计科目

2.3.1　会计科目的含义和意义

1）会计科目的含义

会计科目就是对会计对象的具体内容即会计要素进一步分类核算的项目。资产、负债、所有者权益、收入、费用和利润等六大会计要素是会计核算和监督的内容。对一个企业来说，经济业务是复杂多样的，若会计只对这六大会计要素进行核算和监督，显得过于粗略，难以满足各有关方面对会计信息的需要。因此，就有必要采用一定的形式，对每一会计要素所反映的具体内容作进一步分门别类的划分，设置会计科目。

会计对象、会计要素、会计科目三者的关系极为密切。会计对象概括了企业的资金运动；会计要素则是会计对象的基本分类；会计科目又是对会计要素所作的进一步分类。会计对象、会计要素、会计科目三者的关系如图2-7所示。

2）会计科目的意义

会计科目是进行各项会计记录和提供各项会计信息的基础，在会计核算中具有重要意义。

（1）会计科目是复式记账的基础。复式记账要求每一笔经济业务在两个或两个以上相互联系的账户中进行登记，以反映资金运动的来龙去脉。

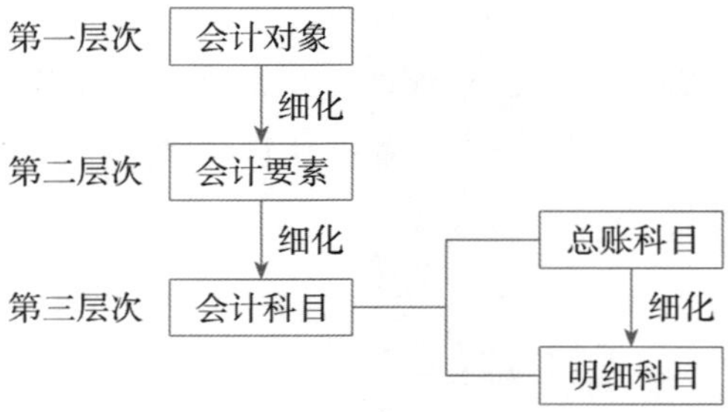

图2-7 会计对象、会计要素、会计科目三者的关系

（2）会计科目是编制记账凭证的基础。记账凭证是确定所发生的经济业务应记入何种科目以及分门别类登记账簿的凭据。

（3）会计科目为成本计算与财产清查提供了前提条件。通过会计科目的设置，有助于成本核算，使各种成本计算成为可能；而通过账面记录与实际结存的核对，又为财产清查、保证账实相符提供了必备的条件。

（4）会计科目为编制会计报表提供了方便。会计报表是提供会计信息的主要手段，为了保证会计信息的质量及提供的及时性，会计报表中的许多项目与会计科目是一致的，并根据会计科目的本期发生额或余额填列。

2.3.2 会计科目设置的原则

总分类科目是在国家统一的会计制度中统一规定的。明细分类科目除国家统一的会计制度规定设置的以外，各单位可根据实际需要自行设置。会计科目的设置应遵循以下原则：

（1）合法性原则。它指所设置的会计科目应当符合国家统一的会计制度的规定。在我国，总分类科目原则上由财政部统一制定。企业可根据自身的生产经营特点，在不影响会计核算要求以及对外提供统一财务会计报告的前提下，自行增设、减少或合并某些会计科目。

（2）相关性原则。它指所设置的会计科目应为提供给有关各方所需要的会计信息服务，满足对外报告与对内管理的要求。

（3）实用性原则。它指所设置的会计科目应符合单位自身特点，满足单位实际需要。

另外，会计科目要简明、适用，并要合理分类、科学编号。

2.3.3 会计科目的分类

会计科目分类的标准不同，划分的类别也不同。

1）会计科目按其所归属的会计要素不同分类

会计科目按其所归属的会计要素不同，分为资产类、负债类、所有者权益类、共同类、成本类、损益类等六大类。会计要素与会计科目的关系如图2-8所示。

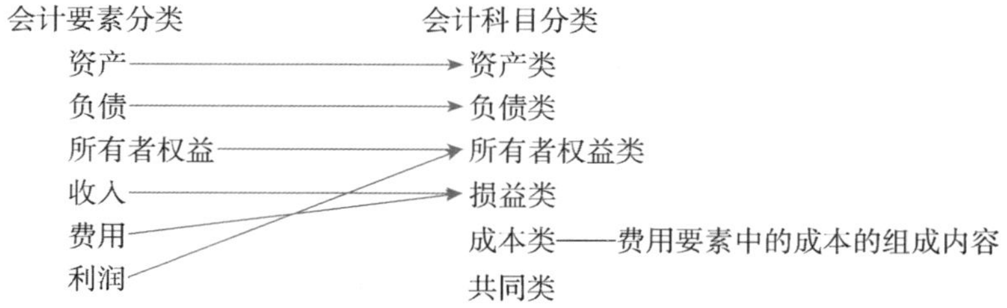

图2-8　会计要素与会计科目的关系

(1) 资产类科目。它是对资产要素的具体内容进行分类核算的项目。按照资产的流动性分为反映流动资产的科目和反映非流动资产的科目。反映流动资产的科目有："库存现金""银行存款""原材料""应收账款""库存商品"等。反映非流动资产的科目有："长期股权投资""长期应收款""固定资产""无形资产""长期待摊费用"等。

资产类会计科目中，有一些是用来反映资产价值损耗或损失的科目，如"累计折旧""累计摊销""坏账准备""存货跌价准备"等。这些科目反映相应资产的价值损耗或损失，目的是确定资产的账面价值，满足单位资产管理的需要。

(2) 负债类科目。它是对负债要素的具体内容进行分类核算的项目。按负债的偿还期限分为反映流动负债的科目和反映非流动负债的科目。反映流动负债的科目有："短期借款""应付账款""应付职工薪酬""应交税费"等。反映非流动负债的科目有："长期借款""应付债券""长期应付款"等。

(3) 所有者权益类科目。它是对所有者权益要素的具体内容进行分类核算的项目。按所有者权益的形成和性质可分为反映资本的科目和反映留存收益的科目。反映资本的科目有："实收资本"（或"股本"）、"资本公积"等。反映留存收益的科目有："盈余公积""本年利润""利润分配"等。所有者权益类的"本年利润"科目归属于利润会计要素，由于企业实现利润会增加所有者权益，因而将其作为所有者权益类科目。

(4) 共同类科目。它是指可能具有资产性质，也可能具有负债性质的科目，其性质取决于科目核算的结果。当其核算结果出现借方余额时，则作为资产类科目；而当其核算结果出现贷方余额时，则作为负债类科目。

(5) 成本类科目。它是对产品、劳务成本的构成内容进行分类核算的项目。按成本的不同内容和性质可以分为反映制造成本的科目和反映劳务成本的科目。反映制造成本的科目有："生产成本""制造费用"等。反映劳务成本的科目有："劳务成本"等。

(6) 损益类科目。它是对收入、费用要素的具体内容进行分类核算的项目。按损益的不同内容可以分为反映收入的科目和反映费用的科目。反映收入的科目有："主营业务收入""其他业务收入""营业外收入"等。反映费用的科目有："主营业务成本""其他业务成本""管理费用""财务费用""销售费用""所得税费用""营业外支出"等。损益类科目分别归属于收入要素和费用要素。

2）会计科目按其提供信息的详细程度不同分类

会计科目按其提供信息的详细程度及统驭关系不同，分为总分类科目和明细分类科目。

（1）总分类科目也称一级科目。它是对会计要素的具体内容进行总括分类的会计科目，是反映总括核算指标的科目。例如，“原材料”“固定资产”“短期借款”“应付账款”等。会计科目表中的科目都是总分类科目。

（2）明细分类科目是对总分类科目的内容再作详细分类的科目，它是反映核算指标详细、具体情况的科目。例如，在“应付账款”总分类科目下按具体应付单位分设明细科目，具体反映应付哪个单位的货款。明细分类科目除按会计规定设置的以外，各单位可根据实际需要自行设置。

在实际工作中，有时在总分类科目下设置的明细分类科目太多，为了适应管理工作的需要，可在总分类科目与明细分类科目之间增设二级科目（也称子目），二级科目所提供的指标或信息介于总分类科目和明细分类科目之间。因此，会计科目可分为二级或三级，即总分类科目统辖下属若干明细分类科目，或者总分类科目统辖下属若干二级科目，再在每个二级科目下设置明细分类科目。

为了简化说明，我们一般将二级科目（子目）也算作明细分类科目的一个组成部分，二级科目下属的科目称为明细科目（也称细目）。因此，明细分类科目包括二级科目（子目）和明细科目（细目）。

会计科目按提供指标详细程度的分类举例见表2-2。

表2-2　　会计科目按提供指标详细程度的分类

总分类科目（一级科目）	明细分类科目	
	二级明细科目	三级明细科目
生产成本	基本生产成本	甲产品 乙产品
	辅助生产成本	供电 机修

2.3.4 常用会计科目

企业常用会计科目表见表2-3。在表2-3中，每个会计科目前面都有一个编号，这是统一规定的会计科目编号，以便于编制会计凭证，登记账簿，查阅账目，实现会计电算化。企业不应当随意打乱重编。某些会计科目之间留有空号，供增设会计科目之用。

表2-3 企业常用会计科目表

顺序号	编 号	名 称	顺序号	编 号	名 称
		（一）资产类	34	2211	应付职工薪酬
1	1001	库存现金	35	2221	应交税费
2	1002	银行存款	36	2231	应付利息
3	1012	其他货币资金	37	2232	应付股利
4	1101	交易性金融资产	38	2241	其他应付款
5	1121	应收票据	39	2501	长期借款
6	1122	应收账款	40	2701	长期应付款
7	1123	预付账款			（三）共同类
8	1131	应收股利			（略）
9	1132	应收利息			（四）所有者权益类
10	1221	其他应收款	41	4001	实收资本
11	1231	坏账准备	42	4002	资本公积
12	1401	材料采购	43	4003	其他综合收益
13	1402	在途物资	44	4101	盈余公积
14	1403	原材料	45	4103	本年利润
15	1405	库存商品	46	4104	利润分配
16	1407	商品进销差价			（五）成本类
17	1408	委托加工物资	47	5001	生产成本
18	1411	周转材料	48	5101	制造费用
19	1471	存货跌价准备	49	5201	劳务成本
20	1501	债权投资			（六）损益类
21	1511	长期股权投资	50	6001	主营业务收入
22	1601	固定资产	51	6051	其他业务收入
23	1602	累计折旧	52	6101	公允价值变动损益
24	1604	在建工程	53	6111	投资收益
25	1605	工程物资	54	6301	营业外收入
26	1606	固定资产清理	55	6401	主营业务成本
27	1701	无形资产	56	6402	其他业务成本
28	1702	累计摊销	57	6403	税金及附加
29	1801	长期待摊费用	58	6601	销售费用
		（二）负债类	59	6602	管理费用
30	2001	短期借款	60	6603	财务费用
31	2201	应付票据	61	6701	资产减值损失
32	2202	应付账款	62	6711	营业外支出
33	2203	预收账款	63	6801	所得税费用

课堂实训2-3

【目的】练习会计等式。

【资料】兴城公司2021年12月31日的资产、负债、所有者权益的项目金额见表2-4。

表2-4 项目金额表 单位：元

项 目	金额	资 产	权 益	
			负 债	所有者权益
1.库存现金	600			
2.存放在银行的货币资金	95 000			
3.生产车间厂房	280 000			
4.各种机器设备	330 000			
5.运输车辆	250 000			
6.库存产品	75 000			
7.车间正在加工的产品	86 500			
8.库存材料	85 000			
9.投资人投入的资本	800 000			
10.应付的购料款	142 000			
11.尚未缴纳的税金	6 570			
12.向银行借入的短期借款	72 000			
13.应收产品的销货款	115 000			
14.采购员出差预借的差旅费	2 000			
15.商标权	250 000			
16.发行的企业债券	317 000			
17.开办费支出	95 000			
18.盈余公积	68 530			
19.资本溢价	126 000			
20.未分配利润	132 000			
合计				

【要求】根据上述资料确定资产、负债及所有者权益项目，并分别加计资产、负债及所有者权益金额和合计数，验证资产和权益是否相等。

2.4 设置账户

2.4.1 账户的意义

会计科目只是对会计对象具体内容进行分类的项目或名称，还不能进行具体的会计核算。为了全面、综合、连续、系统地反映和监督会计要素的增减变动，还必须设置账户。

账户是根据会计科目设置的，具有一定格式和结构，用于分类反映会计要素增减变动情况及其结果的载体。设置账户是会计核算的重要方法之一。

每一个账户都有一个名称，即会计科目，用以说明该账户核算的经济内容。账户是根据会计科目设置的，因此账户的名称必须与会计科目一致。

2.4.2 账户的分类

1）按照账户提供信息的详细程度分类

由于账户是根据会计科目开设的，因而同会计科目的分类相对应，账户按提供指标的详细程度可分为总分类账户和明细分类账户。

（1）总分类账户。根据总分类科目设置的账户称为总分类账户，简称总账账户，总账账户称为一级账户，用于对会计要素具体内容进行总括分类核算。总分类账户提供的是总括性核算指标，一般只用货币计量。例如，根据“固定资产”科目开设的“固定资产”账户，能够提供企业所拥有的固定资产总额。

（2）明细分类账户。根据明细分类科目设置的账户称为明细分类账户，简称明细账户，总账以下的账户称为明细账户，用于对会计要素具体内容进行明细分类核算。明细分类账户是用来提供详细核算资料的账户，除可以用货币计量外，有的还可用实物量度（件、千克、吨等）进行辅助计量。例如，根据“应付账款”科目下属的各明细科目开设的明细账户，就可以了解企业应付有关债权单位货款的金额。

2）账户按会计要素分类

如前所述，会计要素是对会计对象的基本分类，包括资产、负债、所有者权益、收入、费用和利润六项会计要素。由于企业在一定期间内实现的利润最终要归属于所有者权益，所以将利润账户并入所有者权益账户。企业在一定期间所取得的收入和发生的费用，最终都体现在当期损益的计算中，因而将与损益计算直接相关的收入、费用账户归为一类，即损益类账户。为了专门核算成本的发生和归集情况，提供成本相关会计信息的会计科目，从费用中剔除生产成本、制造费用等，单列一类为成本类。所以，账户按会计要素分类，可分为资产类、负债类、所有者权益类、共同类、成本类和损益类六大类账户。

（1）资产类账户。它是指用于核算资产增减变动及结存情况，提供资产类项目会计信息的账户。按照资产的流动性划分又可分为反映流动资产的账户和反映非流动资产的账户。

反映流动资产的账户，主要包括："库存现金""银行存款""交易性金融资产""应收票据""应收账款""其他应收款""预付账款""原材料""库存商品"等账户。

反映非流动资产的账户，主要包括："长期股权投资""债权投资""固定资产""累计折旧""在建工程""无形资产""累计摊销""长期待摊费用"等。

（2）负债类账户。它是指用于核算负债增减变动及结存情况，提供负债类项目会计信息的账户。按照债务偿还期限的流动性，可分为反映流动负债的账户和反映非流动负债的账户。

反映流动负债的账户，主要包括："短期借款""应付票据""应付账款""预收账款""应付职工薪酬""应交税费""其他应付款"等账户。

反映非流动负债的账户，主要包括："长期借款""应付债券"等账户。

（3）所有者权益类账户。它是指用于核算所有者权益增减变动及结存情况，提供所有者权益类项目会计信息的账户。按照所有者权益形成的来源不同可以分为反映投入资本类账户和反映留存收益类账户。

反映投入资本类账户，主要包括："实收资本（或股本）""资本公积"等账户。

反映留存收益类账户，主要包括："盈余公积""本年利润""利润分配"等账户。

（4）共同类账户。它是指企业对衍生金融工具、套期工具进行核算时使用的账户，主要包括："衍生工具""套期工具""被套期项目"等账户。

（5）成本类账户。它是指用于核算和监督企业生产产品的成本和提供劳务的成本的账户，主要包括："生产成本""制造费用""劳务成本"等账户。

（6）损益类账户。它是指核算内容与损益（利润）的计算直接相关的账户，主要包括反映收入的账户、反映费用的账户以及其他与损益的计算直接相关的账户。

反映收入的账户，即收入类账户，主要包括："主营业务收入""其他业务收入""投资收益""营业外收入"等账户。

反映费用的账户，即费用类账户，主要包括："主营业务成本""税金及附加""其他业务成本""销售费用""管理费用""财务费用""所得税费用""营业外支出"等账户。

3）账户按与财务报表的关系分类

账户按与财务报表的关系分类，可分为资产负债表账户和利润表账户。

（1）资产负债表账户。它是指为资产负债表的编制提供资料的账户。资产负债表账户包括资产类、负债类和所有者权益类账户，是反映企业财务状况的账户，期末一般都有余额，因此，也称为实账户，它们的余额是编制资产负债表的数据来源。

（2）利润表账户。它是指为利润表提供资料的账户。利润表账户包括：收入类、费用类账户，是反映企业经营成果的账户，期末经过结转一般没有余额，因此，也称为虚账户，它们的发生额是编制利润表的主要依据。

2.4.3 账户的基本结构

账户的基本结构就是指账户由哪几部分组成，以及如何在账户中记录会计要素的增减变动及其余额等。账户依附于账簿开设，每一个账户只表现为账簿中的某张或某些账页。

账户的基本结构是由会计要素的数量变化情况决定的。由于经济业务发生所引起的各项会计要素的变动，从数量上看不外乎增加和减少两种情况，因此，用来分类记录经济业务的账户，账户结构也相应地分为两个基本部分，划分为左方、右方两个方向，一方登记增加，另一方登记减少。至于哪一方登记增加，哪一方登记减少，取决于账户的性质和所记录的经济业务。账户的基本结构具体包括以下内容：

（1）账户名称（即会计科目）；

（2）日期和摘要（记录经济业务的日期和概括说明经济业务的内容）；

（3）增加和减少的金额及余额；

（4）凭证号数（说明账户记录的依据）。

账户的一般格式见表2-5。

表2-5　　账户名称（会计科目）

年		凭证字号	摘　要	借　方	贷　方	借或贷	余　额
月	日						

表2-5所示的账户格式是实际工作中经常采用的格式。为便于说明问题，可将上列账户简化为“T”形，它只保留左右方，其他省略，将余额写在下面。这是一种最简单的账户示意图，通常在教学或对账时使用。至于账户哪一方登记增加、哪一方登记减少，一般取决于账户的性质。T形账户示例如下：

左方	账户名称（会计科目）	右方

对于任何一个账户而言，账户的左右两方分别用来登记增加数或减少数，增减相抵后的差额，称为账户的余额。余额按照时间不同，分为期初余额和期末余额。一个会计期间开始时记录的余额称为期初余额，结束时记录的余额称为期末余额。为此，账户可以提供期初余额、本期增加额、本期减少额和期末余额四个会计核算指标。其中，本期增加额是指在一定期间内（月、季、半年、年）在账户中登记的增加金额合计数，也叫本期增加发生额。本期减少额是指在一定期间内在账户中登记的减少金额合计数，也称

本期减少发生额。四项金额的关系可以用下列等式来表示：

期末余额=期初余额+本期增加发生额-本期减少发生额

本期发生额是一个动态指标，它说明的是某一时期会计要素的增减变动情况；余额是一个静态指标，它说明的是资产或权益在某一时日增减变动的结果。本期的期末余额就是下期的期初余额。例如，某企业某一期间“库存现金”账户的记录示例如下：

左方	库存现金		右方
期初余额	3 000		
本期增加	6 800	本期减少	7 200
本期发生额	6 800	本期发生额	7 200
期末余额	2 600		

根据库存现金账户记录，可以了解到企业期初的库存现金为3 000元，本期增加了6 800元，本期减少了7 200元，期末企业还有2 600元现金。

2.4.4 账户与会计科目的联系和区别

账户与会计科目是会计学中两个密切相关的概念，两者既有联系又有区别。

账户与会计科目的联系在于：它们都是对会计对象具体内容的科学分类，两者口径一致，性质相同；会计科目是账户的名称，也是设置账户的依据，账户是会计科目的具体运用；没有会计科目，账户便失去了设置的依据；没有账户，会计科目就无法发挥作用。

两者的区别是：会计科目仅仅是账户的名称，不存在结构，无法反映会计要素具体内容的增减变动及其结果；而账户则具有一定的格式和结构，能够用于反映会计要素具体内容的增减变动情况及其结果。

在实际工作中，对会计科目和账户一般并不严格区分，而是相互通用。

课堂实训2-4

【目的】练习会计要素之间的相互关系。

【资料】某企业2021年12月31日的资产负债表（简表）见表2-6。

表2-6 资产负债表（简表） 单位：元

资产	金额	负债及所有者权益	金额
库存现金	1 000	短期借款	10 000
银行存款	27 000	应付账款	32 000
应收账款	35 000	应交税费	9 000
存货	52 000	长期借款	B
长期股权投资	A	实收资本	240 000
固定资产	200 000	资本公积	23 000
合计	375 000	合计	C

【要求】根据表2-6回答：

1.计算A、B、C的数值。

2.计算该企业的流动资产总额。

3.计算该企业的负债总额。

4.计算该企业的净资产总额。

【想一想】

1.谈谈会计对象、会计要素、会计科目之间的关系。

2.会计科目与账户之间的关系如何？

3.账户金额间的关系式是怎样的？

本章小结

本章主要介绍会计基础知识：会计要素、会计等式、会计科目和账户。会计要素和会计等式是会计核算最基础的知识。

会计要素，是对会计对象的基本分类，是设定会计报表结构和内容的依据，也是进行确认和计量的依据，在会计核算中具有重要的地位。我国企业会计准则将会计要素划分为资产、负债、所有者权益、收入、费用和利润。会计计量是将符合确认条件的会计要素登记入账时确定的金额。

会计等式，揭示了会计要素之间内在的数量关系，是设置账户、复式记账、试算平衡以及编制会计报表等的理论依据，是贯穿于财务会计始终的一条主线。

会计科目是对会计要素进行进一步分类的项目，是开设账户、填制记账凭证、编制会计报表的基础。

账户是指按照会计科目设置并具有一定格式，用来分类、系统、连续地记录经济业务，反映会计要素增减变化情况和结果的载体。设置账户是会计核算的一种专门方法，其作用在于：登记经济业务，编制会计报表。

习题与实训

1）单项选择题

随堂测2

（1）下列项目中，引起资产和负债同时减少的经济业务是（　　）。

A.以银行存款支付前欠货款　　B.以银行存款支付材料款

C.购买材料，货款尚未支付　　D.收回应收账款存入银行

（2）下列项目中，引起资产有增有减的经济业务是（　　）。

A.向银行取得借款存入银行存款户　　B.以现金支付职工工资

C.收回前欠货款存入银行　　D.收到投资者投入的货币资金

（3）下列项目中，引起负债有增有减的经济业务是（　　）。

A.以银行存款上缴税金　　B.开出商业汇票抵付应付账款

C.以银行存款偿还其他单位货款　　D.收到外商捐赠的设备

（4）下列项目中，引起所有者权益有增有减的经济业务是（　　）。

A.收到国家投入的固定资产　　B.以银行存款偿还长期借款

C.将盈余公积转增资本　　D.以厂房对外单位投资

(5) 以银行存款缴纳税金，所引起的变动为（　　）。

A.一项资产减少，一项所有者权益减少

B.一项资产减少，一项负债减少

C.一项所有者权益增加，一项负债减少

D.一项资产增加，另一项资产减少

(6) 下列各项中，属于负债项目的有（　　）。

A.预收账款　　B.管理费用　　C.应收账款　　D.税金及附加

(7) 会计科目是（　　）。

A.会计凭证的名称　　B.报表的名称　　C.账户的名称　　D.账簿的名称

(8) 账户是根据（　　）设置的，具有一定格式和结构，用于分类反映会计要素增减变动情况及其结果的载体。

A.会计科目　　B.企业需要　　C.下级需要　　D.上级规定

(9) 下列会计科目中，属于负债类科目的是（　　）。

A.预付账款　　B.资本公积　　C.待处理财产损溢　　D.其他应付款

(10) 权益类账户的结构与资产类账户的结构（　　）。

A.一致　　B.相反　　C.相同　　D.无关

2) 多项选择题

(1) 下列项目中，属于企业流动资产的有（　　）。

A.库存现金和银行存款　　B.预收账款

C.应收票据　　D.存货

(2) 下列项目中，属于流动负债的有（　　）。

A.应付利息　　B.短期借款　　C.预付账款　　D.应交税费

(3) 下列项目中，属于非流动负债的有（　　）。

A.其他应付款　　B.应付债券　　C.长期借款　　D.长期应付款

(4) 反映资金运动相对静止状态的会计要素有（　　）。

A.资产　　B.负债　　C.所有者权益　　D.费用

(5) 下列项目中，属于会计要素的有（　　）。

A.资产　　B.负债　　C.债务　　D.费用

(6) 下列各项目中，正确的经济业务类型有（　　）。

A.一项资产增加，一项所有者权益减少

B.资产与负债同时减少

C.负债与所有者权益同时增加

D.一项负债减少，一项所有者权益增加

(7) 若一项经济业务发生后引起银行存款减少 8 000 元，则相应地有可能引起（　　）。

A.固定资产增加8 000元　　　　　　　　B.短期借款增加8 000元

C.应付账款减少8 000元　　　　　　　　D.实收资本减少8 000元

（8）下列经济业务发生后，使资产和权益总额不变的项目有（　　）。

A.以银行存款4 000元，偿还前欠购料款

B.从银行取得借款30 000元，存入银行

C.以银行存款6 000元购买材料

D.从银行提取现金900元

（9）下列会计等式中，正确的有（　　）。

A.资产=权益　　　　　　　　　　　　B.资产=负债+所有者权益

C.资产=权益+负债　　　　　　　　　　D.资产=负债+所有者权益+收入-费用

（10）资产定义的要素包括（　　）。

A.资产由企业过去的交易或事项形成　　B.资产具有实物形态

C.资产由企业拥有或者控制　　　　　　D.资产可为企业带来经济利益

3）判断题

（1）负债是指过去的交易、事项形成的现时义务，履行该义务预期会导致经济利益流出企业。（　　）

（2）资产与负债及所有者权益的恒等关系，是复式记账法的理论基础，也是编制利润表的依据。（　　）

（3）预收账款和预付账款均属于资产。（　　）

（4）某一财产物资要成为企业的资产，其所有权必须属于企业。（　　）

（5）资产就是企业拥有的各种有形资产。（　　）

（6）留存收益主要包括盈余公积和未分配利润。（　　）

（7）会计基本等式是复式记账法的理论基础和编制资产负债表的依据。（　　）

（8）一般而言，费用（成本）类账户结构与权益类账户结构相同，收入（利润）类账户结构与资产类账户结构相同。（　　）

（9）会计科目仅仅是账户的名称，不存在结构；而账户则具有一定的格式和结构。（　　）

（10）目前企业的总分类账户一般是根据国家会计准则规定的会计科目设置的。（　　）

4）单项实训题

【实训题一】

【目的】练习对会计要素进行分类，并掌握会计要素之间的关系。

【资料】宏达公司月末各项目余额如下：

（1）库存现金5 000元。

（2）银行存款120 000元。

（3）房屋价值1 300 000元。

（4）短期借款600 000元。

（5）长期借款900 000元。

（6）机器设备2 515 000元。

（7）库存原材料600 000元。

（8）应付购货款650 000元。

（9）实收资本6 000 000元。

（10）应收销货款100 000元。

（11）库存产成品210 000元。

（12）以前年度尚未分配的利润800 000元。

（13）股票价值4 000 000元。

（14）正在生产中的产品成本100 000元。

【要求】

（1）说明上述项目各属于什么会计要素。

（2）填列资产、负债和所有者权益计算表，见表2-7，并计算资产总额、负债总额和所有者权益总额。

表2-7　资产、负债和所有者权益计算表

项目	金额		
	资产	负债	所有者权益
（1）			
（2）			
（3）			
（4）			
（5）			
（6）			
（7）			
（8）			
（9）			
（10）			
（11）			
（12）			
（13）			
（14）			
合计			

【实训题二】

【目的】练习会计要素的分类，并掌握会计要素之间的关系。

【资料】宏达公司各科目余额见表2-8。

表2-8 科目余额表 单位：元

科目	余额	科目	余额
库存现金	3 000	短期借款	30 000
银行存款	69 000	原材料	46 000
固定资产	300 000	实收资本	250 000
应付账款	38 000	应付票据	65 000
预收账款	6 000	应收账款	58 000
应交税费	27 000	长期借款	60 000

【要求】根据上述资料填列资产、负债和所有者权益计算表，见表2-9，并计算合计数，检验会计等式是否成立。

表2-9 资产、负债和所有者权益计算表

科目	金额		
	资产	负债	所有者权益
库存现金			
银行存款			
固定资产			
应付账款			
预收账款			
应交税费			
短期借款			
原材料			
实收资本			
应付票据			
应收账款			
长期借款			
合计			

【实训题三】

【目的】掌握会计科目核算的内容及分类。

【资料】利嘉公司资产、负债和所有者权益各相关项目金额见表2-10。

表 2-10　　资产、负债和所有者权益计算表　　单位：元

项目	金额	资产		负债		所有者权益	
		名称	金额	名称	金额	名称	金额
（1）房屋及建筑物	154 000						
（2）机器及设备	200 000						
（3）运输用汽车	50 000						
（4）动力设备	36 000						
（5）库存生产用钢材	120 000						
（6）库存生产用零部件	24 000						
（7）库存的燃料	24 000						
（8）未完工产品	72 000						
（9）库存完工产品	108 000						
（10）出纳员保管的现金	600						
（11）存入银行的款项	60 000						
（12）应收客户的货款	40 000						
（13）暂付职工的差旅费	1 400						
（14）投资人投入的设备	440 000						
（15）接受的捐赠存款	360 000						
（16）向银行借入的款项	30 000						
（17）应付供应商的材料款	50 000						
（18）应交税费	10 000						
合计							

【要求】

（1）根据上述项目，分析说明所属的会计科目名称及会计要素，并分别将金额填入相应的空格内。

（2）计算资产总额和权益总额，检验是否平衡。

【实训题四】

【目的】练习经济交易或事项的发生对会计等式的影响。

【资料】大兴公司2022年3月发生如下经济交易或事项：

（1）购入材料一批20 000元，已验收入库，货款未付。

（2）向银行借款50 000元直接偿还所欠供应商的货款。

（3）收到投资者投入的资本100 000元，存入银行。

（4）以银行存款25 000元偿还短期借款。

（5）将盈余公积30 000元转为资本。

（6）收到客户所欠的货款40 000元，存入银行。

（7）销售产品收入80 000元，存入银行。

（8）以银行存款支付投资者的利润20 000元。

【要求】分析说明上述交易或事项的发生引起哪些会计要素发生变化，并说明对会计等式的影响。

【实训题五】

【目的】分析经济业务导致会计要素的变动情况以及对会计等式的影响。

【资料】美达公司2021年12月31日资产总额为980 000元，负债总额为470 000元，所有者权益总额为510 000元。该公司2022年1月发生如下经济业务：

（1）从银行提取现金300 000元，备发工资。

（2）以库存现金发放职工工资300 000元。

（3）购买原材料一批，用银行存款支付购货款200 000元。

（4）从银行借入3个月的借款60 000元，存入银行。

（5）收到投资者投入的资本1 000 000元，存入银行。

（6）购买机器设备，金额1 000 000元，开出转账支票。

（7）收到购货单位以前所欠的本单位货款30 000元，存入银行。

（8）购买原材料100 000元，货款暂欠。

（9）按规定将60 000元资本公积转增资本。

【要求】

（1）逐一分析上述各项经济业务导致会计要素的变动情况以及对会计等式的影响。

（2）填列资产、负债和所有者权益计算表，见表2-11，并计算合计数。

表2-11　资产、负债和所有者权益计算表　单位：元

项目	金额		
	资产	负债	所有者权益
月初余额	980 000	470 000	510 000
（1）			
（2）			
（3）			
（4）			
（5）			
（6）			
（7）			
（8）			
（9）			
合计			

第3章

复式记账法

知识目标

1.理解复式记账法、借贷记账法的含义，记账符号和各类账户的基本结构。

2.根据借贷记账法正确编制会计分录。

3.掌握试算平衡表的编制方法。

能力目标

1.能够利用账户余额公式计算各类账户的余额。

2.能够熟练运用借贷记账法的原理、记账规则编制会计分录。

3.能够编制试算平衡表。

思政目标

1.遵循客观公正的原则，提高会计专业技能。

2.遵守职业道德，坚持会计准则，不做假账。

重点难点

重点：借贷记账法的基本内容；会计分录的编制。

难点：借贷记账法的基本内容；试算平衡表。

3.1 记账方法

企业发生经济业务必然会引起会计要素发生增减变动，将这些经济业务登记到有关账户中，就需要采用一定的记账方法。所谓记账方法，就是在账簿中登记经济业务的方法。按其记录经济业务方式的不同，记账方法可以分为单式记账法和复式记账法。

3.1.1　单式记账法

单式记账法是指对发生的每一项经济业务只在一个账户中进行登记的记账方法。单式记账法是一种简单、不完整的记账方法，一般只适用于库存现金、银行存款和债权债务账户的记录。例如，用现金20 000元支付职工的工资，该业务发生后，只在“库存现金”账户中登记现金减少20 000元，而不设账登记该笔现金用于何处。又如，用银行存款30 000元购买一批材料，业务发生后，只在“银行存款”账户中登记银行存款减少30 000元，而对购入的材料却不在“原材料”账户中设账登记。

单式记账法手续简单，但不能全面系统地反映各会计要素的增减变动情况以及经济业务的来龙去脉，也不便于检查账户记录的正确性和完整性，因而是一种不科学的记账方法。因此，单式记账法因不能适应经济管理的要求而被淘汰，取而代之的是复式记账法。

3.1.2　复式记账法

复式记账法是以资产与权益平衡关系作为记账基础，对于每一笔经济业务，均在两个或两个以上相互联系的账户中进行登记，系统地反映资金运动变化结果的一种记账方法。

例如，企业用银行存款40 000元购买材料，一方面在“银行存款”账户中登记减少40 000元，另一方面还要在“原材料”账户登记增加40 000元。

会计等式反映了企业资金运动的内在规律性，任何经济业务的发生都会对会计要素产生影响，但都不会破坏会计等式的平衡，即遵循资金运动的规律。复式记账法对任何经济业务的发生都在两个或两个以上账户中以相等的金额加以记录，也同样遵循资金运动的规律。因此，复式记账法是以会计等式为基础建立起来的一种记账方法。复式记账法具有以下三个方面的特点：

（1）以会计基本等式为依据。复式记账法是以会计的基本等式“资产=负债+所有者权益”为依据建立起来的一种科学的记账方法。

（2）记录完整。根据账户的记录，既可以了解每一交易或事项的来龙去脉，又可以通过会计要素具体内容的增减变动，全面、系统地了解经济活动的过程和结果。

（3）便于查账。利用各账户发生额及余额之间相互联系、相互制约的关系进行试算平衡，检查账户记录正确与否，及时发现和纠正错账，保证账户记录的正确无误。

复式记账法是一种科学的记账方法，为世界各国广泛采用。我国过去曾采用的复式记账法主要有借贷记账法、增减记账法和收付记账法。我国《企业会计准则——基本准则》规定，企业应当采用借贷记账法记账。

目前，借贷记账法是世界各国通用的记账方法。

3.2 借贷记账法

3.2.1 借贷记账法的概念

借贷记账法是指以“借”和“贷”为记账符号的一种复式记账法。借贷记账法是建立在“资产=负债+所有者权益”会计等式的基础上，以“有借必有贷，借贷必相等”作为记账规则，反映会计要素增减变动情况的一种复式记账法。

借贷记账法起源于13世纪资本主义开始萌芽的意大利，到15世纪末已初步形成了比较完备的复式记账法。“借”和“贷”最初是从借贷资本家的角度来解释的。借贷资本家以经营货币资金为主要业务，对于收进来的存款，记在贷主的名下，表示自身的债务即“欠人”的增加；对于付出去的放款，记在借主的名下，表示自身的债权即“人欠”的增加。随着商品经济的发展和记账方法的改进，记账对象也逐渐复杂，不仅要在会计账簿中记录货币的借贷，还要记录财产物资的增减变化，这样，借、贷两字就失去原意，仅仅成为一种记账符号了。

3.2.2 借贷记账法的基本内容

借贷记账法的基本内容包括记账符号、账户结构、记账规则和试算平衡四项。

1）借贷记账法的记账符号

借贷记账法是以“借”和“贷”作为记账符号的。在借贷记账法下，账户的基本结构是：左方称为“借方”（Debit side，可简写为Dr），右方称为“贷方”（Credit side，可简写为Cr）。其账户格式如下：

借方	会计科目	贷方

记账时，账户的借贷两方必须作方向相反的记录，即对于每一个账户来说，如果借方用来登记增加额，则贷方就用来登记减少额；反之亦然。在一个会计期间内，借方登记的合计数称为借方发生额；贷方登记的合计数称为贷方发生额。借贷两方合计数相抵后的差额，若在借方，则称为借方余额；若在贷方，则称为贷方余额。但究竟哪一方登记增加数，哪一方登记减少数，则要根据账户反映的经济内容，即账户的性质来决定。

2）借贷记账法的账户结构

（1）资产类账户的结构。资产类账户，是用来反映企业各项资产增减变化及结余情况的。资产类账户的结构是：借方登记资产的增加额，贷方登记资产的减少额。在一定会计期间内（月、季、半年、年），借方登记的增加额的合计数称为借方发生额，贷方登记的减少额的合计数称为贷方发生额。在每一会计期末将借、贷方相比较，其差额称作期末余额，本期的期末余额结转到下期，即为下期的期初余额。资产类账户的余额一般在借方。资产类账户的结构如下：

借方	资产类账户		贷方
期初余额	×××		
本期增加额	×××	本期减少额	×××
本期借方发生额	×××	本期贷方发生额	×××
期末余额	×××		

资产类账户期末余额的计算公式如下：

资产类账户期末借方余额=期初借方余额+本期借方发生额-本期贷方发生额

工作实例 3-1

假定某企业的库存商品账户期初余额为400 000元，本期购入两次，其成本分别为100 000元、200 000元，本期发出500 000元，试计算库存商品账户的期末余额并登记“库存商品”账户。

工作实例3-1

解析

（2）负债类和所有者权益类账户的结构。负债类和所有者权益类账户统称为权益类账户，负债类和所有者权益类账户的结构与资产类账户的结构正好相反，即贷方登记负债及所有者权益的增加额，借方登记负债及所有者权益的减少额。在一定会计期间内（月、季、半年、年），贷方登记的增加额的合计数称为贷方发生额，借方登记的减少额的合计数称为借方发生额。在每一会计期末将借、贷方发生额相比较，其差额称作期末余额，本期的期末余额结转到下期，即为下期的期初余额。

权益类账户的余额一般在贷方，其计算公式如下：

权益类账户期末贷方余额=期初贷方余额+本期贷方发生额-本期借方发生额

权益类账户的结构如下：

借方	权益类账户		贷方
		期初余额	×××
本期减少额	×××	本期增加额	×××
本期借方发生额	×××	本期贷方发生额	×××
		期末余额	×××

工作实例 3-2

假定某企业应付账款账户期初余额为300 000元，本期购入三次材料，其中两次货款暂欠，两次欠款分别为100 000元和200 000元，本期偿还以前所欠货款400 000元，则应付账款账户的期末余额计算如下：

应付账款账户期末余额=300 000+100 000+200 000-400 000=200 000（元）

登记“应付账款”账户如下：

借方	应付账款		贷方
		期初余额	300 000
本期减少额	400 000	本期增加额	100 000
			200 000
本期借方发生额	400 000	本期贷方发生额	300 000
		期末余额	200 000

（3）收入类账户。根据会计等式“收入-费用=利润”，利润的增加导致所有者权益增加，收入作为利润的增量因素可以表示为所有者权益的增加，因此，收入类账户的结构与权益类账户结构相似，也就是说，对于收入类账户，金额增加时记入账户的贷方，金额减少时记入账户的借方，在期末应予以结转，将全部余额转入“本年利润”账户的贷方，通过“本年利润”账户计算出本期利润。因此，收入类账户一般期末无余额。

收入类账户的结构如下：

借方	收入类账户		贷方
本期减少或转销发生额	×××	本期增加发生额	×××
本期借方发生额	×××	本期贷方发生额	×××

（4）费用（成本）类账户。费用是企业为了取得收入所发生的，在计算利润时将其从收入总额中扣除掉；成本是对象化了的费用。费用的发生会导致所有者权益的减少，因此，费用的记账方向与所有者权益相反。

费用（成本）类账户的结构与资产类账户的结构相同，即借方登记成本费用的发生（增加）数，贷方登记成本费用的结转（减少）数，期初、期末一般无余额。成本类账户（除制造费用账户外）可能有期末余额，表示在产品成本或未完工劳务已发生的成本。

费用（成本）类账户的结构如下：

借方	费用（成本）类账户		贷方
本期增加发生额	×××	本期减少或转销发生额	×××
本期借方发生额	×××	本期贷方发生额	×××

（5）利润类账户。利润类账户的结构与负债及所有者权益类账户大致相同，在此不作赘述。

综上所述，将借贷记账法下各类账户的结构进行归纳，见表3-1。

表3-1 借贷记账法下各类账户的结构

账户类型	借　方	贷　方	余额方向
资产类	增加	减少	借方
负债类	减少	增加	贷方
所有者权益类	减少	增加	贷方
收入类	减少（或转销）	增加	一般无余额
费用（成本）类	增加	减少（或转销）	一般无余额
利润类	减少（或转销）	增加	一般无余额

从表3-1可以看出：

① 从登记的方向来看，可以把账户分为两大类：一是资产、费用（成本）类，增加记借方，减少记贷方；二是负债、所有者权益、收入、利润类，增加记贷方，减少记借方。

② 从余额来看，一般情况下，只有资产、负债、所有者权益和成本类账户有期初、期末余额，并且一般期初、期末余额和本期增加额在同一方向。而收入、费用类账户，由于期末都要结转到“本年利润”账户，所以一般无期初、期末余额。

③ 如果期末余额与期初余额的方向相同，说明账户的性质未变；如果期末余额与期初余额方向相反，则说明账户的性质已发生改变。例如，“应收账款”是资产类账户，期初余额一般在借方，反映期初尚未收回的账款。如果应收账款期末余额仍在借方，则反映期末尚未收回的账款，仍为资产性质的账户；如果期末余额出现在贷方，说明本期多收了，多收部分就转化成预收账款，变成负债性质的账户了。类似的情况在很多账户都存在，如“应付账款”“预收账款”“预付账款”等反映往来账款的账户，都应根据它们期末余额的方向来确定其性质。如果余额在借方，就是资产类账户；反之，如果余额在贷方，就是负债类账户。

课堂实训3-1

【目的】练习各账户的期末余额和本期发生额的关系。

【资料】某公司2022年8月部分账户资料见表3-2。

表3-2　账户资料　单位：元

账户名称	期初余额	本期借方发生额	本期贷方发生额	期末余额
应收账款	20 000	56 900	43 800	（　　）
短期借款	50 000	（　　）	40 000	60 000
盈余公积	40 000	25 400	（　　）	48 300
原材料	60 000	（　　）	127 600	85 000
生产成本	（　　）	234 100	218 600	6 500
库存商品	13 420	178 290	152 100	（　　）
应付账款	7 890	（　　）	41 320	5 800
应交税费	23 100	45 600	（　　）	25 000
固定资产	（　　）	879 000	100 000	1 521 000
主营业务收入		（　　）	654 000	
税金及附加		（　　）	23 100	
管理费用		34 500	（　　）	
财务费用		19 800	（　　）	

微课3-1

借贷记账法的记账规则

【要求】根据上述资料，计算括号内的数字，并填入上表括号内。

3）借贷记账法的记账规则

（1）借贷记账法的记账规则为：有借必有贷，借贷必相等。对于企业发生的每一笔经济业务，都要在两个或两个以上相互联系的账户中进行登记，而且借方和贷方的金额要相等。具体来说，就是指对于每一项经济业务事项，如果在一个账户中登记了借方，则必须同时在另一个或几个账户中登记贷方；或者反过来说，如果在一个账户中登记了贷方，则必须在另一个或几个账户中登记借方。而且登记在借方的合计数与登记在贷方的合计数金额必须相等。

工作实例3-3

工作实例3-3

解析

现以华夏公司2022年1月的经济业务为例（增值税略），说明借贷记账法的记账规则。

（1）企业用银行存款50 000元购买原材料。

（2）企业将到期未予兑付的应付票据1 600 000元，转为应付账款。

（3）企业接受某单位投入的全新设备一台，不需要安装即可投入使用，投资双方共同确认的价值为6 000 000元。

（4）用银行存款2 000 000元归还长期借款。

（5）销售商品一批，价值800 000元（不考虑相关税费），货款暂未收。

（6）企业管理部门用现金2 800元购买办公用品。

（7）用银行存款50 000元，从某单位购买价值30 000元的原材料并已验收入库，剩余20 000元用于偿还前欠该单位的货款。

（8）生产车间领用材料6 000元，用于车间一般耗用，另用银行存款2 000元支付本月生产车间水电费。

以上实例表明，采用借贷记账法对每笔经济业务事项进行记录时，相关账户之间形成了应借、应贷的相互对应关系。存在对应关系的账户称为对应账户。

如用银行存款80 000元购买材料。要记录这项经济业务的发生，应记入“原材料”账户借方80 000元，记入“银行存款”账户贷方80 000元。“原材料”账户和“银行存款”账户之间就存在着一种对应关系，这两个账户就是对应账户。

（2）会计分录。它是指按照复式记账法的要求，标明某项经济业务应借、应贷的账户名称及金额的一种记录。一笔会计分录主要包括三个要素：会计科目（账户名称）、借贷方向（记账方向）和金额。

会计分录按其所涉及账户的多少，可分为简单会计分录和复合会计分录两种。简单会计分录是指只涉及两个账户的会计分录，又称一借一贷的会计分录。

复合会计分录是指涉及两个以上（不包括两个）账户的会计分录。复合会计分录包括一借多贷、多借一贷和多借多贷的会计分录。可以说，复合会计分录是由简单会计分录复合而成的会计分录。

但是，不能单纯为了简化记账手续，把互不相关的几个简单会计分录硬性合并成一笔多借多贷的会计分录，因为这样必然会造成账户对应关系模糊不清，不能正确地反映交易或事项的来龙去脉。在我国，企业编制会计分录实际上就是根据原始凭证编制“记账凭证”，记账凭证是用来登记账户（账簿）的直接依据。（记账凭证见“第5章　填制和审核会计凭证”）

采用借贷记账法编制会计分录的格式是：先写借方科目，再写贷方科目，金额单位默认为“人民币元”。会计分录为上下结构，上借下贷，借贷错开，金额相等。

编制会计分录，应按以下步骤进行：

第一，一项经济业务发生后，首先分析这项经济业务涉及的会计要素类别；

第二，确定涉及哪些账户，是增加还是减少；

第三，确定记入账户的方向，即借方还是贷方；

第四，确定应借、应贷科目（账户名称）是否正确，借贷方金额是否相等。

以【工作实例3-3】为例，编制会计分录如下：

（1）借：原材料	50 000	
贷：银行存款		50 000
（2）借：应付票据	1 600 000	
贷：应付账款		1 600 000
（3）借：固定资产	6 000 000	
贷：实收资本		6 000 000
（4）借：长期借款	2 000 000	
贷：银行存款		2 000 000
（5）借：应收账款	800 000	
贷：主营业务收入		800 000
（6）借：管理费用	2 800	
贷：库存现金		2 800
（7）借：原材料	30 000	
应付账款	20 000	
贷：银行存款		50 000
（8）借：制造费用	8 000	
贷：原材料		6 000
银行存款		2 000

上述会计分录（1）~（6），都是一借一贷的会计分录，是简单会计分录。会计分录（7）、（8）为复合会计分录，复合会计分录可以分解为几笔简单会计分录，其结果相同。上述复合会计分录（8）可以分解为：

借：制造费用	6 000	
贷：原材料		6 000
借：制造费用	2 000	
贷：银行存款		2 000

课堂实训3-2

【目的】练习“T”形账户登记。

【资料】创意公司2022年5月31日账户余额如下（单位：元）：

银行存款	56 000	应付账款	40 000
原材料	20 000	实收资本	121 000
固定资产	85 000		

该公司2022年6月份发生下列经济业务（不考虑相关税费）：

（1）收到投资者追加投资30 000元，存入银行。

（2）用银行存款偿还应付账款23 000元。

（3）购买原材料1 200元，用银行存款支付。

（4）购买设备50 000元，用银行存款支付30 000元，余款尚欠。

（5）收到投资者投入一台价值56 000元的机器、一批价值25 000元的原材料。

（6）购进原材料5 000元，款未付。

【要求】

（1）根据期初余额开设“T”形账户。

（2）根据6月份发生的经济业务登记“T”形账户。

（3）结出“T”形账户的发生额和余额。

4）借贷记账法的试算平衡

为了保证一定时期内所发生的经济业务在账户中登记的正确性，需要在一定时期终了时，对账户记录进行试算平衡。

试算平衡，是指根据“资产=负债+所有者权益”的恒等关系以及借贷记账法的记账规则，检查和验证所有账户记录是否正确的一种方法。试算平衡有发生额试算平衡法和余额试算平衡法。

试算平衡是通过编制试算平衡表进行的。试算平衡表通常是在期末结出各账户的本期发生额合计和期末余额后编制的，试算平衡表中一般应设置“期初余额”“本期发生额”“期末余额”三大栏，其下分设“借方”和“贷方”两个小栏。各大栏中的借方合计与贷方合计应该平衡相等，否则，便存在记账错误。

为了简化表格，试算平衡表也可只根据各个账户的本期发生额编制，不填列各账户的期初余额和期末余额。

（1）发生额试算平衡法。在借贷记账法下，根据“有借必有贷，借贷必相等”的记账规则，每一笔交易或事项都要以相等的金额，分别记入两个或两个以上相关账户的借方和贷方，借贷双方的发生额应该相等。总之，将一定时期内的所有交易或事项正确无误地记入有关账户之后，所有账户的借方发生额合计数与贷方发生额合计数也应相等。其试算平衡公式为：

全部账户本期借方发生额合计数=全部账户本期贷方发生额合计数

发生额试算平衡可以通过编制发生额试算平衡表来进行。

（2）余额试算平衡法。余额试算平衡法就是根据本期所有账户借方余额合计与贷方余额合计的恒等关系，检验本期账户记录是否正确的方法。根据借贷记账法下的账户结构，资产类账户为借方余额，负债类和所有者权益类账户为贷方余额，按照“资产=负债+所有者权益”的会计恒等式，资产类账户的借方余额合计与负债类和所有者权益类账户的贷方余额合计必然相等。其试算平衡公式为：

全部账户的期初借方余额合计=全部账户的期初贷方余额合计

全部账户的期末借方余额合计=全部账户的期末贷方余额合计

余额试算平衡可以通过编制余额试算平衡表进行。

工作实例3-4

海星公司2022年6月月初有关账户余额见表3-3。

表3-3　海星公司2022年6月月初账户余额　单位：元

账户名称	借　方	贷　方
银行存款	500 000	
原材料	100 000	
固定资产	1 200 000	
短期借款		280 000
应付账款		180 000
实收资本		1 100 000
资本公积		240 000
合　计	1 800 000	1 800 000

该公司6月份发生下列经济业务：

（1）收到某单位投入的资本金600 000元存入银行。

（2）用银行存款80 000元偿还前欠某企业账款。

（3）用银行存款300 000元购入一台全新机器设备。

（4）将资本公积120 000元按法定程序转增资本。

（5）签发一张为期2个月、面额为40 000元的商业汇票，用以抵付应付账款。

（6）购进原材料45 000元，其中30 000元货款已用银行存款付讫，其余15 000元货款尚未支付（不考虑增值税）。

（7）以银行存款75 000元，偿还银行短期借款60 000元和前欠某单位货款15 000元。

要求：

1.根据上述业务编制会计分录；

2.将上述会计分录记入有关账户；

3.根据账户发生额及余额编制试算平衡表。

解析：

1.根据上述经济业务编制会计分录如下：

（1）借：银行存款　600 000
　　贷：实收资本　600 000
（2）借：应付账款　80 000
　　贷：银行存款　80 000
（3）借：固定资产　300 000
　　贷：银行存款　300 000
（4）借：资本公积　120 000
　　贷：实收资本　120 000
（5）借：应付账款　40 000
　　贷：应付票据　40 000
（6）借：原材料　45 000
　　贷：银行存款　30 000
　　　　应付账款　15 000
（7）借：短期借款　60 000
　　　　应付账款　15 000
　　贷：银行存款　75 000

2.将会计分录的记录记入有关账户：

银行存款

期初余额	500 000		
（1）	600 000	（2）	80 000
		（3）	300 000
		（6）	30 000
		（7）	75 000
本期发生额	600 000	本期发生额	485 000
期末余额	615 000		

原材料

期初余额	100 000		
（6）	45 000		
本期发生额	45 000	本期发生额	0
期末余额	145 000		

固定资产

期初余额	1 200 000		
（3）	300 000		
本期发生额	300 000	本期发生额	0
期末余额	1 500 000		

短期借款

		期初余额	280 000
（7）	60 000		
本期发生额	60 000	本期发生额	0
		期末余额	220 000

应付账款

		期初余额	180 000
（2）	80 000	（6）	15 000
（5）	40 000		
（7）	15 000		
本期发生额	135 000	本期发生额	15 000
		期末余额	60 000

应付票据

		期初余额	0
		（5）	40 000
本期发生额	0	本期发生额	40 000
		期末余额	40 000

实收资本

		期初余额	1 100 000
		(1)	600 000
		(4)	120 000
本期发生额	0	本期发生额	720 000
		期末余额	1 820 000

资本公积

		期初余额	240 000
(4)	120 000		
本期发生额	120 000	本期发生额	0
		期末余额	120 000

3.根据账户记录编制发生额及余额试算平衡表，见表3-4。

表3-4 总分类账户发生额及余额试算平衡表

2022年6月30日 单位：元

账户名称	期初余额		本期发生额		期末余额	
	借方	贷方	借方	贷方	借方	贷方
银行存款	500 000		600 000	485 000	615 000	
原材料	100 000		45 000		145 000	
固定资产	1 200 000		300 000		1 500 000	
短期借款		280 000	60 000			220 000
应付账款		180 000	135 000	15 000		60 000
应付票据				40 000		40 000
实收资本		1 100 000		720 000		1 820 000
资本公积		240 000	120 000			120 000
合计	1 800 000	1 800 000	1 260 000	1 260 000	2 260 000	2 260 000

试算平衡只是通过借贷金额是否平衡来检查账户记录是否正确的一种方法。如果借贷双方发生额或余额相等，表明账户记录基本正确，但有些错误并不影响借贷双方的平衡，因此，试算不平衡，表示记账一定有错误，但试算平衡时，不能表明记账一定正确。

因此，在编制试算平衡表时，应注意以下三点：

（1）必须保证所有账户的发生额和余额均已记入试算平衡表。会计等式是对会计六要素整体而言的，缺少任何一个账户的发生额和余额，都会造成本期借方发生额合计数与本期贷方发生额合计数不相等、期初（或期末）借方余额合计数与贷方余额合计数不相等。

（2）及时发现记账错误。如果试算平衡表借贷不相等，可以肯定账户记录有错误，应认真查找，直到实现平衡为止。

（3）发生额与余额试算平衡，不一定说明账户记录绝对正确。这是因为，有些错误并不会影响借贷双方的平衡关系。例如：①漏记某项经济业务，使本期借贷双方的发生额等额减少，借贷仍然平衡；②重记某项经济业务，使本期借贷双方的发生额等额虚增，借贷仍然平衡；③某项经济业务记录的应借、应贷科目正确，但借贷双方金额同时多记或少记，且金额一致，借贷仍然平衡；④某项经济业务记错有关账户，借贷仍然平衡；⑤某项经济业务在账户记录中，颠倒了记账方向，借贷仍然平衡；⑥某借方或贷方发生额中，偶然发生多记和少记并相互抵销，借贷仍然平衡。

由于账户记录可能存在上述不能由试算平衡表发现的错误，因此需要对一切会计记录进行日常或定期的复核，以保证账户记录的正确性。另外，试算平衡表只能检查部分数字性的错误，文字性的错误检查不出来。

本章小结

复式记账法的理论基础是“资产=负债+所有者权益”的平衡关系。它是设置账户、试算平衡、编制会计报表等会计方法的重要理论依据。借贷记账法是以“借”“贷”为记账符号的一种科学的记账方法。借贷记账法之所以科学，是因为其具有科学明确的记账符号、健全的账户体系及合理的账户结构、科学的记账规则和试算平衡的方法。

借贷记账法是一种科学的记账方法，本章是“基础会计”课程的核心内容。通过本章的学习，在理解会计科目和账户设置的基础上，重点掌握复式记账法中的借贷记账法的含义、记账符号、账户结构、记账规则、会计分录的编制和试算平衡等内容。

习题与实训

1）单项选择题

随堂测3

(1) 负债类和所有者权益类账户的期末余额一般在（　　）。

A.借方和贷方　　B.贷方

C.借方　　D.借方或贷方

(2) 收入类账户期末结账后（　　）。

A.借方贷方均有可能有余额　　B.有借方余额

C.一般无余额　　D.有贷方余额

(3) 费用类账户的基本结构与（　　）相似。

A.负债类账户　　B.资产类账户

C.所有者权益类账户　　D.收入类账户

(4) 一般情况下“应收账款”账户的余额（　　）。

A.在借方　　B.在贷方

C.可能在借方也可能在贷方　　D.没有余额

(5) 下列经济业务事项中，不需要进行会计核算的是（　　）。

A.从银行提取现金　　B.签订销售合同

C.预收销货款　　D.结算销货款

(6) 下列项目中，与管理费用属于同一类会计科目的是（　　）。

A.固定资产　　B.利润分配　　C.应付账款　　D.营业外收入

(7) 所有者权益类账户期末（　　）。

A.余额应在贷方　　B.余额应在借方

C.无余额　　D.余额可能在借方或贷方

(8)“应收账款”账户期初余额为5 000元，本期借方发生额为6 000元，贷方发生额为4 000元，则期末余额为（　　）元。

A.借方5 000　　B.贷方3 000　　C.借方7 000　　D.贷方2 000

(9)下列经济业务中，使资产和权益项目同时增加的是（　　）。

A.生产产品领用材料　　B.以现金发放工资

C.以资本公积转增资本　　D.收到购货单位预付款，并存入银行

(10)下列科目中，属于债权类科目的是（　　）。

A.应收票据　　B.销售费用　　C.预收账款　　D.盈余公积

(11)下列经济业务中，不会导致会计等式两边总额发生变化的有（　　）。

A.收回应收账款并存入银行　　B.从银行取得借款并存入银行

C.以银行存款偿还应付账款　　D.收到投资者投入的无形资产

(12)某企业本期期初资产总额为140 000元，本期期末负债总额比期初增加20 000元，所有者权益总额比期初减少10 000元，则企业期末资产总额为（　　）元。

A.170 000　　B.130 000　　C.150 000　　D.120 000

(13)下列引起资产和负债同时增加的经济业务是（　　）。

A.以银行存款偿还银行借款　　B.收回应收账款存入银行

C.购进材料一批，货款未付　　D.以银行借款偿还应付账款

(14)某企业2021年10月月末负债总额为120万元，11月份收回应收账款20万元，用银行存款归还借款15万元，预付购货款6万元，则11月月末负债总额为（　　）万元。

A.105　　B.111　　C.115　　D.121

(15)账户按会计要素分类，“本年利润”账户属于（　　）。

A.资产类账户　　B.所有者权益类账户

C.成本类账户　　D.损益类账户

2）多项选择题

(1)借贷记账法的试算平衡包括（　　）。

A.明细账试算平衡法　　B.总账试算平衡法

C.发生额试算平衡法　　D.余额试算平衡法

(2)下列分录中，属于复合分录的是（　　）。

A.一借一贷　　B.多借多贷　　C.一借多贷　　D.多借一贷

(3)复式记账法能够（　　）。

A.简化账簿登记工作　　B.了解经济业务的来龙去脉

C.检查记账的正确性　　D.进行试算平衡

(4)借贷记账法下，账户借方登记的内容有（　　）。

A.资产增加　　B.负债减少　　C.费用减少　　D.所有者权益增加

(5)会计分录必须具备的要素包括（　　）。

A.记账符号　　B.记账科目　　C.记账金额　　D.记账方法

(6) 正确的试算平衡公式是（　　）。

A.全部账户借方期初余额合计=全部账户贷方期初余额合计

B.全部账户借方期末余额合计=全部账户贷方期末余额合计

C.全部账户本期借方发生额合计=全部账户本期贷方发生额合计

D.全部账户借方期初余额合计=全部账户借方期末余额合计

(7) 采用借贷记账法，其贷方登记本期增加额的是（　　）。

A.资产　　B.负债　　C.收入　　D.费用

(8) 下列错误中，不能通过试算平衡来发现的有（　　）。

A.借贷双方中一方多记金额，另一方少记金额

B.借贷双方的发生额同时多登记了相同金额

C.漏记了某项经济业务

D.应借账户和应贷账户作了相反登记

3）判断题

(1) 通过试算平衡表检查账户记录后，如果试算平衡就可以肯定记账没有错误。（　　）

(2) 借贷记账法账户的基本结构是：左边为借方，右边为贷方。（　　）

(3) 负债类账户的借方用来记录增加额，其贷方用来记录减少额，期末余额一般在贷方。（　　）

(4) 预付账款与长期待摊费用都是资产类账户。（　　）

(5) 所有者权益在数额上相当于企业的净资产。（　　）

(6) 企业的利润通常表现为企业净资产的增加额；反之，企业净资产的增加即为利润。（　　）

(7) 资产类账户的期末余额一定在借方。（　　）

(8) 根据资金占用和资金来源的具体内容，会计等式为“资产=负债+所有者权益”。（　　）

(9) 在借贷记账法下，一定时期的“全部账户的本期借方发生额合计=全部账户的本期贷方发生额合计”；一定时期的“全部账户的借方余额合计=全部账户的贷方余额合计”。（　　）

(10) 会计分录可以划分为一借一贷会计分录和多借多贷会计分录两种。（　　）

4）单项实训题

【实训题一】

【目的】练习复式记账原理及会计等式。

【资料】

(1) 某企业2021年12月31日资产总额为368 000元。

(2) 2021年1月1日权益总额为315 000元。

(3) 2021年全年收入总额为176 000元。

【要求】根据上述资料，计算2021年度的费用是多少。列出期末资产与权益的会计等式。

【实训题二】

【目的】练习借贷记账法的运用。

【资料】新大公司2022年6月份发生以下经济业务（不考虑增值税）：

（1）从银行存款中提取现金6 000元备用。

（2）将现金8 000元存入银行。

（3）购入甲材料共计30 000元，材料款尚未支付。

（4）销售乙产品90 000元，货款已存入银行。

（5）用银行存款30 000元偿还前欠甲材料款。

（6）企业向银行短期借款30 000元存入银行。

（7）收回前欠的货款81 000元，存入银行。

（8）用银行存款30 000元归还银行借款。

（9）收到投资者投资款500 000元，存入银行。

（10）收回丙公司前欠货款86 000元，存入银行。

（11）购入甲材料30 000元，以银行存款支付20 000元，余款尚未支付。

【要求】根据以上资料编制会计分录。

【实训题三】

【目的】借贷记账法的应用及试算平衡表的编制。

【资料】某企业2022年9月30日总账账户余额见表3-5。

表3-5 总账账户余额表 单位：元

固定资产	464 000	实收资本	460 000
原材料	116 000	生产成本	42 000
短期借款	82 000	库存现金	1 000
应交税费	28 000	应收账款	32 000
应付账款	93 600	银行存款	8 600

10月份发生如下经济业务（不考虑增值税）：

（1）4日，接受国家投资的厂房一栋，可直接交付使用，总价值为400 000元。

（2）6日，从中国工商银行取得短期借款96 000元，存入企业银行存款账户。

（3）8日，管理部门用现金购买办公用品530元。

（4）10日，购入材料50 000元，已验收入库，货款尚未支付。

（5）11日，以银行存款20 000元偿还银行借款。

（6）12日，开出转账支票，偿还上月所欠新风厂货款8 000元。

（7）13日，接到银行收款通知，收到兴发工厂偿付的货款32 000元。

（8）19日，开出现金支票，从银行提取现金2 000元备用。

【要求】

（1）根据上述资料，编制上述业务的会计分录。

（2）开设有关“T”形账户，并登记期初余额，根据所编会计分录登记有关账户，结出月末余额。

（3）编制发生额及余额试算平衡表。

第 4 章

借贷记账法的应用

知识目标

1. 了解工业企业基本经济业务。
2. 熟练掌握筹集资金、供应过程、生产过程、销售过程、利润形成和分配的核算。

能力目标

能对企业筹集资金、供应过程、生产过程、销售过程、利润形成和分配进行核算。

思政目标

1. 树立服务意识，提高服务质量，努力维护和提升会计职业的良好社会形象。
2. 提高专业技能，增强提高专业技能的自觉性和紧迫感，勤学苦练，提高业务水平。

重点难点

重点：资金筹集、供应过程、生产过程、销售过程、利润形成和分配的核算。
难点：生产过程、销售过程、利润形成和分配的核算。

4.1 工业企业的主要经济业务

工业企业是社会主义市场经济中从事生产经营活动的经济实体，其主要任务是生产市场所需要的产品，以满足社会需要。工业企业是以产品的加工制造和销售为主要生产经营活动的营利性经济组织。工业企业的再生产过程是从货币资金开始，依次经过供应过程、生产过程和销售过程，再回到货币资金的循环和周转过程。

4.1.1 资金筹集业务

为了进行正常的生产经营活动，每一个企业都必须拥有一定数量的货币资金，作为从事生产经营活动的物质基础。资金的筹资渠道主要有：

（1）吸收所有者对企业的投资，称为实收资本（或股本）。

（2）向金融机构举借债款，称为负债，其主要包括短期借款和长期借款。

（3）发行企业债券。企业以发行债券的形式筹集资金，称为应付债券。

4.1.2 供应业务

在供应过程中，企业用货币资金购买原材料、辅助材料等劳动对象，支付材料的采购费用，并且同供应单位发生货款结算关系。材料采购业务和货款的结算业务，构成供应过程核算的主要内容。这时资金就由货币资金形态转化为固定资金形态和储备资金形态。

4.1.3 产品生产业务

在生产过程中，工人借助于劳动资料对劳动对象进行加工，制造出满足社会需要的产品。生产过程既是产品的制造过程，又是物化劳动和活劳动的耗费过程，所以要发生各项生产费用，如材料的消耗，房屋、机器设备等固定资产的折旧，以及支付职工薪酬和其他费用等。同时在这些费用发生的过程中，也会引起企业同职工和其他单位之间的结算业务。生产费用具有不同的经济内容和用途，最终要归集、分配到各种产品中去。因此，生产费用的发生、归集和分配，就成为生产过程核算的主要内容。

随着各种生产费用的发生，资金逐渐由储备资金、固定资金转化为生产资金形态。伴随产品的完工和验收入库，资金又从生产资金形态转化为成品资金形态。

4.1.4 产品销售业务

在销售过程中，企业出售产品收回货币资金，同时，还要发生销售费用。产品销售后，要根据国家税法的规定缴纳税金，作为国家的财政收入。销售产品，发生销售费用、缴纳税金以及由此而引起的企业同国家及其他单位之间的结算业务，构成了销售过程核算的主要内容。这时资金从成品资金形态转化为货币资金形态。

4.1.5 财务成果业务

企业一定时期内取得的收入与其相应的成本费用相抵后的差额，为企业在当期的财务成果（盈利或亏损）。如为盈利应进行分配；如为亏损应进行弥补。通过资金的补偿和分配，一部分资金（税收和股息或红利）要退出企业，另一部分资金（补偿的成本和费用）会重新投入企业的生产经营活动过程中去，又开始新的资金循环。

4.2 资金筹集业务核算

任何企业都需要一定的资金作为从事生产经营活动的物质基础，而这些资金的取得都来源于一定的渠道。企业筹集资金的渠道是多种多样的，主要有以下两种方式：一是所有者投入；二是向债权人借入。因此，资金筹集业务的核算主要包括所有者（股东）投入资本业务的核算和向债权人借入资金业务的核算。

4.2.1 投入资本

企业接受投资者作为资本投入的资金，对于企业而言，称为实收资本（或股本，下同）；对于投资者而言，为投入资本。因此，企业的实收资本也常称为投入资本。投入资本是指企业的投资者实际投入企业经营活动的各种财产物资。投入资本按投资主体的不同可分为国家投入资本、法人投入资本、个人投入资本和外商投入资本，按投入资金的形态的不同可分为货币投资、实物投资和无形资产投资。

企业收到投资者的投资，应按实际投资数额入账。其中以现金出资的，应按实际收到或存入企业开户银行的金额作为实收资本入账；以非现金资产投入的资本，应按投资合同或协议约定价值确定的各项资产的价值（但投资合同或协议约定价值不公允的除外）和在注册资本中应享有的份额入账。

1）账户设置

（1）“实收资本”账户。为了反映和监督企业实收资本的增减变动情况及其结果，应设置“实收资本”账户（股份制企业用“股本”账户），该账户属于所有者权益类账户。实际收到投资人作为资本投入的货币资金、房屋及建筑物、机器设备、材料物资等实物或无形资产时，记入该科目的贷方；投资者按法定程序收回投资时，记入该科目的借方。期末余额在贷方，表示企业实际拥有的资本数额。

一般情况下，除企业将资本公积、盈余公积转作资本外，“实收资本”数额不能随意变动。该账户应按投资者进行明细分类核算。“实收资本”账户示例如下：

借方　　实收资本	贷方
投资者按法定程序收回投资时	期初余额 实际收到投资人投入的资本
	期末余额：企业实际拥有的资本数额

（2）“资本公积”账户。它是用来核算资本公积增减变动及结余情况的账户。性质是所有者权益类账户。本账户按资本公积项目设置明细账户。“资本公积”账户示例如下：

借方　　资本公积	贷方
资本公积减少数	期初余额 资本公积增加数
	期末余额：资本公积实有数

（3）“无形资产”账户。它是用来核算无形资产的增减变动及结余情况的账户。性质是资产类账户。本账户按无形资产项目设置明细账户。“无形资产”账户示例如下：

借方　　无形资产	贷方
期初余额 无形资产增加数	无形资产减少数
期末余额：无形资产实有数	

工作实例 4-1

解析

2）账务处理

工作实例 4-1

3月15日，某股份有限公司经批准发行股票1 000 000股，面值1元。公司按每股1.3元的价格发行。收到股款1 300 000元存入银行。

工作实例 4-2

收到投资者投入资本2 000 000元，其中，国家投入货币资金1 000 000元，存入银行；N公司投入设备一台，协议价值400 000元；国外M公司投入专利权一项，协议价值600 000元。

这笔经济业务的发生，一方面反映投入资本的增加，应记入“实收资本”账户的贷方；另一方面反映银行存款的增加，记入“银行存款”账户的借方，机器设备的增加，记入“固定资产”账户的借方，专利权的增加，记入“无形资产”账户的借方。根据有关原始凭证，编制会计分录如下：

借：银行存款	1 000 000	
固定资产	400 000	
无形资产——专利权	600 000	
贷：实收资本——国家		1 000 000
——N公司		400 000
——M公司		600 000

4.2.2 借入资本

企业在生产经营过程中，为弥补生产周转资金的不足，经常需要向银行或非银行金融机构等债权人借入资金。企业从银行借入的资金，必须按银行借款的有关规定办理相关手续，按合同约定期限支付利息并保证到期归还借款本金。

企业向银行或非银行金融机构等借入的资金，按照归还期限的长短，可以分为短期借款和长期借款。偿还期限在1年以下的各种借款为短期借款；偿还期限在1年以上的各种借款为长期借款。

1）账户设置

（1）“短期借款”账户。该账户属于负债类账户，用来核算企业向银行或其他金融机构等借入的期限在1年以下（含1年）的各种借款。其贷方登记企业借入的各种短期借款的本金数额，借方登记企业归还的短期借款本金数额，期末余额在贷方，表示企业尚未偿还的短期借款本金数额。本账户应按债权人设置明细账户，并按借款的种类进行明细分类核算。“短期借款”账户示例如下：

短期借款

借方	贷方
归还的短期借款本金数额	期初余额 借入的各种短期借款的本金数额
	期末余额：尚未偿还的短期借款本金数额

（2）“长期借款”账户。该账户属于负债类账户，本科目核算企业向银行或其他金融机构借入的期限在1年以上（不含1年）的各项借款。其贷方登记企业借入的各种长期借款，借方登记归还的长期借款，期末余额在贷方，表示尚未偿还的长期借款。本账户可按贷款单位和贷款种类，分“本金”“利息调整”等进行明细核算。“长期借款”账户示例如下：

长期借款

借方	贷方
归还的长期借款	期初余额 借入的各种长期借款
	期末余额：尚未偿还的长期借款

（3）“财务费用”账户。该账户属于损益类账户，核算企业为筹集生产经营所需资金等而发生的筹资费用，包括利息支出（减利息收入）、汇兑损益以及相关的手续费等。其借方登记企业发生的各项财务费用，贷方登记发生的应冲减财务费用的利息收入、汇兑收益和结转到“本年利润”账户的财务费用，月末结转后该账户无余额。本账户可按费用项目进行明细核算。“财务费用”账户示例如下：

财务费用

借方	贷方
企业发生的各种财务费用	应冲减财务费用的利息收入，汇兑收益及转入“本年利润”账户的财务费用

（4）“应付利息”账户。该账户属于负债类账户，核算企业按照合同约定应支付的利息，包括分期付息到期还本的长期借款、企业债券等应支付的利息。其贷方登记按合同约定的名义利率计算确定的应付利息的金额，借方登记实际支付的利息，期末贷方余额，反映企业按照合同约定应支付但尚未支付的利息。本账户应当按照存款人或债权人进行明细核算。“应付利息”账户示例如下：

应付利息

借方	贷方
支付的利息	期初余额 计提的利息
	期末余额：应付未付的利息

企业的借款利息，可直接归属于符合资本化条件的资产的购建或者生产的，应当予以资本化，计入符合资本化条件的资产成本。其他借款利息，应当在发生时根据其发生额确认为财务费用，计入当期损益。

借款从借入时起即开始发生利息费用，因此，对于按季支付利息的短期借款，以及按年支付利息的长期借款，企业一般采用月末计提的方式进行处理。在借入借款后的每月月末，根据借款的本金和利率计算出当月应负担的利息，对于不符合资本化条件的，借记“财务费用”科目，同时贷记“应付利息”科目。

2）账务处理

工作实例4-3

解析

工作实例4-3

华夏公司2020年7月1日从银行借入生产经营资金150 000元，期限

6个月，年利率6%，款项存入银行。半年后归还本金，按季付息。

工作实例4-4

华夏公司于2022年1月1日从银行借款300 000元用于生产经营，借款存入银行。期限2年，年利率10%，分年付息，到期一次还本。

（1）取得借款时：

一方面使该企业银行存款增加300 000元，应记入“银行存款”账户的借方；另一方面使企业长期借款增加300 000元，应记入“长期借款”账户的贷方。编制会计分录如下：

借：银行存款　　300 000

　贷：长期借款　　300 000

（2）2022年12月末，计提利息（假设按年计息）时：

该企业借入的款项用于生产经营活动，按规定应通过“财务费用”账户核算。该业务一方面使企业的“财务费用”增加30 000元，另一方面企业“应付利息”也增加30 000元。编制会计分录如下：

借：财务费用　　30 000

　贷：应付利息　　30 000

支付利息时：

借：应付利息　　30 000

　贷：银行存款　　30 000

（3）到期还本和支付最后一期利息时：

该企业用银行存款归还长期借款，一方面引起企业“银行存款”减少；另一方面使“长期借款”减少，需计提当年利息并支付利息，使当年“财务费用”增加。编制会计分录如下：

借：长期借款　　300 000

　　财务费用　　30 000

　贷：银行存款　　330 000

本题还可编制两笔会计分录：

计提利息时：

借：财务费用　　30 000

　贷：应付利息　　30 000

支付本金和最后一期利息时：

借：长期借款　　300 000

　　应付利息　　30 000

　贷：银行存款　　330 000

课堂实训4-1

【目的】练习资金筹集的核算。

【资料】某企业2022年6月份发生如下经济业务（不考虑增值税）：

1.收到光大公司交来投资款2 000 000元，存入银行。

2.新海公司以土地使用权入股，作价400 000元。

3.美达公司以一台已经使用过的设备投资，该设备原值550 000元，双方议定作价530 000元。

4.收到新兴公司投入全新设备一台，设备价值4 000 000元，企业发生运输安装调试费用5 000元，用银行存款支付。

5.借入期限为6个月的临时周转资金500 000元。

6.归还3年期借款本金300 000元。

【要求】根据上述经济业务编制会计分录。

4.3　供应过程业务核算

供应过程是生产经营活动正常进行的前提和基础。企业在供应过程阶段的主要任务是进行固定资产的购建和材料物资的采购，因此，该过程的核算主要包括固定资产购进及折旧的核算以及材料采购的核算。

4.3.1　固定资产购进的核算

固定资产是指同时具有以下特征的有形资产：①为生产商品、提供劳务、出租或经营管理而持有的；②使用寿命超过1个会计年度。如企业的房屋、建筑物、机器设备、运输设备以及其他与生产、经营有关的设备、器具、工具等。

按照税法规定，如果是企业2009年1月1日之后购入的用于生产经营的固定资产（动产或不动产），发生的增值税进项税额可以从销项税额中抵扣，也就是不计入固定资产的入账价值。编制会计分录如下：

借：固定资产（或在建工程）

　　应交税费——应交增值税（进项税额）

　贷：应付账款（或银行存款等）

但是，如果企业购入的是非生产经营用动产，那么，根据税法规定其增值税是不允许抵扣的，所以应该将购入的非生产经营用动产的增值税计入所购入的固定资产价值中。编制会计分录如下：

借：固定资产（或在建工程）

　贷：应付账款（或银行存款等）

企业外购固定资产的成本，包括购买价款，相关税费，使固定资产达到预定可使用状态前所发生的可归属于该项资产的运输费、装卸费、安装费和专业人员服务费等。外购固定资产分为购入不需要安装的固定资产和购入需要安装的固定资产两类。

1）账户设置

企业购入固定资产，应通过“固定资产”“在建工程”等账户进行核算。

（1）“固定资产”账户。它是用来核算企业固定资产原始价值的增减变动和结存情况的账户。该账户属于资产类账户，其借方登记增加固定资产的原始价值，贷方登记减少固定资产的原始价值，期末余额在借方，反映企业期末固定资产的账面原价。该账户应按固定资产类别、使用部门和每项固定资产设置“固定资产登记簿”或“固定资产卡片”进行明细分类核算。“固定资产”账户示例如下：

借方　　　　　　固定资产	贷方
期初余额 增加固定资产的原始价值	减少固定资产的原始价值
期末余额：固定资产的账面原价	

（2）“在建工程”账户。它核算企业基建、更新改造等在建工程发生的支出。该账户属于资产类账户，其借方登记建造和安装过程中所发生的全部支出，贷方登记结转完工工程实际成本，期末余额在借方，反映企业尚未达到预定可使用状态的在建工程的成本。该账户应按建筑工程、安装工程、技术改造工程等设置明细账，进行明细分类核算。“在建工程”账户示例如下：

借方　　　　　　在建工程	贷方
期初余额 建造和安装过程中所发生的全部支出	完工工程实际成本
期末余额：尚未达到预定可使用状态的在建工程的成本	

2）账务处理

企业购入的机器设备中，有的不需要安装即可投入生产使用，有的则需要安装、调试后才能投入生产使用。

（1）购入不需要安装的固定资产。企业购入不需要安装即可使用的固定资产，应按购入时的实际成本（即原始价值）入账，实际成本包括买价、运输费、包装费、缴纳的有关税金等。

工作实例 4-5

工作实例 4-5

解析

企业购入一台生产用不需要安装的设备，买价 200 000 元，增值税 26 000 元，运杂费、包装费 10 000 元，全部款项已用银行存款支付。

（2）购入需要安装的固定资产。企业购入需要安装的固定资产，则应通过“在建工程”账户核算其安装工程成本，将其购进时支付的买价、运杂费、包装费以及安装时发生的安装费记入“在建工程”账户的借方。当固定资产达到预定可使用状态时，再按全部支出（即实际成本），从“在建工程”账户的贷方转入“固定资产”账户的借方。

工作实例4-6

企业购入生产用需要安装的机器设备，买价100 000元，增值税13 000元，另付包装费和运杂费3 000元，款项以银行存款支付。另以银行存款支付安装费5 000元。

（1）购入设备时：

该项经济业务的发生，一方面使企业工程成本增加，应记入“在建工程”账户的借方，增值税进项税额增加，应记入“应交税费——应交增值税（进项税额）”账户的借方；另一方面使企业银行存款减少，应记入“银行存款”账户的贷方。编制会计分录如下：

借：在建工程　　103 000

　　应交税费——应交增值税（进项税额）　　13 000

　贷：银行存款　　116 000

（2）支付安装费时：

该项经济业务的发生，涉及在建工程增加，应记入“在建工程”账户的借方；同时，涉及银行存款的减少，应记入“银行存款”账户的贷方。编制会计分录如下：

借：在建工程　　5 000

　贷：银行存款　　5 000

（3）安装完毕，达到预定可使用状态时：

安装工程达到预定可使用状态，应按实际成本记入“固定资产”账户的借方；结转完工工程成本，应记入“在建工程”账户的贷方。编制会计分录如下：

借：固定资产　　108 000

　贷：在建工程　　108 000

4.3.2 固定资产的折旧

固定资产折旧是在固定资产使用寿命内，按照确定的方法对应计折旧额进行的系统分摊。企业应当根据与固定资产有关的经济利益的预期实现方式合理选择折旧方法，可选用的折旧方法包括年限平均法、工作量法、双倍余额递减法和年数总和法等。

企业选用不同的固定资产折旧方法，将影响固定资产使用寿命期间内不同时期的折旧费用，固定资产的折旧方法一经确定，不得随意变更。本教材介绍年限平均法和工作量法。

（1）年限平均法又称直线法，是指将固定资产的应计折旧额均衡地分摊到固定资产预计使用寿命内的一种方法。应计折旧额，是指应当计提折旧的固定资产的原价扣除其预计净残值后的金额。

计算公式如下：

年折旧率=（1-预计净残值率）÷预计使用寿命（年）

月折旧率=年折旧率÷12

月折旧率=固定资产原价×月折旧率

（2）工作量法，是根据实际工作量计算每期应提折旧额的一种方法，计算公式如下：

单位工作量折旧额=固定资产原价×（1-预计净残值率）÷预计总工作量

某项固定资产月折旧额=该项固定资产当月工作量×单位工作量折旧额

固定资产应按月计提折旧，当月增加的固定资产，当月不计提折旧，从下月起计提折旧；当月减少的固定资产，当月仍计提折旧，从下月起不计提折旧。固定资产提足折旧额后，不论能否继续使用，均不再计提折旧；提前报废的固定资产，也不再补提折旧。提足折旧，是指已经提足该项固定资产的应计折旧额。

企业按月计提的固定资产折旧，借记“制造费用”“销售费用”“研发支出”“其他业务成本”等科目，贷记“累计折旧”科目。其中，生产车间固定资产计提的折旧应记入“制造费用”科目，行政管理部门固定资产计提的折旧应记入“管理费用”科目，销售机构固定资产计提的折旧应记入“销售费用”科目，出租的固定资产计提的折旧应记入“其他业务成本”科目，研发无形资产过程中所用固定资产计提的折旧应记入“研发支出”科目。

工作实例4-7

解析

工作实例4-7

某企业有设备一台，原价为200 000元，预计净残值率为4%，预计使用10年，按年限平均法计算该项固定资产的年折旧率、年折旧额、月折旧率、月折旧额。

工作实例4-8

某企业的一辆运货卡车的原价为78 000元，预计总行驶里程为50万千米，预计净残值率为5%，本月行驶6 500千米。该辆汽车的月折旧额计算如下：

单位里程折旧额=［78 000×（1-5%）］÷500 000=0.1482（元/千米）

本月折旧额=6 500×0.1482=963.30（元）

工作实例4-9

工作实例4-9

解析

2022年8月份某企业应计提的固定资产折旧为12 000元，其中生产车间固定资产折旧为7 000元，行政管理部门固定资产折旧为3 000元，专设销售机构固定资产折旧为2 000元。请根据固定资产折旧计算表编制会计分录。

4.3.3 材料采购业务的核算

企业要进行正常的生产经营活动，就必须购买和储备一定种类和数量的材料。在材料采购过程中，一方面企业从供应单位购进各种材料物资，另一方面企业要支付材料的买价、税金和各种采购费用，并与供货单位发生货款结算关系。材料采购会计处理的主要内容包括计算材料采购的实际成本、货款的结算和材料的验收入库三方面。

1）账户设置

（1）“在途物资”账户。该账户属于资产类账户，核算企业以实际成本（或进价）进行材料、商品等物资采购的日常核算，记录货款已付尚未验收入库的在途物资的采购成本。本账户的借方登记企业购入的在途物资的实际成本，贷方登记验收入库的在途物资的实际成本，期末余额在借方，反映企业在途物资的采购成本。本账户可按供应单位和物资品种进行明细核算。“在途物资”账户示例如下：

借方　　　　　　在途物资	贷方
期初余额 材料的买价和采购费用	已验收入库材料的实际成本
期末余额：企业在途材料、商品等物资的采购成本	

（2）“原材料”账户。该账户属于资产类账户，核算企业各种库存材料的实际成本，包括原料及主要材料、辅助材料、外购半成品（外购件）、修理用备件（备品备件）、包装材料、燃料等。其借方登记已验收入库材料的实际成本，贷方登记领用材料的实际成本，期末余额在借方，表示各种库存材料的实际成本。本账户可按材料的保管地点（仓库）、材料的类别、品种和规格等进行明细核算。“原材料”账户示例如下：

借方　　　　　　原材料	贷方
期初余额 已验收入库材料的实际成本	领用材料的实际成本
期末余额：各种库存材料的实际成本	

（3）“应付账款”账户。该账户属于负债类账户，核算企业因发生购买材料、商品和接受劳务供应等经营活动应支付的款项。其贷方登记因购买材料、商品和接受劳务供应等而发生的应付未付的款项，借方登记已经支付或已开出商业汇票抵付的应付款项，期末余额在贷方，反映企业尚未偿还的应付账款余额。本账户可按债权人进行明细核算。“应付账款”账户示例如下：

借方　　　　　　应付账款	贷方
已经支付或已开出商业汇票抵付的应付款项	期初余额 因购买材料、商品和接受劳务供应等而发生的应付未付的款项
	期末余额：尚未偿还的应付款项

（4）“预付账款”账户。该账户属于资产类账户，核算企业按照合同规定预付的款项。其借方登记按照合同规定预付给供应单位的货款和补付的款项，贷方登记所购货物的货款和退回多付的款项，期末余额如在借方，反映尚未结算的预付款项；期末如为贷方余额，反映企业尚未补付的款项。本账户可按供货单位进行明细核算。预付款项不多的企业，也可以将预付的款项直接记入“应付账款”账户的借方，不设置“预付账款”账户。“预付账款”账户示例如下：

借方	预付账款 贷方
期初余额 按照合同规定预付给供应单位的货款和补付的款项	所购货物的款项和退回多付的款项
期末余额：尚未结算的预付款项	期末余额：尚未补付的款项

（5）“应付票据”账户。该账户属于负债类账户，核算企业为购买材料、商品和接受劳务供应等开出、承兑的商业汇票，包括银行承兑汇票和商业承兑汇票。企业开出、承兑商业汇票抵付货款、应付账款等登记在该账户的贷方，企业到期支付的票款记入该账户的借方，期末贷方余额反映企业尚未到期的商业汇票的票面金额。本账户可按债权人进行明细核算。“应付票据”账户示例如下：

借方	应付票据 贷方
到期支付的票款	期初余额 开出、承兑商业汇票抵付货款、应付账款等
	期末余额：尚未到期的商业汇票的票面金额

（6）“应交税费”账户。该账户属于负债类账户，核算企业按照税法等规定应缴纳的各种税费，包括增值税、消费税、资源税、土地增值税、城市维护建设税、房产税、城镇土地使用税、车船税、教育费附加等。企业代扣代缴的个人所得税等，也通过本账户核算。企业计算出应缴纳的各种税费，记入该账户的贷方，实际缴纳的各种税费，记入该账户的借方。期末如为贷方余额，反映企业尚未缴纳的税费；期末如为借方余额，反映企业多交或尚未抵扣的税费。本账户可按应交的税费项目进行明细核算。

增值税是就货物或劳务的增值部分征收的一种税金。增值税是一种价外税，它要通过产品销售的实现转嫁给购买者，最终由消费者负担。所以对企业来说，为生产产品购进材料时，支付给供货方的增值税为进项税额。当生产的产品实现销售时，向购买方收取的增值税为销项税额。用当期的销项税额减去当期的进项税额即为企业应缴纳的增值税税额。应交增值税的核算通过在“应交税费”账户下设置“应交增值税”明细账户进行。

《中华人民共和国增值税暂行条例》将纳税人按其经营规模及会计核算健全与否分为一般纳税人和小规模纳税人。一般纳税人使用增值税专用发票，实行税款抵扣制度，适用的基本税率为13%。一般纳税人的“应交税费——应交增值税”账户核算企业应交和实交增值税等结算情况。一般纳税人从销项税额中抵扣进项税额后向税务部门缴纳增值税。一般纳税人的“应交税费——应交增值税”账户应设置“进项税额”“销项税额”等明细账户。

“应交税费——应交增值税”是用来核算和监督企业应交和实交增值税结算情况的账户，企业购买材料时向供货单位支付的增值税（进项税额）记入该账户的借方，企业销售产品时向购买单位收取的增值税（销项税额）记入该账户的贷方。“应交税费——应交增值税”账户示例如下：

借方	应交税费——应交增值税 贷方
期初余额 实际缴纳的增值税进项税额等	期初余额 应缴纳的增值税销项税额等
期末余额：多交的税费或未抵扣的增值税进项税额	期末余额：未交的税费

2）材料采购成本

（1）材料采购成本的构成。存货的采购成本，包括购买价款、相关税费、运输费、装卸费、保险费以及其他可归属于存货采购成本的费用。

购入材料的采购成本，一般由买价和采购费用组成。其计算公式为：

材料的采购成本=买价+采购费用

材料的买价：是指企业购入的材料或商品的发票账单上列明的价款，但不包括按规定可以抵扣的增值税税额。

采购费用包括以下费用：

运杂费：指材料在运输过程中发生的运输费、装卸费、保险费、包装费、仓储费等。

合理损耗：指材料在采购过程中发生的、在合理损耗范围内的损毁、短缺等。

挑选整理费：指需要经过挑选整理才能使用的购入材料，在挑选过程中发生的工资、费用支出以及物资损耗的价值。

其他费用：指其他可直接归属于材料采购成本的费用，如进口材料的关税等。

（2）材料采购费用的分配。凡是能分清采购费用归属于何种材料的，可以直接计入各种材料的采购成本。

例如，购买C材料100千克，单价80元，运杂费800元，途中发生合理损耗4千克。

C材料采购成本=100×80+800=8 800（元）

C材料单位成本=8 800÷（100−4）≈91.67（元）

凡是不能分清采购费用归属于何种材料的，应按一定的分配标准分摊计入各种材料的采购成本。常用的分配标准有材料的买价和所采购材料的重量。

采购费用的分配，可用以下公式计算：

分配率=采购费用总额÷材料的总重量（或总买价）

$$\text{某种材料应分摊的采购费用} = \text{该种材料的采购重量(或买价)} \times \text{分配率}$$

例如，甲企业从永兴工厂购入A材料100千克，价格10 000元，B材料500千克，价格20 000元，将两种材料运回企业时，发生运杂费2 400元。运杂费采用材料重量比例分配如下：

$$\text{每千克材料应负担的运杂费} = \frac{2\,400}{100+500} = 4\text{（元）}$$

A材料应负担的运杂费=100×4=400（元）

B材料应负担的运杂费=500×4=2 000（元）

A材料采购成本=10 000+400=10 400（元）

B材料采购成本=20 000+2 000=22 000（元）

3）材料采购过程的核算

工作实例4-10

2021年12月，华夏公司发生以下材料采购业务：

（1）向A工厂购入甲材料3 000千克，单价10元，价款30 000元，增值税3 900元，货款及增值税均以银行存款支付，材料尚未到达企业。

该项经济业务的发生，一方面使材料的买价支出增加30 000元，增值税进项税额增加3 900元；另一方面使企业银行存款减少33 900元。因此，该项经济业务涉及“在途物资”“应交税费”“银行存款”三个账户。编制会计分录如下：

借：在途物资——甲材料　　30 000
　　应交税费——应交增值税（进项税额）　　3 900
　贷：银行存款　　33 900

（2）用银行存款支付上述购入甲材料的运杂费300元。

该项经济业务的发生，一方面使材料采购费用支出增加300元，另一方面使企业银行存款减少300元。因此，该项经济业务涉及“在途物资”和“银行存款”两个账户。编制会计分录如下：

借：在途物资——甲材料　　300
　贷：银行存款　　300

（3）向B工厂购入乙材料2 000千克，单价20元，增值税5 200元；丙材料3 000千克，单价10元，增值税3 900元，货款及增值税均未支付。

该项经济业务的发生，一方面使材料的买价支出增加70 000元，增值税进项税额增加9 100元；另一方面使应付账款增加79 100元。因此，该项经济业务涉及“在途物资”“应交税费”“应付账款”三个账户。编制会计分录如下：

借：在途物资——乙材料　　40 000
　　　　　　——丙材料　　30 000
　　应交税费——应交增值税（进项税额）　　9 100
　贷：应付账款——B工厂　　79 100

（4）以银行存款支付上述乙、丙两种材料的运杂费500元，入库前挑选整理费50元。

乙、丙两种材料共同负担的运杂费和挑选整理费550元，按材料重量比例分配如下：

$$分配率 = \frac{500 + 50}{2\ 000 + 3\ 000} = 0.11(元/千克)$$

乙材料应分摊的采购费用=2 000×0.11=220（元）

丙材料应分摊的采购费用=3 000×0.11=330（元）

该项经济业务的发生，一方面使材料的采购费用支出增加550元，另一方面使企业银行存款减少550元。因此，该项经济业务涉及“在途物资”和“银行存款”两个账户。编制会计分录如下：

借：在途物资——乙材料　　220
　　　　　　——丙材料　　330
　贷：银行存款　　550

（5）以银行存款偿还前欠B工厂货款79 100元。

该项经济业务的发生，一方面使企业应付账款减少79 100元，另一方面使企业银行存款减少79 100元。因此，该项经济业务涉及“应付账款”和“银行存款”两个账户。编制会计分录如下：

借：应付账款——B工厂　　79 100
　贷：银行存款　　79 100

（6）向C工厂购买乙材料，根据合同规定预付款项100 000元，以银行存款支付。

该项经济业务发生，一方面使企业预付账款增加100 000元，另一方面使银行存款减少100 000元。因此，该项经济业务涉及“预付账款”和“银行存款”两个账户。编制会计分录如下：

借：预付账款——C工厂　　100 000
　贷：银行存款　　100 000

（7）收到上述C工厂发来的乙材料6 000千克，增值税专用发票上列明单价20元，价款120 000元，增值税15 600元。另以银行存款补付35 600元。

该项经济业务的发生，一方面使材料的买价支出增加120 000元，增值税进项税额增加15 600元；另一方面使企业预付账款减少100 000元，银行存款减少35 600元。因此，该项经济业务涉及“在途物资”、“应交税费”、“预付账款”和“银行存款”四个账户。编制会计分录如下：

借：在途物资——乙材料　　120 000
　　应交税费——应交增值税（进项税额）　　15 600
　贷：预付账款——C工厂　　100 000
　　　银行存款　　35 600

（8）前述甲、乙、丙三种材料均已验收入库，结转其采购成本。材料采购成本计算表见表4-1。

表4-1　材料采购成本计算表

2021年12月　　金额单位：元

项目	甲材料（3 000千克）		乙材料（8 000千克）		丙材料（3 000千克）		合计
	总成本	单位成本	总成本	单位成本	总成本	单位成本	
买价	30 000	10	160 000	20	30 000	10	220 000
采购费用	300	0.1	220	0.03	330	0.11	850
采购成本	30 300	10.1	160 220	20.03	30 330	10.11	220 850

结转入库材料的采购成本，甲、乙、丙三种材料实际采购成本确定以后，应从“在途物资”账户的贷方转入“原材料”账户的借方。编制会计分录如下：

借：原材料——甲材料　　30 300
　　　　——乙材料　　160 220
　　　　——丙材料　　30 330
　贷：在途物资——甲材料　　30 300
　　　　　　——乙材料　　160 220
　　　　　　——丙材料　　30 330

需要指出的是：在材料采购业务核算中，也可以不设置"在途物资"账户，购入材料并验收入库后，按材料价款和增值税进项税额借记"原材料""应交税费"等账户，贷记"银行存款""应付账款""应付票据"等账户。

课堂实训4-2

【目的】练习供应过程业务核算。

【资料】某企业2021年10月发生的有关经济业务事项如下：

1.企业购入生产用不需要安装的机器一台，设备买价500 000元，增值税进项税额65 000元，运杂费5 000元，款项以银行存款支付。

2.企业从大兴公司购入甲材料。增值税专用发票上注明材料数量为50吨，单价10 000元，货款500 000元，税率13%，增值税税额65 000元，价税合计565 000元，款项未付，材料已验收入库。

3.企业从光大公司购入乙、丙两种材料，增值税专用发票上注明乙材料数量10吨，单价20 000元，货款200 000元，税率13%，进项税额26 000元；丙材料50吨，单价1 000元，货款50 000元，税率13%，进项税额6 500元。乙、丙材料的价税款均以银行存款支付。乙、丙材料均已验收入库。

4.用银行存款支付甲、乙、丙三种材料的运杂费12 000元。其中：甲材料运杂费3 000元，乙、丙两种材料的运杂费9 000元（运杂费按乙、丙材料重量比例分配）。

5.计算并结转甲、乙、丙三种材料的实际采购成本。

6.以银行存款预付购买丁材料款250 000元。

7.以银行存款565 000元支付前欠大兴公司货款。

【要求】根据上述经济业务编制会计分录。

4.4　产品生产业务核算

工业企业的主要经济活动是生产符合社会需要的产品。生产过程的进行既是产品的制造过程，同时也是生产的耗用过程，企业发生的生产耗费，包括生产资料中的劳动手段（如机器设备）和劳动对象（如原材料）的耗费，以及劳动力等方面的耗费。

为制造产品所发生的各种耗费，如材料费、人工费、折旧费以及其他各项间接费用，构成了产品的制造成本。产品完工后，随着产成品的验收入库，为制造产品所发生的制造成本也应转入产成品成本中。

企业在一定时期内发生的、用货币表现的生产耗费，称为生产费用。这些费用最终都要归集、分配到一定种类和一定数量的产品上，形成各种产品的成本。换言之，企业为生产一定种类、一定数量产品所发生的各种生产费用的总和，就是产品成本。因此，产品生产过程中费用的发生、归集和分配，以及产品成本的形成，构成了产品生产业务核算的主要内容。

4.4.1 账户设置

1）“生产成本”账户

该账户属于成本类账户，核算企业进行工业性生产发生的各项生产成本，包括生产各种产品（产成品、自制半成品等）、自制材料、自制工具、自制设备等发生的生产成本。其借方登记应计入产品生产成本的各项费用，包括直接材料、直接人工以及制造费用；贷方登记结转完工入库产品生产成本。期末余额在借方，表示尚未加工完成的各项在产品成本。

为了具体核算每一种产品的生产费用，还应按产品的品种或类别设置生产成本明细账，进行明细分类核算。“生产成本”账户示例如下：

借方　　　　生产成本	贷方
期初余额 为生产产品所发生的各项费用	完工入库产品的生产成本
期末余额：尚未完工的在产品的成本	

2）“制造费用”账户

该账户属于成本类账户，用来核算生产车间（或分厂）为组织和管理生产而发生的各项间接费用，包括生产车间发生的管理人员工资等职工薪酬、固定资产折旧费、租赁费（不含融资租赁费）、机物料消耗、低值易耗品摊销、取暖费、水电费、办公费、保险费、季节性或修理期间的停工损失等。其借方登记实际发生的各项制造费用，贷方登记分配转入“生产成本”账户时的转出额，期末一般无余额。该账户应按不同生产车间或部门和费用项目进行明细分类核算。制造费用账户示例如下：

借方　　　　制造费用	贷方
归集本期发生的各项制造费用	分配计入有关产品成本的各项制造费用

3）“库存商品”账户

该账户属于资产类账户，“库存商品”账户是用来核算企业库存各种商品成本增减变动情况的账户。其借方登记已生产完工并验收入库商品的成本，贷方登记因销售等原因发出商品的成本，期末余额在借方，表示库存商品的实际成本。

该账户应按商品的种类、品种和规格设置明细账，进行明细分类核算。库存商品账户示例如下：

借方	库存商品 贷方
期初余额 已生产完工并验收入库商品的成本	发出商品的成本
期末余额：库存商品的实际成本	

4）“应付职工薪酬”账户

该账户属于负债类账户，核算企业根据有关规定应付给职工的各种形式的报酬或补偿，包括工资、福利费、工会经费、社会保险费、住房公积金等。其贷方登记企业应支付给职工的薪酬总额，借方登记实际支付的各种薪酬数额，期末余额在贷方，反映企业应付未付的职工薪酬。

本账户可按“工资”“职工福利”“社会保险费”“住房公积金”“工会经费”“职工教育经费”“非货币性福利”“辞退福利”“股份支付”等进行明细核算。应付职工薪酬账户示例如下：

借方	应付职工薪酬 贷方
实际支付的职工薪酬数额	期初余额 应付职工薪酬数额
	期末余额：应付未付的职工薪酬

5）“累计折旧”账户

该账户是固定资产的备抵账户，本账户核算企业固定资产的累计折旧。其贷方登记固定资产折旧的提取数，借方登记出售、报废、毁损和盘亏等原因减少的累计折旧数，期末余额在贷方，反映企业固定资产的累计折旧额。

期末，将“固定资产”账户的借方余额减去“累计折旧”账户的贷方余额，即可求得该项固定资产的净值。

固定资产在其使用寿命内，虽然能够保持其原有的实物形态，但其价值却在使用中逐渐损耗，这部分损耗的价值称为折旧。

固定资产的折旧也称固定资产的价值转移。对固定资产计提折旧不仅使企业投资在固定资产上的价值能够在固定资产的使用期间内得以回收，使企业在将来有能力重置固定资产，而且也会使企业实现期间收入与费用的正确配比。

前已述及，为了反映和监督固定资产原值的增减变动及结存情况，在会计核算中设置了“固定资产”账户，而“固定资产”账户是按固定资产的原值进行核算的，并不记录固定资产因使用所磨损的、应转移到产品成本和企业的期间费用中去的那部分价值。因此，应在账户体系中设置“累计折旧”账户，以专门用来反映固定资产因使用所应提取的折旧额，即固定资产因使用所应转移到产品成本和期间费用中去的那部分价值。累计折旧账户示例如下：

借方	累计折旧 贷方
因出售、报废、毁损和盘亏等原因减少的累计折旧数	期初余额 固定资产折旧的提取数
	期末余额：固定资产累计折旧额

6）“管理费用”账户

该账户属于损益类账户，核算企业为组织和管理企业生产经营所发生的各项费用，包括企业在筹建期间内发生的开办费、董事会和行政管理部门在企业的经营管理过程中发生的或者应由企业统一负担的公司经费（包括行政管理部门职工工资及福利费、物料消耗、低值易耗品摊销、办公费和差旅费等）、工会经费、董事会费（包括董事会成员津贴、会议费和差旅费等）、聘请中介机构费、咨询费（含顾问费）、诉讼费、业务招待费、技术转让费、研究费用，以及行政管理部门发生的固定资产折旧费和修理费等。其借方登记管理费用实际发生数，贷方登记期末转入“本年利润”的数额，期末结转后无余额。本账户可按费用项目进行明细分类核算。管理费用账户示例如下：

借方　　　管理费用	贷方
发生的各种管理费用	转入“本年利润”账户的数额

【想一想】

谈谈“累计折旧”账户与“固定资产”账户的联系。

4.4.2　账务处理

1）材料费用的核算

企业在生产过程中，必然要消耗材料。生产部门需要材料时，应该填制有关的领料凭证，向仓库办理手续领料。月末会计部门根据领料凭证编制领料汇总表，根据汇总表按各部门及不同用途将领用材料的数额分别记入有关账户。

（1）如为某种产品生产耗费的直接材料，应直接计入该种产品生产成本，借记“生产成本——某产品”科目。

（2）生产车间一般耗用：为生产两种以上产品共同耗费的间接材料，应先归集在制造费用中，待期末采用一定的方法在几种产品间进行分配，借记“制造费用”科目。

（3）销售部门领用：应记入当期的销售费用，借记“销售费用”科目。

（4）行政管理部门领用：应记入当期的管理费用，借记“管理费用”科目。

工作实例4-11

工作实例4-11

解析

假设华夏公司2021年12月生产A、B两种产品，耗用甲、乙、丙三种材料，设有行政管理部门和一个生产车间。发出材料汇总表见表4-2。

表4-2　发出材料汇总表

2021年12月　　单位：元

项　目		甲材料	乙材料	丙材料	合计
生产产品耗用	A产品	50 000	10 000	30 000	90 000
	B产品	60 000	20 000	20 000	100 000
	小计	110 000	30 000	50 000	190 000
车间一般耗用		2 000		1 000	3 000
行政管理部门耗用			600	400	1 000
合　计		112 000	30 600	51 400	194 000

2）职工薪酬的核算

（1）职工薪酬的内容。职工薪酬是指企业为获得职工提供的服务而给予的各种形式的报酬或补偿。

职工工资、奖金、津贴和补贴：指构成职工工资总额的各个部分。

职工福利费：指为职工集体提供的福利，如对生活困难职工的补助等，对于非独立法人和非对外营利性的职工医院、浴室、食堂等支出均可在福利费中列支。

社会保险费：指企业按国家规定的基准和比例计算，向社会保险经办机构缴纳的医疗保险费、基本养老保险费、补充养老保险费、失业保险费、工伤保险费和生育保险费等社会保险，以及以商业保险形式提供给职工的各种保险待遇。

住房公积金：指企业按国家规定的基准和比例计算，向住房公积金管理机构缴存的住房公积金。

工会经费和职工教育经费：指根据国家规定的基准和比例计算，用于开展工会活动和职工教育及技能培训的开支。

非货币性福利：指企业提供给职工的实物福利、服务性福利、优惠性福利及有偿休假性福利等。

其他职工薪酬：如因解除与职工的劳动关系而给予的补偿，以及其他与获得职工服务相关的支出。

（2）职工薪酬的核算。企业应在职工为其服务的会计期间，将应付的职工薪酬确认为负债，并根据职工提供服务的受益对象，分别计入产品生产成本或当期损益。具体分别以下情况进行处理：

第一，计提职工薪酬时：

直接生产工人的职工薪酬：为产品生产耗费的直接人工，直接计入产品生产成本，借记“生产成本”科目。

生产车间管理及技术人员的职工薪酬：为产品生产耗费的间接人工，应计入制造费用，借记“制造费用”科目。

销售人员的职工薪酬：借记“销售费用”科目。

行政管理人员的职工薪酬：借记“管理费用”科目。

第二，发放职工薪酬时：

企业按照有关规定向职工支付工资、奖金、津贴等时，借记“应付职工薪酬——工资”科目，贷记“银行存款”“库存现金”等科目。

支付职工福利、工会经费和职工教育经费，或按照国家有关规定缴纳社会保险费或住房公积金时，借记“应付职工薪酬——职工福利（或工会经费、职工教育经费、社会保险费、住房公积金等）”科目，贷记“银行存款”“库存现金”等科目。

企业在确认各项应付职工薪酬时，应注意区分其是否有国家明确规定的相关计提标准分别计量：

对于国家规定了计提基础和计提比例的，应当按照国家规定的标准计提。例如，应向社会保险经办机构等缴纳的医疗保险费、养老保险费、失业保险费、工伤保险费、生育保险费等社会保险费，应向住房公积金管理机构缴存的住房公积金，以及工会经费和职工教育经费等。

国家没有规定计提的基础和计提比例的，企业应当根据历史数据和实际情况，合理预计当期应付职工薪酬。

工作实例 4-12

华夏公司根据“工资结算汇总表”，实发工资186 000元。编制会计分录如下：

（1）按实发工资从银行提取现金：

借：库存现金	186 000	
贷：银行存款		186 000

（2）发放工资：

借：应付职工薪酬——工资	186 000	
贷：库存现金		186 000

工作实例 4-13

华夏公司以现金支付职工张某生活困难补助1 800元。请编制相关会计分录。

工作实例4-13 解析

工作实例 4-14

承上例，华夏公司设一所职工食堂，每月根据在岗职工数量及岗位分布情况、相关历史经验数据等计算需要补贴食堂的金额，从而确定企业每期因职工食堂而需要承担的福利费金额。本月以现金共支付12 000元补贴给食堂。编制会计分录如下：

借：应付职工薪酬——职工福利	12 000	
贷：库存现金		12 000

工作实例4-15 解析

工作实例 4-15

华夏公司以银行存款缴纳参加职工医疗保险的医疗保险费20 000元。请编制相关会计分录。

工作实例 4-16

华夏公司根据工时和考勤记录计算的本月应付职工工资如下：

生产A产品的生产工人的工资	80 000元
生产B产品的生产工人的工资	70 000元
生产车间管理人员的工资	6 000元
行政管理部门人员的工资	30 000元
合计	186 000元

该项经济业务的发生，一方面使本月应付职工工资增加186 000元，应记入“应付职工薪酬”账户的贷方；另一方面使工资费用也增加186 000元，其中生产A、B产品的生产工人工资应记入“生产成本”账户的借方，生产车间管理人员的工资记入“制造费用”账户的借方，企业行政管理部门人员的工资记入“管理费用”账户的借方。编制会计分录如下：

借：生产成本——A产品　80 000
　　　　　　——B产品　70 000
　　制造费用　6 000
　　管理费用　30 000
　贷：应付职工薪酬——工资　186 000

工作实例4-17

工作实例4-17 解析

承上例，假设该企业按规定比例计提职工福利费。

应提取的福利费计算如下：

生产A产品的生产工人的福利费=80 000×14%=11 200（元）

生产B产品的生产工人的福利费=70 000×14%=9 800（元）

生产车间管理人员的福利费=6 000×14%=840（元）

行政管理部门人员的福利费=30 000×14%=4 200（元）

提取的福利费总额=186 000×14%=26 040（元）

企业职工除了按规定取得工资外，还可以享受一定的福利待遇。企业按照规定合理预计当期的职工福利费。职工福利费主要用于职工卫生保健、职工困难补助等。其费用分配与工资分配基本相同。请编制相关会计分录。

3）制造费用的核算

为组织和管理生产活动而发生的各项制造费用，不能直接计入产品的成本。为了正确计算产品的成本，必须将这些费用先记入“制造费用”账户，然后再按照一定的标准，将其分配计入有关产品成本。

工作实例4-18

以银行存款支付本月水电费3 360元，其中行政管理部门耗用800元，生产车间耗用2 560元，不考虑有关税费。请编制相关会计分录。

该项经济业务的发生，一方面，使本月有关费用增加，其中行政管理部门耗用的水电费应记入“管理费用”账户的借方，生产车间耗用的水电费应记入“制造费用”账户的借方；另一方面，使银行存款减少，应记入“银行存款”账户的贷方。编制会计分录如下：

借：制造费用　2 560
　　管理费用　800
　贷：银行存款　3 360

工作实例 4-19

按规定计提本月固定资产折旧6 800元。其中，生产车间计提的折旧为5 600元，行政管理部门计提的折旧为1 200元。请编制相关会计分录。

工作实例 4-19 解析

企业对每项固定资产，应在其使用寿命内，根据确定的折旧方法，计算该项固定资产本月折旧额，计提折旧时，根据固定资产的用途，分别计入产品成本和期间费用，具体内容如下：

生产车间使用的固定资产计提的折旧，应记入“制造费用”账户；

行政管理部门使用的固定资产计提的折旧，应记入“管理费用”账户；

销售部门使用的固定资产计提的折旧，应记入“销售费用”账户；

经营租出的固定资产计提的折旧，应记入“其他业务成本”账户。

另外，企业生产车间和行政管理部门发生的固定资产修理费用，记入“管理费用”账户，销售部门发生的固定资产修理费用，记入“销售费用”账户。

工作实例 4-20

承前例，2021年12月月末，将本月发生的制造费用转入生产成本。按A、B两种产品生产工人工资比例分配制造费用。

制造费用明细账见表4-3。

表4-3　　制造费用明细账

车间：基本生产车间　　2021年12月　　单位：元

摘要	机物料消耗	工资福利费	折旧费	水电费	合计	贷方
水电费分配				2 560	2 560	
材料费用分配	3 000				3 000	
工资福利分配		6 840			6 840	
折旧费用分配			5 600		5 600	
制造费用分配						18 000
合计	3 000	6 840	5 600	2 560	18 000	0

这笔业务首先应将本月发生的制造费用总额通过“制造费用”账户的借方发生额计算出来，并在本月所生产的A、B两种产品之间采用一定的分配方法进行分配。

当企业在同一月份同一生产车间同时生产两种或两种以上的产品时，对于本月发生的制造费用，应在所生产的各种产品之间，选用一定的分配标准进行分配。

常用的分配标准有生产工人工资比例、生产工人工时比例、机器工时比例等。企业应当根据制造费用的性质、产品的性质以及生产方式，结合自身的实际情况，合理选择分配方法。制造费用的分配方法一经确定，不得随意变更。如需变更，则应在财务会计报告的附注中予以说明。

$$\text{制造费用分配率}=\frac{\text{待分配制造费用总额}}{\text{各种产品的分配标准之和}}$$

某产品应负担的制造费用=该产品的分配标准×制造费用分配率

当制造费用分配率为近似值时，各种产品应负担的制造费用之和与制造费用总额会产生尾差，这时最后一种产品应负担的制造费用则采用倒挤法计算求得。

$$\text{制造费用分配率}=\frac{18\ 000}{80\ 000+70\ 000}=0.12$$

A 产品应负担的制造费用=80 000×0.12=9 600（元）

B 产品应负担的制造费用=70 000×0.12=8 400（元）

根据计算结果，将制造费用从“制造费用”账户的贷方，转入“生产成本”账户的借方。编制会计分录如下：

借：生产成本——A 产品　　9 600

　　　　　　——B 产品　　8 400

　贷：制造费用　　18 000

工作实例 4-21

承前例，月末，计算并结转已完工入库的实际生产成本。假设 A 产品全部完工，完工成本为 226 800 元，B 产品全部未完工。请编制相关会计分录。

工作实例 4-21

解析

4.4.3　产品成本的计算

1）成本项目的确定

产品成本计算是生产业务核算的主要内容。进行产品生产成本计算，就是将企业生产过程中为制造产品所发生的各项费用，按照所生产产品的品种（即成本计算对象）进行分配和归集，计算各种产品的总成本和单位成本。

费用按经济用途分类，可分为生产成本和期间费用。

（1）生产成本。计入产品成本的生产费用可以进一步划分为若干个项目，会计上称为成本项目。其主要包括：

第一，直接材料。它是指直接用于产品生产、构成产品实体的原料、主要材料以及有助于产品形成的辅助材料等。

第二，直接人工。它是指企业直接从事产品生产的工人的各种薪酬。

第三，制造费用。它是指企业的车间（分厂）为组织和管理生产所发生的各项间接费用。

（2）期间费用。它包括管理费用、销售费用和财务费用。期间费用不计入产品成本，列入当期损益。

2）成本计算的程序

企业因生产工艺特点、生产组织方式及管理要求的不同，可以采用不同的成本计算方法。这些方法大致包括以下程序：

（1）确定成本计算对象。成本计算对象，就是生产费用归集的对象，即通常所说的计算什么的成本。如要计算各种产品的成本，那么产品品种就是成本计算对象。

（2）归集和分配成本费用。成本计算对象确定以后，应根据成本计算的要求，对本期发生的各项费用在各成本计算对象之间进行归集和分配。

（3）费用在完工产品和月末在产品之间的分配。月末计算产品成本时，如果某种产品全部完工，这种产品的各项费用之和，就是这种产品的完工产品成本；如果某种产品全部未完工，这种产品的各项费用之和，就是这种产品的月末在产品成本；如果某种产品一部分已经完工，另一部分尚未完工，这种产品的各项费用，还应采用适当的分配方法，在完工产品与月末在产品之间进行分配，分别计算完工产品成本和月末在产品成本。计算公式为：

$$\text{月初在产品成本}+\text{本月生产费用}=\text{本月完工产品成本}+\text{月末在产品成本}$$

生产费用如何在完工产品和在产品之间进行分配，是成本计算中的一个既重要又复杂的问题，这一问题将在后续课程“成本会计”中详细讲述。

（4）编制成本计算单。为系统地归集、分配应计入各种成本计算对象的费用，按成本计算对象和成本核算项目分别设置和登记费用、成本明细分类账户，然后根据这些账户资料，编制各种成本计算表，借以计算确定各种成本计算对象的总成本和单位成本。

3）产品制造成本计算的一般方法

工作实例4-22

承前例，假设A产品全部完工，B产品全部未完工。

（1）产品制造成本计算表见表4-4。

表4-4　产品制造成本计算表　金额单位：元

产品名称	完工产品数量（件）	直接材料	直接人工	制造费用	合计
A产品	4 040	90 000	91 200	9 600	190 800
B产品		100 000	79 800	8 400	188 200

（2）月初在产品成本资料见表4-5。

表4-5　月初在产品成本　单位：元

产品名称	直接材料	直接人工	制造费用	合计
A产品	11 000	23 000	2 000	36 000
B产品	20 000	21 000	3 000	44 000

将前面所述的有关产品生产的各项费用直接计入或分配计入A、B两种产品成本明细账，见表4-6、表4-7。

表4-6 产品成本明细账

产品：A产品　　2021年12月　　完工产量：4 040件　单位：元

成本项目	直接材料	直接人工	制造费用	合计
月初在产品成本	11 000	23 000	2 000	36 000
本月生产费用	90 000	91 200	9 600	1 90 800
合计	101 000	114 200	11 600	226 800
完工产品成本	101 000	114 200	11 600	226 800
单位成本	25	28.27	2.87	56.14

表4-7 产品成本明细账

产品：B产品　　2021年12月　　单位：元

成本项目	直接材料	直接人工	制造费用	合计
月初在产品成本	20 000	21 000	3 000	44 000
本月生产费用	100 000	79 800	8 400	188 200
合计	120 000	100 800	11 400	232 200
月末在产品成本	120 000	100 800	11 400	232 200

课堂实训4-3

【目的】练习生产业务的核算。

【资料】金鑫公司2021年6月月初“生产成本——A产品”在产品500件，账面余额为12 500元，其中直接材料8 000元、直接人工2 000元、制造费用2 500元。本月又有400件B产品投入生产，6月发生以下经济业务：

（1）以现金支付生产车间办公用品费800元。

（2）以现金支付职工王方生活困难补助6 000元。

（3）委托银行代发工资16 300元。

（4）以银行存款支付生产用固定资产修理费1 600元。

（5）用银行存款支付本月水费2 000元，其中生产车间应负担1 400元，行政管理部门应负担600元。

（6）行政管理部李一报销差旅费3 900元，原预借4 000元，余款交回现金。

（7）以银行存款支付本季度短期借款利息6 000元。

（8）仓库本月共发出甲材料20 000元，其中用于生产A产品10 000元，用于生产B产品5 000元，生产车间一般耗用3 000元，销售部门领用2 000元。发出乙材料10 000元，其中用于生产A产品2 000元，用于生产B产品5 000元，生产车间一般耗用2 500元，企业行政管理部门耗用500元。

（9）本月应付职工工资20 200元，其中：A产品生产工人2人，人均工资2 000元，

B产品生产工人2人，人均工资3 000元，生产车间技术管理人员1人，工资4 000元，销售人员1人，工资2 000元，企业行政管理人员1人，工资4 200元。

（10）按职工工资总额的16%计提职工社会保险费。

（11）按职工人数每人补贴企业下设内部食堂200元。

（12）计提本月固定资产折旧8 540元，其中生产用固定资产折旧5 340元，行政管理部门用固定资产折旧3 200元。

（13）计提应由本月负担的短期借款利息2 000元。

（14）按A、B两种产品的机器工时比例分配并结转本月制造费用，根据生产工时记录，本月A产品生产工时为2 000小时，B产品生产工时为3 000小时。

（15）上月投入生产的500件A产品已全部完工入库，本月投入的400件B产品尚未完工，计算并结转完工产品的实际生产成本。

【要求】根据上述经济业务编制会计分录。

4.5 产品销售业务核算

在销售过程中，企业通过出售产品或材料取得营业收入，并按销售额和规定的税率向购买方收取增值税销项税额。因此，在企业销售业务的会计核算过程中，确认产品销售收入和其他销售收入的实现并办理与购买单位的货款结算、计算并结转产品销售成本和其他销售成本、支付销售费用、计算和缴纳销售税金便构成销售业务核算的主要内容。

销售收入在下列条件均能满足时予以确认：

（1）企业已将商品所有权上的主要风险和报酬转移给购货方。

（2）企业既没有保留通常与所有权相联系的继续管理权，也没有对已售出商品实施控制。

（3）收入的金额能够可靠地计量。

（4）相关的经济利益很可能流入企业。

（5）相关的已发生或将发生的成本能够可靠地计量。

销售收入的金额，应按企业与购买方签订的合同或协议金额或双方接受的金额确定。

4.5.1 账户设置

1）“主营业务收入”账户

该账户属于损益类账户，核算企业确认的销售商品、提供劳务等主营业务的收入。其贷方登记企业销售商品或提供劳务实现的收入，借方登记发生的销售退回或销售折让和转入“本年利润”账户的数额，期末结转后该账户应无余额。

本账户可按主营业务的种类进行明细分类核算。“主营业务收入”账户示例如下：

借方	主营业务收入 贷方
发生的销售退回或销售折让和转入“本年利润”账户的数额	企业销售商品或提供劳务实现的收入

2）“主营业务成本”账户

该账户属于损益类账户，核算企业确认销售商品、提供劳务等主营业务收入时应结转的成本。其借方登记结转已售商品、提供劳务等的实际成本，贷方登记应冲减销售成本和期末转入“本年利润”账户的已销售产品成本，期末结转后该账户应无余额。本账户可按主营业务的种类进行明细分类核算。“主营业务成本”账户示例如下：

借方	主营业务成本 贷方
结转已售商品、提供劳务等的实际成本	应冲减销售成本和期末转入“本年利润”账户的已销售产品成本

3）“销售费用”账户

该账户属于损益类账户，核算企业销售商品、提供劳务的过程中发生的各种费用，包括保险费、包装费、展览费和广告费、商品维修费、预计产品质量保证损失、运输费、装卸费以及为销售本企业商品而专设的销售机构（含销售网点、售后服务网点等）的职工薪酬、业务费、折旧费等经营费用。企业发生的与专设销售机构相关的固定资产修理费用等后续支出，也在本账户核算。其借方登记企业在销售商品过程中发生的各项费用，贷方登记转入“本年利润”账户的本期销售费用，期末结转后该账户应无余额。本账户可按费用项目进行明细分类核算。“销售费用”账户示例如下：

借方	销售费用 贷方
发生的各种销售费用	转入“本年利润”账户的销售费用

4）“应收账款”账户

该账户属于资产类账户，核算企业因销售商品、提供劳务等经营活动应收取的款项。其借方登记因销售商品、提供劳务等经营活动应收取的款项，贷方登记实际收到的应收款项。本账户期末一般为借方余额，反映企业尚未收回的应收账款；期末如为贷方余额，反映企业预收的账款。本账户可按债务人进行明细分类核算。“应收账款”账户示例如下：

借方	应收账款 贷方
期初余额 因销售商品、提供劳务等经营活动应收取的款项	实际收到的应收款项
期末余额：企业尚未收回的应收账项	期末余额：企业预收的账项

5）“应收票据”账户

该账户属于资产类账户，核算企业因销售商品、提供劳务等而收到的商业汇票，包括银行承兑汇票和商业承兑汇票。其借方登记因销售商品、提供劳务等而收到的商业汇票，贷方登记到期实际收到的款项。本账户期末余额在借方，反映企业持有的商业汇票的票面金额。本账户可按开出、承兑商业汇票的单位进行明细分类核算。“应收票据”账户示例如下：

借方　　　　　　　　　　　　　　应收票据　　　　　　　　　　　　　　贷方

借方	贷方
期初余额 因销售商品、提供劳务等收到的商业汇票	到期实际收到的款项
期末余额：持有的商业汇票的票面金额	

6）“预收账款”账户

该账户属于负债类账户，核算企业按照合同规定预收的款项。其贷方登记企业向购货单位预收的款项，借方登记销售实现时冲减的预收货款。期末如为贷方余额，反映企业预收的款项；期末如为借方余额，反映企业尚未转销的款项。本账户可按购货单位进行明细分类核算。

预收账款业务不多的企业，可以不设置本账户，而将预收的款项直接记入“应收账款”账户。“预收账款”账户示例如下：

借方　　　　　　　　　　　　　　预收账款　　　　　　　　　　　　　　贷方

借方	贷方
销售实现时冲减的预收货款	期初余额 向购货单位预收的款项
期末余额：企业尚未转销的款项	期末余额：预收购货单位的款项

4.5.2　账务处理

工作实例4-23

华夏公司12月份发生销售业务如下：

微课4-1
借贷记账法的应用：销售业务核算

（1）向永盛公司销售A产品600件，每件售价1 200元，货款计720 000元，增值税93 600元，款项已收并存入银行。

该项经济业务的发生，一方面使企业银行存款增加，记入“银行存款”账户的借方；另一方面使企业主营业务收入增加，记入“主营业务收入”账户的贷方，企业向购货方收取的增值税销项税额，应记入“应交税费——应交增值税（销项税额）”账户的贷方。编制会计分录如下：

借：银行存款　　　　　　　　　　　　　　813 600
　贷：主营业务收入——A产品　　　　　　　　　720 000
　　　应交税费——应交增值税（销项税额）　　　93 600

（2）向兴成公司销售B产品800件，每件售价1 000元，货款计800 000元，增值税104 000元，商品已发出，款项尚未收到。

该项经济业务的发生，一方面使企业应收账款增加，记入“应收账款”账户的借方；另一方面使企业主营业务收入增加，记入“主营业务收入”账户的贷方，企业应向购货方收取的增值税销项税额，应记入“应交税费——应交增值税（销项税额）”账户的贷方。编制会计分录如下：

借：应收账款——兴成公司　　904 000

　贷：主营业务收入——B产品　　800 000

　　应交税费——应交增值税（销项税额）　　104 000

（3）向利民公司销售A产品500件，每件售价1 200元，价款600 000元，增值税78 000元。收到该公司签发的商业承兑汇票一张，期限6个月。

该项经济业务的发生，一方面使企业应收票据增加，记入“应收票据”账户的借方；另一方面使企业产品销售收入增加，记入“主营业务收入”账户的贷方，企业向购货方收取的增值税销项税额，应记入“应交税费——应交增值税（销项税额）”账户的贷方。编制会计分录如下：

借：应收票据——利民公司　　678 000

　贷：主营业务收入——A产品　　600 000

　　应交税费——应交增值税（销项税额）　　78 000

（4）根据合同规定，预收向阳公司购买B产品价款500 000元，存入银行。

该项经济业务的发生，一方面使企业预收账款增加，应记入“预收账款”账户的贷方；另一方面使银行存款增加，应记入“银行存款”账户的借方。编制会计分录如下：

借：银行存款　　500 000

　贷：预收账款——向阳公司　　500 000

（5）向上述预付货款的向阳公司发出B产品500件，每件售价1 000元，价款500 000元，增值税65 000元。并补收向阳公司65 000元，款项收到。

该项经济业务的发生，一方面使企业预收账款减少，应记入“预收账款”账户的借方，银行存款增加，记入“银行存款”账户的借方；另一方面使企业销售收入增加，记入“主营业务收入”账户的贷方，企业向购货方收取的增值税销项税额增加65 000元，应记入“应交税费——应交增值税（销项税额）”账户的贷方。编制会计分录如下：

借：预收账款——向阳公司　　500 000

　银行存款　　65 000

　贷：主营业务收入——B产品　　500 000

　　应交税费——应交增值税（销项税额）　　65 000

（6）接到银行通知，收到销售给兴成公司的B产品的销货款904 000元。

该项经济业务的发生，一方面使企业银行存款增加，应记入“银行存款”账户的借方；另一方面使企业债权减少，应记入“应收账款”账户的贷方。编制会计分录如下：

借：银行存款　　904 000

　贷：应收账款——兴成公司　　904 000

（7）以银行存款缴纳本月增值税56 000元。

该项经济业务的发生，一方面表明企业缴纳增值税，使企业负债减少，记入“应交税费——应交增值税（已交税金）”账户的借方；另一方面使企业银行存款减少，记入“银行存款”账户的贷方。编制会计分录如下：

借：应交税费——应交增值税（已交税金） 56 000

贷：银行存款 56 000

（8）企业以银行存款支付销售产品的广告费80 000元。

该项经济业务的发生，一方面使企业销售费用增加，应记入“销售费用”账户的借方；另一方面使企业银行存款减少，应记入“银行存款”账户的贷方。编制会计分录如下：

借：销售费用——广告费 80 000

贷：银行存款 80 000

（9）按规定，A、B两种产品均属于消费税应税范围，税率为5%，计算A、B两种产品应缴纳的消费税。

消费税的计算公式为：

应交消费税=应税销售额×消费税税率

应交消费税=（720 000+800 000+600 000 +500 000）×5%=131 000（元）

企业因销售商品应缴纳消费税，一方面使应交消费税增加，应记入“税金及附加”账户的借方；另一方面计算的应交消费税税款尚未实际支付，形成企业的一项负债，使得应交税费增加，应记入“应交税费——应交消费税”账户的贷方。编制会计分录如下：

借：税金及附加——消费税 131 000

贷：应交税费——应交消费税 131 000

（10）月末，计算并结转已售商品的销售成本，其中，A产品1 100件，假设每件生产成本900元，计990 000元；B产品1 300件，假设每件生产成本700元，计910 000元。

首先要计算两种商品的单位销售成本，在制造成本法下，所销商品的单位生产成本与单位销售成本是一致的。销售商品成本，是指与销售商品收入相关的销售成本，即已售商品的制造成本。

该项经济业务表明，结转A、B产品的销售成本，一方面使产品销售成本增加，记入“主营业务成本”账户的借方；另一方面使产成品减少，记入“库存商品”账户的贷方。编制会计分录如下：

借：主营业务成本 1 900 000

贷：库存商品——A产品 990 000

——B产品 910 000

4.5.3 其他业务收支的核算

工业企业除了购进、生产和销售产品以外，还要发生其他一些经营业务，主要有材料销售、技术转让、固定资产和包装物的出租等。其他业务收支的核算是指核算其他经营业务中所取得的收入和发生的支出。

1）账户设置

（1）“其他业务收入”账户。该账户属于损益类账户，用来核算除主营业务活动以外的其他经营活动实现的收入，包括出租固定资产、出租无形资产、出租包装物和商品、销售材料等实现的其他业务收入。其贷方登记企业实现的其他业务收入，借方登记期末结转到“本年利润”账户的其他业务收入额，结转后该账户一般无余额。本账户可按其他业务收入种类进行明细分类核算。“其他业务收入”账户示例如下：

借方 其他业务收入	贷方
期末结转到“本年利润”账户的金额	企业实现的其他业务收入

（2）“其他业务成本”账户。该账户属于损益类账户，用来核算企业确认的除主营业务活动以外的其他经营活动所发生的支出，包括销售材料的成本、出租固定资产的折旧额、出租无形资产的摊销额、出租包装物的成本或摊销额等。除主营业务活动以外的其他经营活动发生的相关税费，在“税金及附加”账户核算。“其他业务成本”账户借方登记企业发生的其他业务成本，贷方登记期末结转到“本年利润”账户的其他业务成本，结转后该账户一般无余额。本账户应按其他业务的种类设置明细账，进行明细分类核算。“其他业务成本”账户示例如下：

借方 其他业务成本	贷方
发生的其他业务成本	期末结转到“本年利润”账户的其他业务成本

2）账务处理

工作实例4-24

华夏公司2021年12月份发生以下业务：

（1）销售甲材料1 000千克，单价10元，增值税1 300元，价税合计11 300元，存入银行。

该项经济业务的发生，一方面使企业的银行存款增加，应记入“银行存款”账户的借方；另一方面使企业的其他业务收入增加，应记入“其他业务收入”账户的贷方，企业向购货方收取的增值税销项税额增加1 300元，应记入“应交税费——应交增值税（销项税额）”账户的贷方。编制会计分录如下：

借：银行存款　　11 300

　贷：其他业务收入　　10 000

　　　应交税费——应交增值税（销项税额）　　1 300

（2）结转销售的甲材料的成本8 000元。

该项经济业务的发生，一方面使其他业务成本增加，应记入“其他业务成本”账户的借方；另一方面使库存材料减少，应记入“原材料”账户的贷方。编制会计分录如下：

借：其他业务成本　　8 000

　贷：原材料——甲材料　　8 000

课堂实训4-4

【目的】练习销售业务的核算。

【资料】大兴公司2022年9月份发生如下经济业务：

（1）销售给甲公司A产品200件，开具的增值税专用发票上注明的单价为200元，价款40 000元，增值税5 200元，收到甲公司签发的商业汇票一张。

（2）销售给乙公司B产品200件，开具的增值税专用发票上注明的单价为70元，价款14 000元，增值税1 820元，以银行存款代垫运费2 500元，款项尚未收到。

（3）以银行存款支付本月广告费8 000元。

（4）以银行存款支付销售部门办公费260元。

（5）乙公司偿还前欠账款，已收妥存入银行。

（6）向丙公司销售原材料一批，开具的增值税专用发票上注明的价款为2 000元，增值税为260元，款项已存入银行。

（7）本企业A产品的消费税税率为10%，月末按本月A产品销售收入计算应交消费税。

（8）分别按7%和3%的比例计提本月应交城市维护建设税和教育费附加。（经查本月“应交税费——应交增值税”账户中可抵扣的进项税额为3 100元）

（9）结转销售原材料的实际成本1 500元。

（10）结转本月销售产品的实际生产成本（A产品每件生产成本为150元，B产品每件生产成本为60元）。

【要求】编制以上经济业务的会计分录。

4.6　财务成果形成及分配业务核算

4.6.1　财务成果形成核算

利润是指企业在一定会计期间的经营成果，它包括收入减去费用后的净额、直接计入当期利润的利得和损失等。其中，收入减去费用后的净额，即为营业利润；直接计入当期利润的利得和损失，是指应当计入当期损益、会导致所有者权益发生增减变动的、与所有者投入资本或者向所有者分配利润无关的利得或损失。该部分利得和损失具体表现为营业外收支净额。

1）利润构成

（1）营业利润。

营业利润是企业利润的主要来源。营业利润的计算公式为：

$$\text{营业利润}=\text{营业收入}-\text{营业成本}-\text{税金及附加}-\text{销售费用}-\text{管理费用}-\text{研发费用}-\text{财务费用}-\text{资产减值损失}-\text{信用减值损失}+\text{公允价值变动收益}\left(-\text{公允价值变动损失}\right)+\text{投资收益}\left(-\text{投资损失}\right)+\text{其他收益}+\text{资产处置收益}\left(-\text{资产处置损失}\right)$$

其中：

营业收入是指企业经营业务所实现的收入总额，包括主营业务收入和其他业务收入。

营业成本是指企业经营业务所发生的实际成本总额，包括主营业务成本和其他业务成本。

资产减值损失是指企业计提各项资产减值准备所发生的损失。它主要包括：存货跌价准备、债权投资减值准备、长期股权投资减值准备、投资性房地产减值准备、固定资产减值准备、工程物资减值准备、在建工程减值准备等。

公允价值变动收益（或损失）是指企业按规定应当计入当期损益的资产和负债公允价值变动收益（或损失），包括交易性金融资产、交易性金融负债，以及采用公允价值模式计量的投资性房地产等公允价值变动形成的应计入当期损益的利得（或损失）。

投资收益（或损失）是指企业以各种方式对外投资所取得的收益（或发生的损失）。投资净收益是指企业对外投资所取得的收入，如转让、出售股票、债券所得的股利、利息等抵减对外投资所发生的损失后的差额。

（2）利润总额。

利润总额的计算公式为：

利润总额=营业利润+营业外收入-营业外支出

营业外收入是指企业发生的与其日常活动无直接关系的各项利得。

营业外支出是指企业发生的与其日常活动无直接关系的各项损失。

（3）净利润。

净利润=利润总额-所得税费用

所得税费用是指企业应计入当期损益的所得税。它是企业按照税法规定，就其生产经营所得和其他所得计算并缴纳的一种税金。

2）账户设置

（1）“营业外收入”账户。该账户属于损益类账户，核算企业发生的除营业利润以外的收益，主要包括与企业日常活动无关的政府补助、盘盈利得、捐赠利得等。其贷方登记企业实现的各项营业外收入，借方登记期末转入“本年利润”账户的营业外收入数额，期末结转后一般无余额。本账户可按营业外收入项目进行明细分类核算。“营业外收入”账户示例如下：

借方　　　　营业外收入	贷方
期末转入“本年利润”账户的数额	企业实现的各项营业外收入

（2）“营业外支出”账户。该账户属于损益类账户，核算企业发生的除营业利润以外的支出，包括公益性捐赠支出、非常损失、盘亏损失等。其借方登记企业发生的各项营业外支出，贷方登记期末转入“本年利润”账户的营业外支出数额，期末结转后该账户一般无余额。本账户可按支出项目进行明细分类核算。“营业外支出”账户示例如下：

借方　　　　营业外支出	贷方
企业发生的各项营业外支出	期末转入“本年利润”账户的数额

（3）“投资收益”账户。该账户属于损益类账户，核算企业确认的投资收益或投资损失。企业（金融）债券投资持有期间取得的利息收入，也可在“利息收入”账户核算。其贷方登记取得的投资收益或期末投资损失的转出数，借方登记投资损失和期末投资净收益的转出数，期末结转后该账户应无余额。本账户可按投资项目进行明细分类核算。“投资收益”账户示例如下：

借方 投资收益	贷方
投资损失和期末投资净收益转出数	取得的投资收益或期末投资损失转出数

（4）“本年利润”账户。该账户属于所有者权益类账户，核算企业当期实现的净利润（或发生的净亏损）。其贷方登记期末从“主营业务收入”“其他业务收入”“营业外收入” “投资收益”（投资净收益）等账户的转入数，借方登记期末从“主营业务成本”“税金及附加”“其他业务成本”“销售费用”“管理费用”“财务费用”“营业外支出”“所得税费用”等账户的转入数。若为贷方余额，表示实现的净利润；若为借方余额，表示发生的净亏损。

在年度中间，该账户的余额保留在本账户，不予结转，表示截止到本期的本年累计实现的净利润（或净亏损）。

年度终了，应将本年收入和支出相抵后结出的本年实现的净利润，转入“利润分配”账户，借记本科目，贷记“利润分配——未分配利润”科目；如为净亏损，作相反的会计分录。年终结转后本账户应无余额。“本年利润”账户示例如下：

借方 本年利润	贷方
期末转入的各项支出：	期末转入的各项收入：
（1）主营业务成本	（1）主营业务收入
（2）税金及附加	（2）其他业务收入
（3）其他业务成本	（3）营业外收入
（4）销售费用	（4）投资收益（净收益记贷方，净损失记借方）
（5）管理费用	（5）公允价值变动收益（净收益记贷方，净损失记借方）
（6）财务费用	（6）资产处置收益（净收益记贷方，净损失记借方）
（7）资产减值损失	
（8）信用减值损失	
（9）营业外支出	
（10）所得税费用	
期末余额：累计净亏损	期末余额：累计净利润

工作实例4-25

3）账务处理

解析

工作实例4-25

承前例，华夏公司员工李强预借差旅费1 000元，以现金支付。请编制相关会计分录。

工作实例4-26

用现金支付离退休人员工资1 150元。

该项经济业务的发生，一方面使企业负担的离退休人员工资增加了1 150元，应记入“管理费用”账户的借方；另一方面使企业现金减少了1 150元，应记入“库存现金”账户的贷方。编制会计分录如下：

借：管理费用　　1 150

　贷：库存现金　　1 150

工作实例4-27

解析

工作实例4-27

李强报销差旅费850元，余款150元交回现金。请编制相关会计分录。

工作实例4-28

收到违约罚款10 000元存入银行。

该项经济业务的发生，一方面使银行存款增加10 000元，应记入“银行存款”账户的借方；另一方面使营业外收入增加10 000元，应记入“营业外收入”账户的贷方。编制会计分录如下：

借：银行存款　　10 000

　贷：营业外收入　　10 000

工作实例4-29

解析

工作实例4-29

以银行存款35 000元捐赠某地震灾区。请编制相关会计分录。

工作实例4-30

收到从其他单位分得的投资利润150 000元，存入银行。

该项经济业务的发生，一方面使银行存款增加，应记入“银行存款”账户的借方；另一方面使投资收益增加，应记入“投资收益”账户的贷方。编制会计分录如下：

借：银行存款　　150 000

　贷：投资收益　　150 000

工作实例4-31

工作实例4-31
解析

月末，结转本期各损益类账户（除“所得税费用”账户）余额至“本年利润”账户。

根据本章前述经济业务，期末结账前各损益类账户余额见表4-8。

表4-8　期末结账前各损益类账户余额表　单位：元

损益类账户	借方发生额	贷方发生额
主营业务收入		2 620 000
其他业务收入		10 000
营业外收入		10 000
投资收益		150 000
主营业务成本	1 900 000	
其他业务成本	8 000	
税金及附加	131 000	
销售费用	80 000	
管理费用	39 200	
财务费用	30 750（假设）	
营业外支出	35 000	

请编制相关会计分录并计算本期实现的利润总额。

4.6.2　所得税费用的核算

1）所得税费用的计算

所得税是企业依照国家税法的规定，对企业的所得，按照规定的税率计算并缴纳的税款。企业所得税的计征实行按年计算，按月或按季预缴，年度终了结算清缴，多退少补的方法。企业应缴纳的所得税计算公式如下：

应纳所得税额=应纳税所得额×所得税税率

应当指出的是，企业应纳所得税额是根据应纳税所得额乘以所得税税率计算而来的，而不是利润总额乘以所得税税率。一般而言，应纳税所得额和利润总额是两个不同的概念。应纳税所得额是根据税法的规定计算确认的利润数；而利润总额是根据会计准则的有关规定计算确认的利润数。由于税法与会计准则在收入、费用的内涵上可能存在不一致，因此利润总额和应纳税所得额会发生差异，此时应按税法规定进行调整，将利润总额调整为应纳税所得额，并以调整后的所得额计算应纳所得税额。

但是，为了简化核算，在本课程中，我们一般假设纳税调整项目为零，因而可以以会计上的利润总额为基础计算应纳所得税额。并假设所得税费用等于应交所得税，企业适用的所得税税率通常为25%。

2）账户设置

“所得税费用”账户，是用来核算企业按规定在本期损益中减去的所得税费用。该账户属于损益类账户，其借方登记企业应计入本期损益的所得税费用，贷方登记企业期末转入“本年利润”账户的所得税额，结转后该账户一般无余额。“所得税费用”账户示例如下：

借方	所得税费用 贷方
计算出的本期所得税费用	期末转入“本年利润”账户的金额

3）所得税费用核算

工作实例4-32

假设华夏公司本期为12月份，1—11月累计利润总额为933 950元，12月份实现的利润总额为566 050元，所得税税率为25%，1—11月累计已缴纳所得税250 000元。（假设无税收调整项目）

计算并结转本月应交所得税：

本年利润总额=933 950+566 050=1 500 000（元）

本年应交所得税=1 500 000×25%=375 000（元）

本月应交所得税=375 000−250 000=125 000（元）

本例涉及三笔会计分录：

其一，计算出本月应交所得税，一方面使企业的所得税费用增加125 000元，另一方面也使企业的应交税费增加125 000元。编制会计分录如下：

借：所得税费用	125 000	
贷：应交税费——应交所得税		125 000

其二，结转本月所得税费用，即将本月“所得税费用”账户的借方余额转入“本年利润”账户的借方。编制会计分录如下：

借：本年利润	125 000	
贷：所得税费用		125 000

其三，用银行存款支付本月应交所得税125 000元。

该笔经济业务的发生，一方面使企业的银行存款减少125 000元；另一方面也使企业的应交所得税减少125 000元。编制会计分录如下：

借：应交税费——应交所得税	125 000	
贷：银行存款		125 000

最后，计算本年净利润：

本年净利润=1 500 000×（1−25%）=1 125 000（元）

4.6.3 利润分配

1）企业利润分配程序

利润分配是指企业根据国家有关规定和企业章程、投资者协议等，对企业当年可供分配利润指定其特定用途和分配给投资者的行为。利润分配的过程和结果不仅关系到每个股东的合法权益是否得到保障，而且关系到企业的未来发展。

企业向投资者分配利润，应按一定的顺序进行。按照《中华人民共和国公司法》（以下简称《公司法》）的有关规定，利润分配应按下列顺序进行：

（1）计算可供分配的利润。

企业当年实现的净利润，加上年初未分配利润（或减去年初未弥补亏损）和其他转入后的余额，即为可供分配的利润。可供分配的利润减去提取的法定盈余公积、任意盈余公积后，为可供投资者分配的利润。

可供分配的利润=净利润+年初未分配利润-弥补以前年度的亏损+其他转入的金额

如果可供分配的利润为负数（即累计亏损），则不能进行后续分配；如果可供分配的利润为正数（即累计盈利），则可进行后续分配。

（2）提取法定盈余公积。法定盈余公积按照本年实现净利润的一定比例提取，公司制企业（包括国有独资公司、有限责任公司和股份有限公司，下同）按《公司法》的规定按净利润的10%提取；其他企业可以根据需要确定提取比例，但至少应按10%提取。企业提取的法定盈余公积累计额为其注册资本的50%以上的，可以不再提取。

（3）提取任意盈余公积。公司从税后利润中提取法定盈余公积后，经股东会或者股东大会决议，还可以从税后利润中提取任意盈余公积。

（4）分配给投资者利润或股利。公司弥补亏损和提取盈余公积后所余税后利润，有限责任公司依照《公司法》的规定分配；股份有限公司按照股东持有的股份比例分配，但股份有限公司章程规定不按持股比例分配的除外。

可供分配的利润，经过上述分配程序后，为企业的未分配利润（或未弥补亏损）。未分配利润可留待以后年度进行分配。企业如果发生亏损，可以按规定用以后年度利润进行弥补。

2）账户设置

（1）"利润分配"账户。企业进行利润分配，就意味着企业所实现的利润的减少，应该直接冲减本年实现的利润，即记入"本年利润"账户的借方。但是，这样就会使得"本年利润"账户的期末余额只能表示未分配利润，而不能提供本年实现的累计利润额的指标。为了既能反映企业实现利润的原始数据，又能提供企业未分配利润的数额，会计核算中单独设置"利润分配"账户。

"利润分配"账户是用以核算企业利润的分配（或亏损的弥补）和历年分配（或弥补）后的未分配利润（或未弥补亏损）的账户，该账户为所有者权益类账户。

企业按规定提取的法定盈余公积，记入"利润分配——提取法定盈余公积"明细账户的借方；经股东大会或类似机构决议，分配给股东或投资者的现金股利或利润，记入“利润分配——应付现金股利或利润”明细账户的借方。

年度终了，企业应将本年实现的净利润或发生的净亏损，自“本年利润”账户转入“利润分配——未分配利润”明细账户；同时，将“利润分配”账户所属其他明细账户的余额，转入“利润分配——未分配利润”明细账户，结转后，除“利润分配——未分配利润”明细账户外，“利润分配”账户所属的其他明细账户应无余额。“利润分配——未分配利润”明细账户的年末余额，反映企业本年度末的累计未分配利润。

为了具体反映企业利润分配情况和未分配利润情况，本账户应当分别“提取法定盈余公积”“提取任意盈余公积”“应付股利”“未分配利润”等进行明细分类核算。“利润分配”账户示例如下：

利润分配

借方	贷方
	期初余额
实际分配的利润数，或年终时从“本年利润”账户的贷方转来的全年亏损总额	年终时从“本年利润”账户借方转来的全年实现的净利润总额
期末余额：累计未弥补亏损	期末余额：累计未分配利润

（2）“盈余公积”账户。该账户属于所有者权益类账户，核算企业从净利润中提取的盈余公积。其贷方登记企业提取的盈余公积，借方登记以盈余公积转增资本、弥补亏损等数额，期末余额在贷方，表示企业盈余公积实际结存数。本账户应当分别“法定盈余公积”“任意盈余公积”等进行明细分类核算。“盈余公积”账户示例如下：

盈余公积

借方	贷方
	期初余额
盈余公积转增资本、弥补亏损等数额	企业从净利润中提取的盈余公积
	期末余额：企业盈余公积实际结存数

（3）“应付股利”账户。该账户属于负债类账户，核算企业分配的股利（现金股利）或利润。其贷方登记应支付的股利（现金股利）或利润，借方登记实际支付的股利（现金股利）或利润，期末余额在贷方，反映企业尚未支付的股利（现金股利）或利润。该账户应按投资者设置明细账进行明细核算。“应付股利”账户示例如下：

应付股利

借方	贷方
	期初余额
实际支付的股利或利润	应支付的股利或利润
	期末余额：企业尚未支付的股利或利润

3）账务处理

（1）提取法定盈余公积的核算。企业按规定提取法定盈余公积时，应按提取金额，借记“利润分配——提取法定盈余公积”账户，贷记“盈余公积——法定盈余公积”账户。

工作实例4-33

承上例，华夏公司按税后利润的10%提取法定盈余公积。请编制相关会计分录。

工作实例4-33

解析

（2）向投资者分配股利或利润的核算。企业根据利润分配方案向投资者分配股利或利润时，应按实际分配的现金股利或利润金额，借记“利润分配——应付现金股利（或利润）”账户，贷记“应付股利”账户。

工作实例4-34

承上例，经董事会决定，向投资者分配利润700 000元。

该项经济业务的发生，一方面使企业的所有者权益减少，即实际分配利润减少700 000元；另一方面也使企业应付投资者的利润增加700 000元。利润分配的增加应记入“利润分配——应付现金股利（或利润）”账户的借方；应付利润的增加是企业负债的增加，应记入“应付股利”账户的贷方。编制会计分录如下：

借：利润分配——应付现金股利　　700 000

　贷：应付股利　　700 000

（3）年末结转。根据相关会计制度的规定，在每个会计年度结束时，应将“本年利润”及“利润分配”的各明细账户的余额，全额结转到“利润分配——未分配利润”账户中。

①年度终了，企业应将当年实现的净利润或净亏损，转入“利润分配——未分配利润”账户。

结转本年利润时，按实际的净利润额：

借：本年利润

　贷：利润分配——未分配利润

结转亏损时，则按实际产生的净亏损额：

借：利润分配——未分配利润

　贷：本年利润

②年末，企业还需将“利润分配”账户的其他明细账户的余额转入“利润分配——未分配利润”账户。账务处理主要为：

借：利润分配——未分配利润

　贷：利润分配——提取法定盈余公积

　　　　　　——应付现金股利（或利润）

结转后，“本年利润”账户及“利润分配”账户的有关明细账户（除未分配利润明细账户外）均无余额。

工作实例 4-35

工作实例 4-35

解析

承上例，华夏公司年末结转业务如下：

（1）年末，结转本年实现的净利润 1 125 000 元。

（2）年末，结转本年已分配的利润 812 500 元（112 500+700 000）。

课堂实训 4-5

【目的】练习利润分配核算。

【资料】大华公司 2021 年 12 月 31 日结账前有关账户的余额如下：

（1）“本年利润”账户贷方余额为 70 000 元。

（2）“利润分配”账户贷方余额为 95 000 元，其所属“未分配利润”明细账户的贷方余额为 95 000 元，其他明细账户无余额。

（3）损益类账户余额见表 4-9。

表 4-9　损益类账户余额　单位：元

账户名称	借方余额	贷方余额
主营业务收入		900 000
其他业务收入		8 000
营业外收入		15 000
主营业务成本	700 000	
其他业务成本	6 000	
税金及附加	41 000	
销售费用	39 000	
管理费用	85 000	
财务费用	3 800	
营业外支出	1 900	

【要求】编制以下经济业务的会计分录：

（1）将损益类账户的余额结转到“本年利润”账户，计算本期利润总额。

（2）根据利润总额计算并结转本期应交所得税，企业适用的所得税税率为 25%。

（3）按本年税后利润的 10% 计提法定盈余公积。

（4）将剩余可分配利润的 40% 分配给投资者。

（5）将“本年利润”的余额结转入“利润分配”账户。

（6）将“利润分配”所属的其他明细账户余额结转入“利润分配——未分配利润”账户。

本章小结

本章结合工业企业主要交易或事项，详细地阐述了账户和借贷记账法的应用，目的是更好地理解和掌握账户和借贷记账法的原理。工业企业主要的经济交易或事项包括筹集资金、供应过程、生产过程、销售过程、利润的形成和分配等的核算。

本章是本课程的重点和难点。学习本章，重点掌握企业主要经济业务所涉及的账务处理。

习题与实训

1）单项选择题

随堂测4

（1）企业在销售过程中发生的广告费属于（　　）。

A.生产费用　　B.期间费用

C.直接材料　　D.制造费用

（2）企业的营业利润加营业外收入减营业外支出后的余额为（　　）。

A.利润总额　　B.应纳税所得额　　C.净利润　　D.营业利润

（3）“固定资产”账户反映企业固定资产的（　　）。

A.磨损价值　　B.累计折旧　　C.原始价值　　D.折余价值

（4）与“制造费用”账户不可能发生对应关系的账户是（　　）。

A.生产成本　　B.累计折旧　　C.应付职工薪酬　　D.本年利润

（5）下列业务中，属于资产内部一增一减的是（　　）。

A.收回外单位欠款　　B.借入长期借款

C.支付前欠外单位货款　　D.销售货款存入银行

（6）常与“主营业务成本”的借方账户相对应的账户是（　　）。

A.在途物资

B.库存商品

C.应交税费——应交增值税（销项税额）

D.周转材料

（7）与“在途物资”账户的借方有对应关系的账户是（　　）。

A.原材料

B.银行存款

C.应交税费——应交增值税（销项税额）

D.销售费用

（8）下列费用中，不构成产品成本的是（　　）。

A.直接材料　　B.直接人工　　C.管理费用　　D.制造费用

（9）“生产成本”账户借方余额表示（　　）。

A.完工入库产品成本　　B.期末在产品成本

C.本期生产费用合计　　D.库存原材料成本

(10)“库存商品”账户的期末借方余额表示（　　）。

A.期末库存产成品的实际成本

B.期末在产品的实际成本

C.本期生产完工产品的实际成本

D.本期发出产成品的实际成本

(11)“（　　）”账户在期末费用分配以后，一般没有余额。

A.库存商品　　B.生产成本　　C.制造费用　　D.原材料

(12)下列业务中，引起资产和所有者权益同时减少的是（　　）。

A.购料一批，贷款未付

B.销售产品，款项存入银行

C.经批准某企业收回部分股权，以银行存款支付

D.用银行存款偿还银行借款

(13)“税金及附加”账户中不包括企业应缴纳的（　　）。

A.城市维护建设税　　B.消费税　　C.资源税　　D.所得税

(14)销售部门人员的工资费用应计入（　　）。

A.管理费用　　B.销售费用　　C.财务费用　　D.期间费用

(15)“累计折旧”账户余额反映了固定资产的（　　）。

A.原值　　B.净值　　C.本年磨损价值　　D.累计磨损价值

(16)“本年利润”账户10月31日的贷方余额表示（　　）。

A.年初至10月末累计实现的净利润　　B.10月份实现的净利润

C.10月31日实现的净利润　　D.年初至10月份已分配的利润

(17)某企业为增值税一般纳税人，按协议企业销售给红星工厂A产品500件，含税售价22 600元，增值税税率为13%，则A产品的销售收入是（　　）。

A.22 600元　　B.20 000元　　C.27 378元　　D.16 600元

(18)年末，“本年利润”账户贷方余额为100 000元，“利润分配”账户借方金额为80 000元，无年初未分配利润，则年末未分配利润为（　　）。

A.20 000元　　B.180 000元　　C.100 000元　　D.80 000元

(19)本年利润总额是10 000元，应交所得税2 500元，提取盈余公积750元，未分配投资者股利，无年初未分配利润，则本年未分配利润是（　　）。

A.7 500元　　B.6 750元　　C.5 000元　　D.7 000元

(20)“应收账款”账户的期初余额为借方4 000元，本期借方发生额1 000元，本期贷方发生额8 000元，该账户的期末余额为（　　）。

A.借方3 000元　　B.贷方8 000元　　C.借方5 000元　　D.贷方3 000元

2）多项选择题

(1)下列账户中，可能与“本年利润”账户发生对应关系的有（　　）。

A.库存商品　　B.主营业务成本　　C.主营业务收入　　D.所得税费用

(2)某项经济业务发生后引起银行存款减少5 000元，则相应地有可能引起（　　）。

A. 应付职工薪酬减少5 000元　　B. 固定资产增加5 000元
C. 应付利息减少5 000元　　D. 短期借款增加5 000元

（3）生产成本的组成项目有（　　）。
A. 直接材料　　B. 直接人工　　C. 制造费用　　D. 管理费用

（4）下列项目中，属于营业外支出的有（　　）。
A. 非常损失　　B. 罚款支出
C. 公益救济性捐赠　　D. 确实无法收回的应收账款

（5）材料的采购成本包括（　　）。
A. 材料买价　　B. 材料运杂费
C. 运输途中的合理损耗　　D. 材料验收入库后的保管费用

（6）下列支出中，直接记入“管理费用”账户借方的有（　　）。
A. 职工报销的差旅费　　B. 离退休人员的工资
C. 广告费　　D. 印花税

（7）如果企业将购入固定资产的3 000元，错误地记入了“管理费用”账户，其结果会导致（　　）。
A. 费用多计3 000元　　B. 资产多计3 000元
C. 净收益多计3 000元　　D. 净收益少计3 000元

（8）下列项目中，影响营业利润的有（　　）。
A. 主营业务成本　　B. 管理费用　　C. 销售费用　　D. 财务费用

（9）下列项目中，影响营业利润的有（　　）。
A. 所得税费用　　B. 主营业务收入　　C. 投资收益　　D. 主营业务成本

（10）应记入“税金及附加”账户的税金包括（　　）。
A. 增值税　　B. 消费税　　C. 城市维护建设税　　D. 印花税

3）判断题

（1）基本生产车间管理人员的工资及福利费属于直接人工费用。（　　）

（2）固定资产折旧是指固定资产因损耗而减少的价值，因此，在计提折旧时，应借记成本费用类账户，贷记“固定资产”账户。（　　）

（3）预付账款、应付账款、应付职工薪酬、预收账款均属于负债项目。（　　）

（4）“销售费用”账户的借方发生额应于期末时采用一定的方法分配计入产品成本。（　　）

（5）提取盈余公积和收到外商投入的资产都会引起资产和所有者权益同时增加。（　　）

（6）支付已预提的短期借款的利息，一方面使企业的资产减少，另一方面使企业的负债减少。（　　）

（7）累计折旧属于资产类账户，所以其期末余额在借方。（　　）

（8）制造企业的产品销售成本是企业已销产品的实际生产成本。（　　）

（9）管理费用是一种期间费用，按月归集，月末全部转入“本年利润”账户。（　　）

(10) 凡是由本期产品成本负担的费用，应按实际支付数全部计入本期成本。（ ）

(11) 材料采购成本中的买价是指向购买方支付的采购价款。（ ）

(12) 未分配利润等于“本年利润”账户的贷方余额减去“利润分配”账户的借方余额。（ ）

(13) 增值税对企业的经营成本和损益核算没有影响。（ ）

(14)“累计折旧”账户是固定资产的备抵账户，表示固定资产的累计损耗价值。（ ）

(15) 企业预付下一年度保险费，应记入“管理费用”账户。（ ）

4) 单项实训题

【实训题一】

【目的】练习资金筹集业务的核算。

【资料】利华公司2021年12月份发生下列业务：

(1) 接受某公司投资的原材料，总成本200 000元。

(2) 向银行借入3个月期借款100 000元，存入银行。

(3) 向银行借入3年期借款800 000元，存入银行。

(4) 从银行存款中支付本季度短期借款利息32 000元，本季度前两个月已预提短期借款利息21 000元。

(5) 计提长期借款利息90 000元，其中，固定资产在建期间的借款利息70 000元，固定资产完工交付使用并已办理竣工手续后的借款利息20 000元。

(6) 以银行存款偿还短期借款50 000元、长期借款100 000元。

(7) 收到某公司投入本企业商标权一项，投资双方确认的价值为200 000元。

(8) 按规定将盈余公积30 000元转增资本。

(9) 接受外商捐赠汽车1辆，价值120 000元。

【要求】根据上述资料编制会计分录。

【实训题二】

【目的】练习固定资产购置业务的核算。

【资料】亚太公司2021年11月份发生下列固定资产购置业务：

(1) 购入生产用不需要安装的甲设备一台，买价300 000元，增值税39 000元，运杂费3 500元，保险费1 200元，全部款项已用银行存款支付，设备投入使用。

(2) 购入生产用需要安装的乙设备一台，买价450 000元，增值税58 500元，运杂费等3 000元。款项已用银行存款支付。

(3) 进行上述乙设备的安装，耗用材料3 400元，用银行存款支付安装公司安装费4 100元。(不考虑工程耗用的原材料增值税)

(4) 上述乙设备安装完毕，经验收合格交付使用，结转工程成本。

【要求】根据上述资料编制会计分录。

【实训题三】

【目的】练习供应过程业务的核算。

【资料】万达公司2021年3月份发生以下经济业务：

（1）从丽达公司购入甲材料1 000千克，增值税专用发票上注明的单价为20元，价款20 000元，增值税2 600元，款项以银行存款支付。

（2）上述甲材料运至企业，用现金支付挑选整理费400元，材料已验收入库。

（3）从安力公司购入甲材料4 000千克，增值税专用发票上注明的单价为18元，价款72 000元，增值税9 360元，乙材料6 000千克，单价为50元，价款300 000元，增值税39 000元，货款以银行承兑汇票支付。

（4）以银行存款支付上述甲、乙材料运费4 800元，用现金支付装卸费200元。上述甲、乙材料运到企业，甲材料进行挑选整理，乙材料验收入库。

（5）向永吉贸易公司购买丙材料5 000千克，增值税专用发票上注明的单价为10元，价款50 000元，增值税6 500元，永吉贸易公司代垫1 000元运费，账款尚未支付，材料尚未入库。

（6）上述签发给安力公司的商业汇票到期，以银行存款支付票款。

（7）以银行存款支付前欠永吉贸易公司货款。

（8）以银行存款购入生产用不需安装的机器设备一台，取得的增值税专用发票上注明的价款为300 000元，增值税39 000元。

（9）月末，结转入库材料的实际采购成本。

【要求】根据上述经济业务事项编制会计分录。

【实训题四】

【目的】练习生产业务的核算。

【资料】2022年5月份华发公司发生如下业务：

（1）结算本月职工工资80 000元，其中，A产品生产人员工资20 000元，B产品生产人员工资10 000元，车间管理人员工资10 000元，销售人员工资15 000元，行政管理人员工资25 000元。

（2）按本月职工工资总额的16%计提社会保险费。

（3）按本月职工工资总额的2%提取工会经费。

（4）计提本月固定资产折旧费8 400元，其中，车间固定资产折旧5 000元，销售部门固定资产折旧1 400元，管理部门固定资产折旧2 000元。

（5）以银行存款支付车间房屋修理费1 200元。

（6）以现金支付企管部机动车修理费400元。

（7）以银行存款支付产品广告费1 500元。

（8）计提本月应负担的短期借款利息2 000元，该项利息费用不符合资本化条件。

（9）以银行存款支付销售产品过程中发生的运输费600元，以现金支付包装费100元。

（10）以银行存款支付电费2 400元，其中，车间使用1 600元，销售部门使用300元，行政管理部门使用500元。

（11）销售人员李佳报销差旅费2 500元，原预支2 000元，不足部分补付现金。

（12）以银行存款支付本月租入行政办公用房房租3 000元。

（13）以银行存款支付本季短期借款利息6 000元。

【要求】编制以上经济业务的会计分录。

【实训题五】

【目的】练习销售业务的核算。

【资料】海天公司2021年10月份发生的有关经济业务如下：

（1）向天天公司销售甲产品300件，单位售价200元，增值税税率13%，增值税税额7 800元，款项未收。

（2）向华为公司销售甲产品100件，单位售价200元，乙产品100件，单位售价400元，增值税税率13%，增值税税额7 800元，款项已收并存入银行。

（3）收到天天公司所欠账款67 800元并存入银行。

（4）海岩公司向本企业订购甲产品50件，收到其预付款项4 000元，存入银行。

（5）向海岩公司发出甲产品50件，单位售价200元，增值税税率13%，增值税税额1 300元。（已预收4 000元）

（6）月末，结转已售产品的实际生产成本。其中，甲产品单位生产成本140元，乙产品单位生产成本300元。

（7）月末，按税法规定计算出应缴纳的产品销售税金3 000元。

【要求】根据以上经济业务编制会计分录。

【实训题六】

【目的】练习利润形成的核算。

【资料】宝利公司2021年9月份发生如下经济业务：

（1）销售产品一批，开出普通发票，价款113 000元，货款已收并存入银行。

（2）购入甲材料一批，取得的增值税专用发票上注明的价款为20 000元，增值税2 600元，代垫运杂费100元，货款以银行存款支付，材料运至企业并验收入库。

（3）向银行借入6个月期借款100 000元，月息1.5%，按季付息。

（4）以银行存款支付到期商业汇票524 000元。

（5）收到新海公司偿还的前欠货款51 000元。

（6）职工王兴出差预借差旅费5 000元，以现金支付。

（7）以银行存款支付行政办公用房租32 000元，销售机构房租2 800元。

（8）销售材料一批，开具普通销售发票，价税合计5 650元，款项已收存银行。

（9）以现金支付给职工沈新生活困难补助4 200元。

（10）以现金3 000元捐助困难儿童学费。

（11）对违章职工罚款300元，收到现金。

（12）计提本月短期借款利息1 500元，该借款利息不符合资本化条件。

（13）结转本月入库材料的实际采购成本。

（14）结转本月销售产品实际生产成本85 000元。

（15）结转本月销售材料的实际采购成本3 800元。

（16）计提本月销售产品应交消费税12 000元。

（17）将本月各损益类账户的余额转入“本年利润”。

（18）按25%的税率计算并结转本月所得税。

【要求】编制以上经济业务的会计分录。

【实训题七】

【目的】练习财务成果的核算。

【资料】向阳公司2021年12月份发生的有关经济业务如下：

（1）接受现金捐赠24 000元，并存入银行。

（2）以银行存款31 400元支付公益性捐赠支出。

（3）销售甲产品400件，单位售价1 500元，增值税税率13%，增值税税额78 000元，款项已通过银行收讫。

（4）销售乙产品600件，单位售价800元，增值税税率13%，增值税税额62 400元，款项未收。

（5）用银行存款支付广告费2 400元。

（6）计提应由本月负担的短期借款利息4 000元。

（7）结转已售产品的实际生产成本。其中：甲产品单位生产成本1 000元，乙产品单位生产成本550元。

（8）月末，按税法规定计算出应缴纳的产品销售税金2 780元。

（9）假定税前会计利润与应税利润一致，按25%的所得税税率计算当期应缴纳的所得税税额。（不考虑递延所得税）

（10）月末将各损益类账户的本期发生额转入“本年利润”账户。

（11）按净利润的10%提取法定盈余公积。

（12）企业决定分配给投资者利润300 000元。

（13）年末，根据“本年利润”账户11月30日贷方余额800 000元和12月份净利润额计算全年实现的净利润，并将其转入“利润分配”账户。

【要求】根据以上经济业务编制会计分录。

第5章

填制和审核会计凭证

知识目标

1.了解会计凭证的意义和种类。
2.掌握原始凭证的填制和审核方法。
3.掌握记账凭证的填制和审核方法。

能力目标

1.能够填制和审核原始凭证。
2.能够填制和审核记账凭证。

思政目标

1.诚实做人，细心谨慎，不慕虚荣。
2.培养良好的语言沟通和逻辑思维能力，待人热情。

重点难点

重点：原始凭证和记账凭证的填制和审核。
难点：原始凭证和记账凭证的填制和审核。

5.1 会计凭证认知

会计核算工作程序主要包括填制和审核会计凭证、登记账簿、编制报表三个步骤，填制和审核会计凭证则是其中的起点和基础，这个环节直接关系到会计循环中以后各步骤内容的正确性。

5.1.1 会计凭证的概念和意义

1）会计凭证的概念

会计凭证是记录经济业务、明确经济责任，并作为登记账簿依据的书面证明。

任何单位在处理任何经济业务时，都必须由执行和完成该项经济业务的有关人员从单位外部取得或自行填制有关凭证，以书面形式记录和证明所发生经济业务的性质、内容、数量、金额等，并在凭证上签名或盖章，以对经济业务的合法性和凭证的真实性、完整性负责。任何会计凭证都必须经过有关人员的严格审核并确认无误后，才能作为记账的依据。

2）会计凭证的意义

合法地取得、正确地填制和审核会计凭证，是会计核算的基本方法之一，也是会计核算工作的起点。填制和审核会计凭证是会计核算的一项重要内容，在经济管理中具有重要意义：

（1）记录经济业务，提供记账依据。会计凭证是登记账簿的依据，会计凭证所记录的有关信息是否真实、可靠、及时，对于能否保证会计信息质量具有至关重要的影响。

（2）明确经济责任，强化内部控制。任何会计凭证除记录有关经济业务的基本内容外，还必须由有关部门和人员签章，对会计凭证所记录经济业务的真实性、正确性、合法性、合理性负责，以防止舞弊行为，强化内部控制。

（3）监督经济活动，控制经济运行。通过会计凭证的审核，可以检查企业的每一项经济业务是否符合国家有关政策、法律法规和制度等规定，是否符合企业计划和预算进度，是否有违法乱纪、铺张浪费等行为，监督经济活动的真实性、合法性、合理性。对于查出的问题，应积极地采取措施予以纠正，实现对经济活动的事中控制，保证经济活动健康运行。

5.1.2 会计凭证的种类

会计凭证多种多样，按其填制程序和用途的不同可以分为原始凭证和记账凭证两大类。

1）原始凭证

原始凭证又称单据，是在经济业务发生或完成时取得或填制的，用以记录或证明经济业务的发生或完成情况的原始凭据。原始凭证是会计核算的原始资料和重要依据。

2）记账凭证

记账凭证也称传票，是会计人员根据审核无误的原始凭证，按照经济业务的内容加以归类，并据以确定会计分录后所填制的会计凭证，它是登记账簿的直接依据。记账凭证又称为记账凭单，它根据复式记账法的基本原理，确定了应借、应贷的会计科目及其金额，将原始凭证中的一般数据转化为会计语言，是介于原始凭证与账簿之间的中间环节，是登记明细分类账户和总分类账户的依据。

3）原始凭证与记账凭证的区别

原始凭证和记账凭证同属于会计凭证，但两者存在着以下差别：

（1）原始凭证一般是由经办人员填制的，而记账凭证则一般是由会计人员填制的。

（2）原始凭证根据发生和完成的经济业务填制，而记账凭证根据审核后的原始凭证填制。

（3）原始凭证仅用以记录、证明经济业务已经发生或完成，而记账凭证要依据会计科目对已经发生或完成的经济业务进行归类、整理。

（4）原始凭证是填制记账凭证的主要依据，而记账凭证是登记账簿的主要依据。

5.2 填制和审核原始凭证

由于经济业务的种类和内容不同，经营管理的要求不同，原始凭证的格式和内容也千差万别。但无论何种原始凭证，都必须做到所载明的经济业务清晰，经济责任明确。

5.2.1 原始凭证的基本内容

原始凭证所包括的基本内容通常称为凭证要素，主要有：①原始凭证的名称；②原始凭证的日期及编号；③接受原始凭证的单位或个人的名称；④经济业务的基本内容（数量、单价及金额等）；⑤填制单位名称或填制人姓名；⑥经办部门及有关人员的签章；⑦原始凭证附件。

原始凭证除了应当具备上述基本内容外，还应当符合下列要求：

（1）购买实物的原始凭证，必须附有验收证明，目的是明确经济责任，保证账物相符，防止盲目采购，避免物资短缺和流失。实物验收工作由经管实物的人员负责办理，会计人员通过有关的原始凭证进行监督检查。需要入库的实物，必须填写入库验收单，由实物保管人员验收入库后在入库单上如实填写实收数额，并加盖印章。不需要入库的实物，除经办人员在凭证上签章外，必须交由实物保管人员或使用人员验收后在凭证上签章。也就是说，企业购买实物，必须由购买人以外的第三者查证核实后，会计人员才能据以入账。

（2）为防止舞弊行为的发生，支付款项的原始凭证，必须有收款单位和收款人的收款证明，不能仅以支付款项的有关证明（如银行汇款凭证等）代替。

（3）发生销货退回的，除填制退货发票外，还必须有退货验收证明；退款时，必须取得对方的收款收据或汇款银行的凭证，不能以退货发票代替收据。

（4）职工公出借款凭据，必须附在记账凭证之后。收回借款时，应当另开收据或者退还借款凭据副本，不得退还原借款凭据。

（5）经上级有关部门批准的经济业务，应当将批准文件作为原始凭证附件。

5.2.2　原始凭证的种类

1）按原始凭证来源的不同，可分为外来原始凭证和自制原始凭证

（1）外来原始凭证。它是指在经济业务发生或完成时，从其他单位或个人处直接取得的原始凭证。例如，由供货单位开具的增值税专用发票、普通发票及对外支付款项时所取得的收据都是外来原始凭证。此外，一些定额发票，如火车票、轮船票，也是外来原始凭证。其格式见表5-1和表5-2。

（2）自制原始凭证。它是指由本单位内部经办业务的部门和人员，在执行或完成某项经济业务时所填制的、仅供本单位内部使用的原始凭证。如本企业在对外销售商品时所开具的销货发票的副联（记账联）、商品或材料入库单、领料单、差旅费报销单、固定资产折旧计算表、收款收据、限额领料单以及发料凭证汇总表等。其格式见表5-3。

表5-1　　××增值税专用发票　　№

发票联　　开票日期：　年　月　日

<table>
<tr><td>购买方</td><td colspan="5">名　　称：
纳税人识别号：
地 址 、电 话：
开户行及账号：</td><td>密码区</td><td colspan="3"></td></tr>
<tr><td colspan="2">货物或应税劳务、服务名称</td><td>规格型号</td><td>单位</td><td>数量</td><td>单价</td><td>金　额</td><td>税率</td><td colspan="2">税　额</td></tr>
<tr><td colspan="2">合计</td><td></td><td></td><td></td><td></td><td></td><td></td><td colspan="2"></td></tr>
<tr><td colspan="2">价税合计（大写）</td><td colspan="8">（小写）</td></tr>
<tr><td>销售方</td><td colspan="6">名　　称：
纳税人识别号：
地 址 、电 话：
开户行及账号：</td><td>备注</td><td colspan="2"></td></tr>
</table>

第二联：抵扣联　购买方扣税凭证

收款人：　　复核：　　开票人：　　销售方：（章）

表5-2　　统一收据

20××年×月×日　　No.

今收到＿＿＿＿＿＿＿＿＿＿＿＿＿＿＿＿

交来＿＿＿＿＿＿＿＿＿＿＿＿＿＿＿＿

人民币（大写）＿＿＿＿＿＿＿＿＿＿＿¥＿＿＿＿＿

收款单位＿＿＿＿＿＿＿＿＿＿＿＿收款人＿＿＿＿＿

（公章）　　（签章）

第二联　收据

表 5-3　　领料单

领料单位：××车间　　20××年×月×日　　编号：

用　　途：修理设备　　仓库：

材料编号	材料名称及规格	计量单位	数量		价格		备注
			请领	实领	单价	金额	

领料单位负责人：　　领料人：　　发料人：　　制单：

不论是外来原始凭证还是自制原始凭证，只要能证明经济业务已经执行或已经完成，经过审核后即可作为会计记账的依据。凡是不能证明经济业务已经执行或已经完成的文件，如材料请购单等，因其表明的是预期的经济业务，不属于原始凭证，因而不能单独作为会计记账的依据。

2）按原始凭证的填制方法不同，可分为一次凭证、累计凭证和汇总原始凭证

（1）一次凭证。它是指一次填制完成，只反映一项经济业务，或者同时反映若干项同类性质的经济业务的原始凭证。一次凭证是一次有效的凭证，如收据、发货票、借款单、收料单、领料单等都是一次凭证。

（2）累计凭证。它是指在一定时期内多次记录发生的同类型经济业务的原始凭证。其特点是，在一张凭证内可以连续登记相同性质的经济业务，随时结出累计数及结余数，并按照费用限额进行费用控制，期末按实际发生额记账。累计凭证是多次有效的原始凭证。具有代表性的累计凭证是限额领料单，其格式见表 5-4。

表 5-4　　限额领料单

领料部门：　　发料仓库：

用　　途：　　年　月　日　　编　　号：

材料类别	材料编号		材料名称及规格	计量单位	领用限额	实际领用	单价	金额	备注
日期	请领		实发			限额结余	退库		
	数量	领料单位盖章	数量	发料人	领料人		数量	退库单编号	
合计									

供应部门负责人：　　生产计划部门负责人：　　仓库负责人：

（3）汇总原始凭证。它也称原始凭证汇总表，是指对一定时期内反映经济业务内容相同的若干张原始凭证，按照一定标准综合填制的原始凭证。汇总原始凭证合并了同类型经济业务，减少了记账工作量。

常用的汇总原始凭证有：发料凭证汇总表、工资结算汇总表、差旅费报销单等。发料凭证汇总表的格式见表5-5。

表5-5　发料凭证汇总表

年　月

<table>
<tr><th colspan="2">会计科目</th><th>领料部门</th><th>原材料</th><th>燃料</th><th>合计</th></tr>
<tr><td rowspan="6">生产成本</td><td rowspan="3">基本生产车间</td><td>一车间</td><td></td><td></td><td></td></tr>
<tr><td>二车间</td><td></td><td></td><td></td></tr>
<tr><td>小计</td><td></td><td></td><td></td></tr>
<tr><td rowspan="3">辅助生产车间</td><td>供电车间</td><td></td><td></td><td></td></tr>
<tr><td>供水车间</td><td></td><td></td><td></td></tr>
<tr><td>小计</td><td></td><td></td><td></td></tr>
<tr><td colspan="2" rowspan="3">制造费用</td><td>一车间</td><td></td><td></td><td></td></tr>
<tr><td>二车间</td><td></td><td></td><td></td></tr>
<tr><td>小计</td><td></td><td></td><td></td></tr>
<tr><td colspan="3">合计</td><td></td><td></td><td></td></tr>
</table>

会计主管：　　　　　　　复核：　　　　　　　制表：

值得注意的是，有些凭证不是原始凭证，由于它们不能证明经济业务已经发生或其完成情况，因而不能作为编制记账凭证和登记账簿的依据，如用工计划表、材料请购单、经济合同、银行存款余额调节表、派工单等。

3）原始凭证按照格式不同，可以分为通用凭证和专用凭证

（1）通用凭证。它是指由有关部门统一印制、在一定范围内使用的具有统一格式和使用方法的原始凭证。通用凭证的使用范围，因制作部门不同而异。可以是某一地区、某一行业通用，也可以是全国通用。如某省（市）印制的发货票、收据等，在该省（市）通用；由中国人民银行制作的银行结算凭证，在全国通用等。

（2）专用凭证。专用凭证是指由单位自行印制、仅在本单位内部使用的原始凭证，如领料单、差旅费报销单、折旧计算表、工资费用分配表等。

原始凭证的各种分类之间互有交叉，例如，累计凭证、汇总原始凭证和专用凭证也必定是自制原始凭证；一次凭证和通用凭证一般都是外来原始凭证。

5.2.3 原始凭证的填制要求

原始凭证是编制记账凭证的依据，是会计核算最基础的原始资料。要保证会计核算工作的质量，必须从保证原始凭证的质量做起，正确填制原始凭证。具体地说，原始凭证的填制必须符合下列要求：

1）记录要真实

记录真实，就是要实事求是地填写经济业务，原始凭证填制的日期、业务内容、数量、金额等必须与实际情况一致，不得歪曲经济业务真相、弄虚作假。对于实物数量、质量和金额的计算，要准确无误，不得匡算或估计，确保凭证所记录的内容真实可靠。

2）内容要完整

原始凭证上各项内容要逐项填制齐全，不得遗漏和简略。年、月、日要按照原始凭证的实际日期填写；名称要齐全，不能简化；品名或用途要填写明确，不能含糊不清；需要填写一式数联的原始凭证，必须用复写纸套写，各联的内容必须完全相同，联次不得缺少；业务经办人员必须在原始凭证上签名或盖章，对凭证的真实性和正确性负责。

3）手续要完备

单位自制的原始凭证必须附有经办单位领导或其他指定人员的签名盖章；对外开出的原始凭证必须加盖本单位公章；从外部取得的原始凭证，必须盖有填制单位的公章；从个人处取得的原始凭证，必须有填制人员的签名盖章。这里所说的“公章”，是指具有法律效力和特定用途，能够证明单位身份和性质的印鉴，包括业务公章、财务专用章、发票专用章、结算专用章等。

4）书写要清楚、规范

填写原始凭证要字迹清晰，易于辨认，不得使用未经国务院公布的简化汉字。大小写金额必须相符且填写规范。原始凭证数字及文字填写应注意以下几点：

（1）汉字大写金额数字应用正楷或行书体填写，如壹、贰、叁、肆、伍、陆、柒、捌、玖、拾、佰、仟、万、亿、元、角、分、零、整（或正）。不得用一、二（两）、三、四、五、六、七、八、九、十、毛、另（或〇）填写，不得自造简化字。

（2）中文大写金额到元或角为止的，后面要写“整”（或“正”）字，大写金额数字有“分”的，“分”后面不写“整”（或“正”）字。

（3）中文大写金额数字前应标明“人民币”字样，大写数字应紧接“人民币”字样填写。未印“人民币”字样的，应加填“人民币”三个字。

（4）小写金额用阿拉伯数字逐个填写。阿拉伯小写金额数字前面，均应填写人民币符号“¥”，不得写连笔字，人民币符号“¥”与阿拉伯数字之间不得留有空白。金额数字一律填写到角分，无角分的，写“00”或符号“—”。有角无分的，分位写“0”，不得用符号“—”代替。

（5）阿拉伯数字中间有“0”时，中文大写金额要写“零”字。如小写金额为

¥1 409.50，大写金额应写成“人民币壹仟肆佰零玖元伍角正”；如小写金额为¥1 609.02，大写金额应写成“人民币壹仟陆佰零玖元零贰分”；如小写金额为¥345.04，大写金额应写成“人民币叁佰肆拾伍元零肆分”。

（6）阿拉伯数字中间连续有几个“0”时，中文大写金额中间可以只写一个“零”字。如小写金额为¥6 007.14，大写金额应写成“人民币陆仟零柒元壹角肆分”。但阿拉伯数字万位或元位是“0”而千位和角位不是“0”时，中文大写金额中可以只写一个“零”字，也可以不写“零”字。如小写金额为¥1 680.32，大写金额可写成“人民币壹仟陆佰捌拾元零叁角贰分”，或者写成“人民币壹仟陆佰捌拾元叁角贰分”；如小写金额为¥107 000.53，大写金额可写成“人民币壹拾万柒仟元零伍角叁分”，或者写成“人民币壹拾万零柒仟元伍角叁分”。

（7）现行结算票据的出票日期必须使用中文大写。为防止篡改票据的出票日期，在填写月、日时，月为壹、贰和壹拾的，日为壹至玖和壹拾、贰拾和叁拾的，应在其前加“零”；日为拾壹至拾玖的，应在其前加“壹”。如1月15日，应写成“零壹月壹拾伍日”；10月20日，应写成“零壹拾月零贰拾日”。票据出票日期未使用中文大写填写的，银行不予受理。

5）编号要连续

各种原始凭证要连续编号，以便查考。有些凭证已预先印定编号，特别是涉及库存现金、银行存款收付的原始凭证，如发票、收据、支票，都有连续编号，应按编号连续使用。这类凭证如有填写错误，应予以作废并重填，并在填错的凭证上加盖“作废”戳记，与存根一起保存，不得任意销毁。

6）不得涂改、刮擦、挖补

原始凭证发生差错要按规定的方法更正，不得涂改、刮擦、挖补。原始凭证有错误的，应当由出具单位重开或更正，更正处应当加盖出具单位印章。原始凭证金额有错误的，应当由出具单位重开，不得在原始凭证上更正。

7）填制要及时

每笔经济业务发生或完成时，经办人员必须及时取得或填制原始凭证，并按照规定的程序及时送交会计部门审核、记账，不能提前，也不能事后补办，做到不积压、不误时、不事后补制。

5.2.4　常用原始凭证的填制方法

由于各种凭证的内容和格式千差万别，原始凭证的填制方法也不同。

1）增值税专用发票的填制

增值税专用发票是一般纳税人于销售货物（或提供应税劳务或服务）时开具的销货发票，购货单位向一般纳税人购货应取得增值税专用发票，其格式见表5-6。

表 5-6　　××增值税专用发票　　№ 00041356687

抵扣联　　开票日期：2020年6月12日

<table>
<tr><td rowspan="4">购买方</td><td colspan="5">名　　称：联华商厦</td><td rowspan="4">密码区</td><td colspan="3" rowspan="4"></td></tr>
<tr><td colspan="5">纳税人识别号：916812059900753531</td></tr>
<tr><td colspan="5">地 址 、电 话：上海路21号　68521456</td></tr>
<tr><td colspan="5">开户行及账号：工行开发区支行　02556677</td></tr>
<tr><td colspan="2">货物或应税劳务、服务名称</td><td>规格型号</td><td>单位</td><td>数量</td><td>单价</td><td colspan="2">金　额</td><td>税率</td><td>税　额</td></tr>
<tr><td colspan="2">A产品</td><td></td><td>件</td><td>200</td><td>50</td><td colspan="2">1 000 000</td><td>13%</td><td>130 000</td></tr>
<tr><td colspan="2">合计</td><td></td><td></td><td></td><td></td><td colspan="2">¥1 000 000</td><td></td><td>¥130 000</td></tr>
<tr><td colspan="2">价税合计（大写）</td><td colspan="8">⊗壹万壹仟叁佰元整　　（小写）¥11 300.00</td></tr>
<tr><td rowspan="4">销售方</td><td colspan="6">名　　称：正大有限责任公司</td><td rowspan="4">备注</td><td colspan="2" rowspan="4"></td></tr>
<tr><td colspan="6">纳税人识别号：917409223663456789</td></tr>
<tr><td colspan="6">地 址 、电 话：邯郸路52号　53214780</td></tr>
<tr><td colspan="6">开户行及账号：工行河大路支行　32456888</td></tr>
</table>

第二联：抵扣联　购买方扣税凭证

收款人：　　复核：　　开票人：　　销售方：（章）

2）普通发票的填制

普通发票是向消费者个人销售货物（或提供应税劳务或服务）或者向小规模纳税人销售货物（或提供应税劳务或服务）而由销货方开具的发票。填制普通发票首先要写清购货单位的名称全称。然后按凭证格式和内容逐项填列齐全。其格式见表5-7。

表 5-7　　××增值税普通发票　　№ 12671828

5300178617

12888844

开票日期：2020年12月13日

<table>
<tr><td rowspan="4">购买方</td><td colspan="5">名　　称：贵州兴隆房地产开发有限公司</td><td rowspan="4">密码区</td><td colspan="3" rowspan="4"></td></tr>
<tr><td colspan="5">纳税人识别号：91520160013214241T</td></tr>
<tr><td colspan="5">地 址 、电 话：贵州省贵阳市云岩区解放路5号 0851-5233888</td></tr>
<tr><td colspan="5">开户行及账号：中国农业银行贵阳市北城支行 511785270043991</td></tr>
<tr><td colspan="2">货物或应税劳务、服务名称</td><td>规格型号</td><td>单位</td><td>数量</td><td>单价</td><td colspan="2">金　额</td><td>税率</td><td>税　额</td></tr>
<tr><td colspan="2">塑钢窗</td><td></td><td>平方米</td><td>168</td><td>355</td><td colspan="2">59 640.00</td><td>3%</td><td>1 789.20</td></tr>
<tr><td colspan="2">合计</td><td></td><td></td><td></td><td></td><td colspan="2">¥59 640.00</td><td></td><td>¥1 789.20</td></tr>
<tr><td colspan="2">价税合计（大写）</td><td colspan="8">⊗陆万壹仟肆佰贰拾玖元贰角整　　（小写）¥61 429.20</td></tr>
<tr><td rowspan="4">销售方</td><td colspan="6">名　　称：春和门窗有限公司</td><td rowspan="4">备注</td><td colspan="2" rowspan="4"></td></tr>
<tr><td colspan="6">纳税人识别号：915201666666454U34</td></tr>
<tr><td colspan="6">地 址 、电 话：云南省春和市东拓区康城路185号 0871-65888888</td></tr>
<tr><td colspan="6">开户行及账号：华夏银行春和市浅水支行 1075800000888888</td></tr>
</table>

第一联：记账联　销售方记账凭证

收款人：　　复核：　　开票人：　　销售方：（章）

3）收料单的填制

收料单是在材料物资验收入库时填制的凭证，一般一式三联，一联验收人员留存，一联交仓库保管人员据以登记明细账，一联连同发票交财会部门办理结算。其格式见表5-8。

表5-8　收　料　单

供货单位：南方化工公司　　凭证编号：029

发票号码：0012　　2021年10月12日　　收料仓库：1号

材料名称	材料规格	材料编号	计量单位	数量		价格		
				应收	实收	单价	金额（元）	
甲酯		010	千克	10	10	60	600.00	第一联
备注						合计	¥600.00	

仓库负责人：　　记账：　　仓库保管：　　收料：

4）领料单的填制

为了便于分类汇总，领料单要“一料一单”地填制，即一种原材料填写一张单据。领用原材料需经领料车间负责人批准，方可填制领料单；领料单位负责人、领料人、发料人均需在领料单上签章，无签章或签章不全的均属无效，不能作为记账的依据。领料单一般一式三联，一联留发料仓库记账，一联交领料人，一联交财会部门记账。其格式见表5-9。

表5-9　领　料　单

领料部门：乙车间　　凭证编号：029

用　　途：生产B产品　　2021年12月16日　　发料仓库：1号

材料编号	材料名称及规格	计量单位	数量		价格		
			请领	实领	单价	金额（元）	
4	棉纱	千克	50	50	10	500.00	第一联
备注					合计	¥500.00	

领料单位负责人：　　领料人：　　发料人：　　制单：

5）限额领料单的填制

限额领料单是多次使用的累计领发料凭证。在有效期内，只要领用数量不超过限额就可以连续使用。限额领料单是由生产计划部门根据下达的生产任务和材料消耗定额按每种材料用途分别开出，一式两联，一联交仓库据以发料，一联交领料部门据以领料。领料部门领料时，在该单内注明请领数量，经负责人签章批准后，持往仓库领料。仓库发料时，根据材料的品名、规格在限额内发料，同时将实发数量及限额结余填写在限额领料单内，领发料双方在单内签章。月末在此单内结出实发数量和金额并转交会计部门，据以计算材料费用，并作账务处理。其格式见表5-10。

表5-10 限额领料单

领料部门：加工车间　　　　编　　号：032

用　　途：乙产品　　　　2021年9月　　　　发料仓库：1号

材料类别	材料编号	材料名称及规格	计量单位	领用限额	实际领用	单价（元）	金额（元）	备注
B	1302	圆钢Φ30mm	千克	100	95	25	2 375	
日期	请领		实发			限额结余	退库	
	数量	领料部门盖章	数量	发料人	领料人		数量	退库单编号
3日	20	张超	20	马林	李新	80		
10日	30	张超	30	马林	李新	50		
15日	15	张超	15	马林	李新	35		
20日	20	张超	20	马林	李新	15		
25日	10	张超	10	马林	李新	5		
合计	95		95					

供应部门负责人：　　　　生产计划部门负责人：　　　　仓库负责人：

6）发料凭证汇总表的填制

发料凭证汇总表是汇总原始凭证，是由会计人员根据各部门到仓库领用材料的领料单定期汇总编制的，其目的是简化登账手续。其格式见表5-11。

表5-11 发料凭证汇总表

2021年12月31日　　　　单位：元

会计科目		领料部门	原材料	燃料	合计
生产成本	基本生产车间	一车间	4 000	500	4 500
		二车间	2 000	800	2 800
		小计	6 000	1 300	7 300
	辅助生产车间	供电车间	500	200	700
		供水车间	400	100	500
		小计	900	300	1 200
制造费用		一车间	700	300	1 000
		二车间	600	200	800
		小计	1 300	500	1 800
合计			8 200	2 100	10 300

会计主管：　　　　复核：　　　　制表：

7）支票的填制

支票是出票人签发的，委托办理支票存款业务的银行或者其他金融机构，在见票时无条件支付确定的金额给收款人或者持票人的票据。支票分为现金支票和转账支票两种。现金支票可以提取现金，转账支票只能用于转账。支票应按规定程序申领，经审批后按要求内容填写齐全，支票填完后，沿虚线剪掉支票存根，作为记账的原始凭证。

填写支票时应注意大小写金额要一致，收款人和用途等内容要填写清楚、完整。现金支票的格式见表5-12。

表5-12　　　　现金支票

<table>
<tr>
<td>
中国××银行现金支票存根
支票号码 No.2452787
附加信息________
____
____
____
出票日期　2022年1月12日
<table>
<tr><td>收款人：兴达公司</td></tr>
<tr><td>金　额：¥600 000.00</td></tr>
<tr><td>用　途：备发工资</td></tr>
<tr><td>备　注：</td></tr>
</table>
单位主管　　　会计
</td>
<td>本
支
票
付
款
期
十
天</td>
<td>
中国××银行现金支票　　No.2452787
出票日期（大写）贰零贰贰年零壹月壹拾贰日
付款行名称：新海支行
收款人：兴达公司　　　出票人账号：405123456789
<table>
<tr><td rowspan="2">人民币
（大写）</td><td rowspan="2">陆拾万元整</td><td>千</td><td>百</td><td>十</td><td>万</td><td>千</td><td>百</td><td>十</td><td>元</td><td>角</td><td>分</td></tr>
<tr><td></td><td>¥</td><td>6</td><td>0</td><td>0</td><td>0</td><td>0</td><td>0</td><td>0</td><td>0</td></tr>
</table>
用途：备发工资
上列款项请从我账户内支付

出票人签章　　　复核　　　记账
</td>
</tr>
</table>

8）借款单的填制

借款单是单位内部所属机构为购买零星办公用品或职工因公出差等原因借款时使用的借款凭证。借款人经借款单位（或有关部门）领导批准填写借款单，并送交财会部门办理借款手续，财会部门对借款单审核无误后给予借款，支付现金或开现金支票由借款人去银行提现。借款单一般一式三联，一联留存，一联交会计，一联交借款人作为回执。其格式见表5-13。

表5-13　　　　借　款　单

2021年11月28日

<table>
<tr><td>部　门</td><td colspan="2">供应科</td><td colspan="2">借款事由</td><td colspan="2">去青海采购材料</td></tr>
<tr><td>借款金额</td><td colspan="6">金额（大写）伍仟元整　　¥5 000.00</td></tr>
<tr><td>批准金额</td><td colspan="6">金额（大写）伍仟元整　　¥5 000.00</td></tr>
<tr><td>领导</td><td>同意　王海</td><td>财务主管</td><td colspan="2">同意　李庄</td><td>借款人</td><td>刘利</td></tr>
</table>

现金付讫

9）收款收据的填制

收款收据一般适用于单位内部职能部门或与职工之间的现金及与外部单位和个人之间的非经营性现金往来，比如职工向单位缴纳房租、向单位交回预借多余款等。收款收据一般由单位根据自己的需要设计印制或向商店购买，不必到税务部门领购。收款单位根据交款人交来的款项填写收据，写明交款单位（人）、交款的事由和数额；当面清点交款数额后，将收据交给交款人收存。收款收据一般一式三联，一联为存根联，一联交交款人，一联交会计记账。其格式见表5-14。

表5-14 收款收据

2021年12月15日 NO.3803516

交款单位或交款人	王梅	收款方式	现金	第三联
事由 收回差旅费余款 人民币（大写）柒佰元整 ¥700.00			备注：	

收款单位（盖章）： 收款人（签章）：马林

5.2.5 原始凭证的审核

为如实反映经济业务的发生和完成情况，充分发挥会计的监督职能，保证会计信息的真实性、可靠性和正确性，会计机构、会计人员必须对原始凭证进行严格审核，具体包括：

1）审核原始凭证的真实性

对原始凭证真实性的审核主要指审核凭证日期是否真实、业务内容是否真实、数据是否真实等。对外来原始凭证，必须有填制单位公章和填制人员签章；对自制原始凭证，必须有经办部门和经办人员的签名或盖章。

2）审核原始凭证的合法性

合法性审核主要是审核原始凭证上记载的经济业务是否符合国家的政策法令、制度办法等规定，是否履行了规定的凭证传递和审核程序，是否有贪污腐化等行为。

3）审核原始凭证的合理性

合理性审核主要是审核原始凭证所记载的经济业务是否符合企业生产经营活动的需要，是否符合有关的计划和预算等。

4）审核原始凭证的完整性

完整性审核主要是审核原始凭证格式是否符合规定要求，各项要素是否齐全，内容是否完整，有关人员签章是否齐全，凭证联次是否正确等。如果手续不完备，应由经办人员补办。

5）审核原始凭证的正确性

正确性审核主要是审核原始凭证各项数字金额的计算及填写是否正确，大小写金额是否一致，数字和文字的书写是否清楚，有无刮、擦、挖、补等涂改或伪造现象。

6）审核原始凭证的及时性

原始凭证的及时性是保证会计信息质量的基础。为此，要求在经济业务发生或完成时及时填制有关原始凭证，及时进行凭证的传递。

原始凭证的审核是一项十分重要、严肃的工作，经审核的原始凭证应根据不同情况处理：

（1）对完全符合要求的原始凭证，应及时据以编制记账凭证入账。

（2）对真实、合法、合理但内容不完整、手续不完备、填写有错误的原始凭证，应当退还给有关经办人员，并责令其补办手续或进行更正。

（3）对不真实、不合法的原始凭证，会计机构、会计人员有权不予接受，并向单位负责人报告。

5.3　填制和审核记账凭证

记账凭证是会计人员根据审核无误的原始凭证及有关资料，按照经济事项的内容加以归类，借助借贷记账法确定会计分录后所填制的会计凭证。它是登记会计账簿的直接依据。

5.3.1　记账凭证的基本内容

记账凭证作为登记账簿的依据，因其所反映经济业务的内容不同、各单位规模大小及对会计核算繁简程度的要求不同，其格式亦有所不同。为了满足记账的基本要求，记账凭证必须具备以下基本内容：

（1）记账凭证的名称。

（2）填制记账凭证的日期。

（3）记账凭证的编号。

（4）经济业务事项的内容摘要。

（5）经济业务事项所涉及的会计科目（包括一级科目、二级或明细科目）、记账方向和金额。

（6）记账标记。

（7）所附原始凭证的张数。

（8）会计主管、审核、制单、记账人员的签章以及出纳人员在收付款凭证上的签章。

5.3.2　记账凭证的种类

1）按经济业务内容分类

按经济业务内容不同，记账凭证可以分为收款凭证、付款凭证和转账凭证。

（1）收款凭证。收款凭证是指用于记录现金和银行存款收款业务的记账凭证。收款凭证又可分为：现金收款凭证和银行存款收款凭证，分别根据现金或银行存款收入业务的原始凭证填制，是登记库存现金日记账、银行存款日记账以及有关明细账和总账等账簿的依据。收款凭证的一般格式见表5-15。

表5-15　　收款凭证

借方科目：库存现金　　2022年4月5日　　现收字第3号

摘　要	贷方总账科目	明细科目	金　额								记账
			十	万	千	百	十	元	角	分	
收回余款	其他应收款	王强					5	0	0	0	
合　计						¥	5	0	0	0	

附件1张

会计主管：丁放　　记账：杨丽　　审核：丁峰　　出纳：李敏　　制单：张亮

（2）付款凭证。它是指用于记录现金和银行存款付款业务的记账凭证。付款凭证又可分为现金付款凭证和银行存款付款凭证，分别根据现金或银行存款付款的原始凭证填制，是登记库存现金日记账、银行存款日记账以及有关明细账和总账等账簿的依据。付款凭证的一般格式见表5-16。为避免凭证重复，对于两类货币资金之间的划转业务（如将现金送存银行，或从银行提取现金）一般只编制付款凭证，不编制收款凭证。

表5-16　　付款凭证

贷方科目：银行存款　　2022年4月6日　　银付字第31号

摘　要	借方总账科目	明细科目	金　额								记账
			十	万	千	百	十	元	角	分	
提现金，以备零星用	库存现金			2	0	0	0	0	0	0	
合　计			¥	2	0	0	0	0	0	0	

附件1张

会计主管：丁放　　记账：杨丽　　审核：丁峰　　出纳：李敏　　制单：张亮

（3）转账凭证。它是指用于记录不涉及现金和银行存款业务的记账凭证。转账凭证应根据有关转账业务的原始凭证编制，作为登记有关明细账和总账等账簿的依据。转账凭证的一般格式见表5-17。

表5-17　　　　转账凭证

2022年4月9日　　　　转字第2号

摘要	总账科目	明细科目	记账	借方金额										贷方金额									
				千	百	十	万	千	百	十	元	角	分	千	百	十	万	千	百	十	元	角	分
领用材料投入生产	生产成本	甲产品					1	5	0	0	0	0	0										
	原材料	A材料															1	5	0	0	0	0	0
合计						¥	1	5	0	0	0	0	0			¥	1	5	0	0	0	0	0

附件1张

会计主管：丁放　　记账：杨丽　　审核：丁峰　　制单：张亮

收款凭证、付款凭证和转账凭证，都是按交易或事项的某种特定属性定向使用的记账凭证，因此都属于专用记账凭证。业务类型比较少、业务量也较少的单位，也可以采用通用记账凭证。通用记账凭证是各类交易或事项（包括收款、付款和转账业务）共同使用的记账凭证。通用记账凭证的一般格式见5-18。

表5-18　　　　通用记账凭证

2022年4月30日　　　　记字第60号

摘要	总账科目	明细科目	记账	借方金额										贷方金额									
				千	百	十	万	千	百	十	元	角	分	千	百	十	万	千	百	十	元	角	分
结转完工产品成本	库存商品	甲产品	√				3	6	0	0	0	0	0										
	生产成本	甲产品	√														3	6	0	0	0	0	0
合计						¥	3	6	0	0	0	0	0			¥	3	6	0	0	0	0	0

附件1张

会计主管：孙一　　记账：李亚　　出纳：　　复核：孙科　　制单：吴云

2）按照填列方式分类

记账凭证按照填列方式的不同，又可分为复式记账凭证和单式记账凭证。

（1）复式记账凭证。它是指将每一笔经济业务所涉及的全部会计科目及其发生额均在同一张记账凭证中反映的一种凭证。它是实际工作中应用最普遍的记账凭证。上述收款凭证、付款凭证和转账凭证以及通用记账凭证均为复式记账凭证。复式记账凭证全面反映了经济业务的账户对应关系，有利于检查会计分录的正确性，但不便于会计岗位上的分工记账。

（2）单式记账凭证。它是指每张记账凭证只填列经济业务所涉及的一个会计科目及其金额的记账凭证。填列借方科目的称为借项凭证，填列贷方科目的称为贷项凭证。某项经济业务涉及几个会计科目，就编制几张单式记账凭证。单式记账凭证反映内容单一，便于分工记账，便于按会计科目汇总，但一张凭证不能反映每一笔经济业务的全貌，不便于检验会计分录的正确性。其格式见表5-19和表5-20。

表5-19　　借项记账凭证

对方科目：　　　　年　月　日　　　　编号：

摘要	一级科目	二级或明细科目	金额	记账

附件　张

会计主管：　　记账：　　审核：　　出纳：　　制单：

表5-20　　贷项记账凭证

对方科目：　　　　年　月　日　　　　编号：

摘要	一级科目	二级或明细科目	金额	记账

附件　张

会计主管：　　记账：　　审核：　　出纳：　　制单：

5.3.3　记账凭证的填制

微课5-1

记账凭证的填制（1）

填制记账凭证是会计核算工作的重要环节。记账凭证可以根据每一张原始凭证单独填制，也可以根据反映同类经济业务的若干张原始凭证汇总填制，或者直接根据汇总原始凭证填制，但不得将不同内容和类别的原始凭证汇总填制在一张记账凭证上。另外，用于调整、结账和更正错误的记账凭证可以根据有关账簿记录填制。无论是原始凭证、汇总原始凭证，还是账簿记录，都须经审核无误后，才能作为填制记账凭证的依据，以免发生差错。

1）专用记账凭证的填制方法

（1）收款凭证的填制方法。收款凭证是根据有关现金和银行存款收款业务的原始凭证填制的。凡是引起现金、银行存款增加的业务（现金、银行存款相互划转业务除外），都要根据现金、银行存款增加的原始凭证，编制现金、银行存款的收款凭证；出纳人员对于已经收款的收款凭证及其所附的各种原始凭证，都要加盖“收讫”的戳记，以免重收。

该凭证左上角的“借方科目”按收款的性质填写“库存现金”或“银行存款”；“日期”填写的是编制本凭证的日期；右上角填写编制收款凭证的顺序号；“摘要”填写对所记录的经济业务的简要说明；“贷方科目”填写与收入现金或银行存款相对应的会计科目；“金额”是指该项经济业务的发生额；“记账”是指该凭证已登记账簿的标记，防止经济业务重记或漏记；该凭证右边“附件×张”是指本记账凭证所附原始凭证的张数；最下边分别由有关人员签章，以明确经济责任。

工作实例 5-1

某企业2022年5月28日销售货物一批，价款20 000元，增值税税额为2 600元，收到22 600元并存入银行。请编制会计分录并填制银行存款收款凭证。

工作实例 5-1

解析

（2）付款凭证的编制方法。付款凭证，是根据有关现金和银行存款付款业务的原始凭证填制的。凡是引起现金、银行存款减少的业务，都要根据现金、银行存款减少的原始凭证，编制现金、银行存款的付款凭证。

付款凭证的编制方法与收款凭证基本相同，只是左上角由“借方科目”换为“贷方科目”，凭证中间的“贷方科目”换为“借方科目”。

工作实例 5-2

某企业2022年7月28日购入材料一批，买价10 000元，增值税税额1 300元，开出支票一张支付购料款11 300元。

该项业务发生后，使得企业的银行存款减少11 300元，同时，原材料增加10 000元，增值税进项税额增加1 300元。编制会计分录如下：

借：原材料　　10 000

　　应交税费——应交增值税（进项税额）　　1 300

　贷：银行存款　　11 300

由于这项经济交易使得企业的银行存款减少，因而，出纳人员根据审核无误的原始凭证填制银行存款付款凭证，其内容与格式见表5-21。

表5-21　付款凭证

贷方科目：银行存款　　2022年7月28日　　银付字第1号

摘要	借方科目		金额											记账
	总账科目	明细科目	亿	千	百	十	万	千	百	十	元	角	分	
购入材料一批	原材料						1	0	0	0	0	0	0	
	应交税费	应交增值税（进项税额）						1	3	0	0	0	0	
合计						¥	1	1	3	0	0	0	0	

附件2张

会计主管：王某　记账：李某　出纳：赵某　审核：姜某　制单：刘某

出纳人员应根据会计人员审核无误的收款凭证和付款凭证办理收付款业务。出纳人员在根据付款凭证付款时，要在凭证上加盖“付讫”的戳记，以免重付。

微课 5-2

记账凭证的填制（2）

工作实例 5-3

2022 年 8 月 25 日，企业将当日多余的现金 48 000 元存入银行。应编制一张现金付款凭证，其内容及格式见表 5-22。

表 5-22

付款凭证

贷方科目：库存现金　　　　2022 年 8 月 25 日　　　　现付字第 2 号

摘　要	借方科目		金　额											记账
	总账科目	明细科目	亿	千	百	十	万	千	百	十	元	角	分	
将现金存入银行	银行存款						4	8	0	0	0	0	0	
合　计						¥	4	8	0	0	0	0	0	

附件 1 张

会计主管：王某　　记账：李某　　出纳：赵某　　审核：姜某　　制单：刘某

（3）转账凭证的编制方法。该凭证将经济业务中所涉及的全部会计科目，按照先借后贷的顺序记入会计科目栏中的一级科目和二级或明细科目，并按应借、应贷方向分别记入“借方金额”或“贷方金额”栏。其他项目的填列与收、付款凭证相同。

工作实例 5-4

某企业 2021 年 9 月 30 日计提当月折旧 30 000 元，其中生产车间计提折旧 21 000 元，厂部管理部门计提折旧 9 000 元。

该项业务发生后，企业因计提折旧，制造费用增加 21 000 元，管理费用增加 9 000 元。同时，累计折旧增加 30 000 元。编制会计分录如下：

借：制造费用　　21 000

　　管理费用　　9 000

　贷：累计折旧　　30 000

该项业务属于不涉及现金和银行存款的转账业务，因此，会计人员根据折旧计算表填制转账凭证，其内容与格式见表 5-23。

表 5-23

转账凭证

2021 年 9 月 30 日　　　　转字第 1 号

摘　要	总账科目	明细科目	借方金额											贷方金额											记账
			亿	千	百	十	万	千	百	十	元	角	分	亿	千	百	十	万	千	百	十	元	角	分	
计提本月折旧	制造费用						2	1	0	0	0	0	0												
	管理费用							9	0	0	0	0	0												
	累计折旧																	3	0	0	0	0	0	0	
合　计						¥	3	0	0	0	0	0	0				¥	3	0	0	0	0	0	0	

附件 1 张

会计主管：王某　　记账：李某　　审核：姜某　　制单：刘某

在同一项经济业务中，如果既有现金或银行存款的收付业务，又有转账业务，应相应地填制收、付款凭证和转账凭证。

工作实例 5-5

解析

工作实例 5-5

2021年9月10日王斌出差回来，报销差旅费900元，出差前预借差旅费1 000元，剩余款项交回现金100元。请编制相关会计分录并二进制收款凭证和转账凭证。

2）通用记账凭证的填制方法

通用记账凭证是用以记录各种经济业务的凭证。采用通用记账凭证的经济单位，不再根据经济业务的内容分别填制收款凭证、付款凭证和转账凭证，而是将所发生的各种经济业务填制在一种通用格式的记账凭证中。其登记方法与转账凭证类似。

工作实例 5-6

光明公司2022年3月12日从银行提取现金400 000元备发工资。根据该笔经济业务的原始凭证填制通用记账凭证，见表5-24。

表5-24　通用记账凭证

2022年3月12日　　　　凭证编号：

摘要	总账科目	明细科目	记账	借方金额										记账	贷方金额									
				千	百	十	万	千	百	十	元	角	分		千	百	十	万	千	百	十	元	角	分
提取现金	库存现金					4	0	0	0	0	0	0	0											
	银行存款																4	0	0	0	0	0	0	0
合计					¥	4	0	0	0	0	0	0	0			¥	4	0	0	0	0	0	0	0

附件1张

会计主管：　　记账：　　审核：　　出纳：　　制单：

3）单式记账凭证的填制方法

单式记账凭证按一项经济业务所涉及的每个会计科目单独填制一张记账凭证，每张记账凭证中只登记一个会计科目。一项经济业务的会计分录涉及几个会计科目，就填写几张记账凭证，其中借方账户填入借项记账凭证，贷方账户填入贷项记账凭证。为了保持会计科目间的对应关系，便于核对，在填制一笔会计分录时编一个总号，再按凭证张数编几个分号。例如某月发生的第4笔经济业务涉及3张记账凭证，则记账凭证的编号分别为$4\frac{1}{3}$、$4\frac{2}{3}$、$4\frac{3}{3}$。

工作实例 5-7

解析

工作实例 5-7

某企业2022年3月19日出售A产品一批，售价20 000元，增值税销项税额2 600元，收到的款项存入银行。请编制相关会计分录并填制“借项记账凭证”和“贷项记账凭证”。

5.3.4 记账凭证填制的要求

1）记账凭证填制的基本要求

（1）审核无误，即在对原始凭证审核无误的基础上填制记账凭证。

（2）内容完整，即记账凭证应该包括的内容都要具备。

（3）分类正确，即根据经济业务的内容，正确区分不同类型的原始凭证，正确应用会计科目。不得将不同内容和类别的原始凭证汇总填制在一张记账凭证上。

（4）连续编号，即记账凭证应当连续编号。这有利于分清会计事项处理的先后顺序，便于记账凭证与会计账簿之间的核对，确保记账凭证的完整。

2）记账凭证填制的具体要求

（1）填制记账凭证的日期和编号。记账凭证的填制日期原则上应与经济业务发生的日期或收到原始凭证的日期一致。若业务发生日期与收到原始凭证的日期不一致，则可按收到原始凭证的日期填列，而将业务发生日期写入摘要栏内。使用通用格式的记账凭证时，记账凭证应统一连续编号。采用收、付、转专用格式凭证时，这三类凭证应分别连续编号。

（2）所附原始凭证必须完整无缺，并在记账凭证上注明原始凭证的张数，以便核对摘要及所编会计分录的正确性。若一张原始凭证涉及几张记账凭证，可以把原始凭证附在一张主要的记账凭证之后，并在其他记账凭证上注明附有该原始凭证的记账凭证的编号。

一张原始凭证所列的支出需要由几个单位共同负担时，应当由保存该原始凭证的单位开具原始凭证分割单给其他应负担的单位。

（3）各种记账凭证应按照填制的顺序，每月分别从第1号开始连续编号。如采用通用记账凭证格式，应采用顺序编号。如采用专用记账凭证格式，则采用字号编号，如收款凭证应用“现收字第××号”或“银收字第××号”，付款凭证用“现付字第××号”或“银付字第××号”，转账凭证用“转字第××号”。如果一项交易或事项需要填制一张以上的记账凭证，则记账凭证的编号应采用“分数编号法”，即每一项交易或事项编一个总号，再按凭证张数编几个分号。例如，第五项交易或事项需填制三张转账凭证，则可编为“转字第$5\frac{1}{3}$号”“转字第$5\frac{2}{3}$号”“转字第$5\frac{3}{3}$号”，表示一笔转账交易或事项需要连续编制三张记账凭证。

（4）记账凭证的更正。填制记账凭证时若发现有错误，应当重新填制。更正已登记入账的记账凭证的错误的具体方法如下：

第一，在当年内发现填写错误时，可以用红字填写一张与原内容相同的记账凭证，在摘要栏注明“注销某月某日某号凭证”字样，同时再用蓝字重新填制一张正确的记账凭证，注明“订正某月某日某号凭证”字样。

如果会计科目没有错误，只是金额错误，也可以按正确数字与错误数字之间的差额，另编制一张调整的记账凭证：调增金额用蓝字，调减金额用红字。

第二，发现以前年度记账凭证有错误的，应当用蓝字填制一张更正的记账凭证。

（5）实行会计电算化的单位，其机制记账凭证应当符合对记账凭证的一般要求，并应认真审核，做到会计科目使用正确，数字准确无误。打印出来的机制记账凭证上，要加盖制单人员、审核人员、记账人员和会计主管人员印章或者签字，以明确责任。

（6）记账凭证填制完经济业务事项后，如有空行，应当自金额栏最后一笔金额数字下的空行处至合计数上的空行处划线注销。

5.3.5　记账凭证的审核

为了保证会计信息的质量，在记账之前应由有关稽核人员对记账凭证进行严格的审核。其审核的主要内容有：

1）内容是否真实

审核记账凭证是否有原始凭证作为依据，所附原始凭证的内容与记账凭证的内容是否一致，记账凭证汇总表的内容与其所依据的记账凭证的内容是否一致等。

2）项目是否齐全

审核记账凭证各项目的填写是否齐全，如日期、凭证编号、摘要、会计科目、金额、所附原始凭证的张数及有关人员的签章等。

3）科目是否正确

审核记账凭证的应借、应贷科目是否正确，是否有明确的账户对应关系，所使用的会计科目是否符合国家统一的会计制度的规定等。

4）金额是否正确

审核记账凭证所记录的金额与原始凭证的有关金额是否一致，计算是否正确，记账凭证汇总表的金额与记账凭证的金额合计是否相等。

5）书写是否正确

审核记账凭证中的记录是否文字工整、数字清楚，是否按规定进行更正等。

5.4　会计凭证的传递和保管

5.4.1　会计凭证的传递

会计凭证的传递是指从会计凭证的取得或填制起至归档保管的过程中，在单位内部有关部门和人员之间的传送程序。会计凭证的传递是会计核算得以正常、有效进行的前提。会计凭证的传递，要求能够满足内部控制制度的要求，使传递程序合理有效，同时尽量节约传递时间，减少传递的工作量。

企业生产组织的特点、经济业务的内容和管理要求不同，会计凭证的传递也有所不同。为此，企业应根据具体情况制定每一种凭证的传递程序和方法。例如，对收料单的传递应规定：材料到达企业后多长时间内验收入库，收料单由谁填制，一式几联，各联次的用途是什么，何时传递到会计部门，会计部门由谁负责收料单的审核工作，由谁编制记账凭证、登记账簿、整理归档等。会计凭证的传递是否科学、严密、有效，对于加强企业内部管理、提高会计信息的质量具有重要的影响。

5.4.2 会计凭证的保管

会计凭证的保管是指会计凭证记账后的整理、装订、归档和存查工作。会计凭证作为记账的依据，是重要的会计档案和经济资料。因此，任何单位在完成经济业务手续并记账后，都必须将会计凭证按规定的立卷归档制度形成会计档案资料，妥善保管，防止丢失，不得任意销毁，以便于日后随时查阅。

会计凭证保管主要有以下要求：

（1）会计凭证应定期装订成册，防止散失。会计部门在依据会计凭证记账以后，应定期（每天、每旬或每月）对各种会计凭证进行分类整理，将各种记账凭证按照编号顺序，连同所附原始凭证一起加具封面、封底，装订成册，并在装订线上加贴封签，由装订人员在装订线封签处签名或盖章。

（2）从外单位取得的原始凭证遗失时，应取得原签发单位盖有公章的证明，并注明原始凭证的号码、金额、内容等，由经办单位的会计负责人批准后，才能代作原始凭证。若确实无法取得原始凭证的，如车票丢失，则应由当事人写明详细情况，由经办单位会计机构负责人、会计主管人员和单位负责人批准后，代作原始凭证。

（3）会计凭证封面应注明单位名称、凭证种类、凭证张数、起止号数、年份、月份、会计主管人员、装订人员等有关事项，会计主管人员和会计保管人员应在封面上签章。

会计凭证封面的一般格式见表5-25。

表5-25 会计凭证封面

年 月份第 册	（单位名称） 年 月份 共 册 本册是第 册 收款 付款 凭证 第 号至第 号共 张 转账 附：原始凭证共 张 会计主管（签章） 保管（签章）

（4）会计凭证应加贴封条，防止抽换凭证。原始凭证不得外借，其他单位如有特殊原因确实需要使用时，可以复制。向外单位提供的原始凭证复印件，应在专设的登记簿上登记，并由提供人员和收取人员共同签名、盖章。

（5）原始凭证较多时，可以单独装订，但应在会计凭证封面上注明所属记账凭证的日期、编号和种类，同时在所属的记账凭证上注明“附件另订”及原始凭证的名称和编号，以便查阅。对各种重要的原始凭证，如押金收据、提货单等，以及各种需要随时查阅和退回的单据，应另编目录，单独保管，并在有关记账凭证和原始凭证上分别注明日期和编号。

（6）每年装订成册的会计凭证，在年度终了时可暂由单位会计机构保管一年，期满后应当移交本单位档案机构统一保管；未设立档案机构的，应当在会计机构内部指定专人保管。出纳人员不得兼管会计档案。

（7）严格遵守会计凭证的保管期限要求，期满前不得任意销毁。会计凭证保管的有关要求详见第10章。

本章小结

本章主要阐述原始凭证、记账凭证的填制和审核以及会计凭证的传递和保管。

会计凭证是记录交易或事项，明确经济责任的书面文件，是登记账簿的依据。填制和审核会计凭证，是会计工作的开始，也是对交易或事项进行日常监督的重要环节。

会计凭证按其填制的程序和用途的不同，可以分为原始凭证和记账凭证两大类。

原始凭证按其来源的不同，可分为外来原始凭证和自制原始凭证；按填制方法的不同，分为一次凭证、累计凭证和汇总原始凭证。原始凭证是记账的原始资料和最重要的依据，直接具有法律效力。

记账凭证是根据审核无误的原始凭证或原始凭证汇总表编制的会计分录凭证，它是登记账簿的直接依据。记账凭证按其记录的经济业务与现金和银行存款的收付关系分为收款凭证、付款凭证和转账凭证。记账凭证按使用范围的不同，分为专用记账凭证和通用记账凭证。

会计凭证的传递是指从会计凭证的取得或填制起至归档保管的过程中，在单位内部有关部门和人员之间的传送程序。单位应根据具体情况制定每一种凭证的传递程序和方法，并且对会计凭证进行装订和保管。

习题与实训

1）单项选择题

随堂测5

（1）下列不属于原始凭证基本内容的是（　　）。

A.填制日期　　　　B.经济业务内容

C.应借应贷科目　　D.有关人员签章

（2）产品生产领用材料，应编制的记账凭证是（　　）。

A.收款凭证　　B.付款凭证　　C.转账凭证　　D.一次凭证

（3）记账凭证的填制是由（　　）完成的。

A.出纳人员　　B.会计人员　　C.经办人员　　D.主管人员

（4）原始凭证的金额出现错误，正确的更正方法是（　　）。

A.由出具单位更正，并在更正处盖章

B.由取得单位更正，并在更正处盖章

C.由出具单位重开

D.由出具单位另开证明，作为原始凭证的附件

（5）会计人员对于不真实、不合法的原始凭证，应当（　　）。

A.给予受理，但应向单位领导口头报告

B.给予受理，但应向单位领导书面报告

C.不予以受理

D.视具体情况而定

（6）会计凭证按照填制的程序和用途不同，分为（　　）。

A.外来原始凭证和自制原始凭证　　B.专用凭证和通用凭证

C.一次性凭证和累计凭证　　D.原始凭证和记账凭证

（7）现金收款凭证的填制日期应当是（　　）。

A.原始凭证上注明的日期　　B.编制收款凭证的日期

C.收取现金的日期　　D.登记库存现金总账的日期

（8）为了分清会计事项处理的先后顺序，便于记账凭证与会计账簿之间的核对，确保记账凭证的完整无缺，填制记账凭证时，应当（　　）。

A.依据真实　　B.日期正确　　C.连续编号　　D.简明扼要

（9）某企业购入物资一批，货款付清，物资入库。该项业务中，取得或填制的原始凭证有：增值税专用发票1张，银行结算凭证1张，收料单5张，收料凭证汇总表1张，则在记账凭证中注明的附件张数应为（　　）。

A.2张　　B.3张　　C.7张　　D.8张

（10）下列凭证中，应在其左上方填写借方科目的是（　　）。

A.原始凭证　　B.收款凭证　　C.付款凭证　　D.转账凭证

（11）可以不附原始凭证的记账凭证是（　　）。

A.更正错误的记账凭证　　B.从银行提取现金的记账凭证

C.以现金发放工资的记账凭证　　D.职工临时性借款的记账凭证

（12）下列记账凭证中，可以不附原始凭证的是（　　）。

A.所有收款凭证　　B.所有付款凭证

C.所有转账凭证　　D.用于结账的记账凭证

（13）出纳人员付出货币资金的依据是（　　）。

A.收款凭证　　B.付款凭证　　C.转账凭证　　D.原始凭证

（14）关于会计凭证的传递与保管，以下说法中不正确的是（　　）。

A.科学合理的传递程序应能保证会计凭证在传递过程中的安全、及时、准确和完整

B.要建立会计凭证交接的签收制度

C.原始凭证不得外借，也不得复制

D.会计凭证记账完毕后，应当按分类和编号顺序保管

（15）填制记账凭证若发生了错误，正确的处理方法是（　　）。

A.重新填制记账凭证　　B.更正并加盖公章

C.更正并加盖更正人员印章　　　　　　D.更正并加盖更正人员印章和公章

2）多项选择题

(1) 对职工外出借款凭据，正确的处理方法有（　　）。

A.必须附在记账凭证之后

B.收回借款时退回原借款收据

C.收回借款时退回原借款收据副本

D.收回借款时另开收据

(2) 原始凭证的合法性包括（　　）。

A.符合国家法律、法规和政策　　　　B.符合计划、预算与合同

C.符合审批权限和手续　　　　　　　D.有董事长的核准签章

(3) 关于原始凭证的填制，下列说法中正确的有（　　）。

A.原始凭证上填制的经济业务内容和数字必须真实可靠

B.原始凭证应在经济业务发生或完成时立即填制

C.外来原始凭证，必须盖有填制单位的公章

D.加盖了“作废”戳记的原始凭证，应连同其存根一起保管，不得撕毁

(4) 下列各项中，属于原始凭证审核内容的有（　　）。

A.原始凭证的真实性　　　　　　　　B.原始凭证的合法性

C.原始凭证的完整性　　　　　　　　D.原始凭证的合理性

(5) 记账凭证按照填制方式的不同，可分为（　　）。

A.通用记账凭证　B.专用记账凭证　C.复式记账凭证　D.单式记账凭证

(6) 记账凭证的填制，可以（　　）。

A.根据每一张原始凭证填制　　　　　B.根据若干张同类原始凭证汇总填制

C.根据原始凭证汇总表填制　　　　　D.根据账簿记录填制

(7) 单位的职工出差归来报销差旅费并交回剩余现金的事项，根据差旅费报销单和收据，应填制的记账凭证有（　　）。

A.现金付款凭证　B.现金收款凭证　C.银行收款凭证　D.转账凭证

(8) 对于收付款记账凭证，应在记账凭证上签名或盖章的人员有（　　）。

A.记账凭证填制人员　　　　　　　　B.稽核人员

C.单位负责人　　　　　　　　　　　D.出纳人员

(9) 在已经装订好的记账凭证的封面上，应加盖印章的人员有（　　）。

A.记账凭证填制人　B.记账凭证装订人　C.会计主管　　D.出纳

(10) 规定会计凭证的传递程序时，应考虑的因素有（　　）。

A.经营管理上的需要　　　　　　　　B.本单位交易或事项的特点

C.本单位内部机构设置和人员分工情况　D.会计人员的业务水平

3）判断题

(1) 从会计工作的程序来看，取得、填制和审核会计凭证是会计工作的开始环节。（　　）

（2）单式记账凭证和复式记账凭证相比，前者便于分工记账，而后者不便于分工记账。（ ）

（3）原始凭证仅是填制记账凭证的依据，记账凭证才是登记账簿的依据。（ ）

（4）企业每项交易或事项的发生都必须从外部取得原始凭证。（ ）

（5）自制原始凭证必须由单位会计人员自行填制。（ ）

（6）会计凭证的意义是记录经济业务，提供记账依据；明确经济责任，强化内部控制；监督经济活动，控制经济运行。（ ）

（7）原始凭证如果有一式几联，应当注明各联的用途，以其中一联作为报销凭证。（ ）

（8）对不真实、不合法的原始凭证，会计人员有权不予接受，对记载不准确、不完整的原始凭证，会计人员有权要求其重填。（ ）

（9）收付款记账凭证既是出纳人员收付款项的依据，也是登记总账、库存现金和银行存款日记账及有关明细账的依据。（ ）

（10）保管期满的原始凭证，单位可以自行销毁。（ ）

4）单项实训题

【实训题一】

【目的】练习专用记账凭证的编制。

【资料】大华公司2022年8月份发生以下经济业务：

（1）购进甲材料一批40 000元，增值税进项税额5 200元，材料已验收入库，款项用银行存款支付。

（2）周玲出差预借差旅费2 000元，付给现金。

（3）销售产品一批，售价50 000元，增值税销项税额6 500元，款项已收存银行。

（4）用现金购进办公用品950元，其中，车间使用350元，厂部行政管理部门使用600元。

（5）周玲出差返回，报销差旅费1 800元，余款交回现金。

（6）发出甲材料8 000元，其中，生产A产品领用3 000元，生产B产品领用4 500元，车间一般耗用500元。

（7）收回所欠货款15 000元，存入银行。

（8）结转已售产品成本40 000元。

【要求】根据以上业务判断应编制收款凭证、付款凭证还是转账凭证，并编制会计凭证。

【实训题二】

【目的】练习通用记账凭证的编制。

【资料】海华公司为增值税一般纳税人，增值税税率13%，2022年9月份发生如下经济业务：

（1）9月2日，财务科长刘伟出差预借差旅费2 500元，付给现金。

（2）9月3日，收到金帝公司投入的货币资金600 000元，已办理银行进账手续。

（3）9月4日，向黄山公司购入A材料2 000千克，单价1.40元；向泰山公司购入B

材料3 000千克，单价2.50元。材料入库，货款尚未支付。

（4）9月10日，销售产品30台，每台售价500元，单位成本400元，价款已存入银行。

（5）9月21日，以银行存款支付本月水电费12 000元，其中，生产车间耗用8 300元，行政管理部门耗用3 700元。

（6）9月29日，从银行提取现金80 000元，备发工资。

（7）9月30日，以现金支付本月工资。

【要求】根据以上经济业务，分别编制记账凭证。

【实训题三】

【目的】练习原始凭证的填制。

【资料】浙江立新公司从事钢板产品的生产和销售，为增值税一般纳税人，增值税税率13%。纳税人识别号：33010674945773174Y；开户银行：中国工商银行杭州市城西支行；开户银行账号：005101040012644；公司地址：杭州市莫干山路245号；电话：0571-87643218。出纳员：李晓辉；会计：王芳；会计主管：李明。

2022年3月份发生如下经济业务：

（1）8日，出纳员填制现金支票，提取现金2 000元备用，现金支票如图5-1所示。

（2）10日，销售商品取得转账支票一张，金额33 900元，存入银行。出纳员填制银行进账单（购货方：浙江省杭州市五金有限公司，账号：000000465132487，开户银行：中国工商银行西湖支行），进账单见表5-26。

（3）13日，出纳员将当天销售款现金13 600元存入银行（面额百元130张，其余均为伍拾元），现金缴款单见表5-27。

（4）20日，公司管理部经理张凤因公出差，向财务部预借现金3 000元。张凤身份证号码：340102198102051828。借支单见表5-28。

中国工商银行现金支票存根（浙）

BM/02 2860277

附加信息

出票日期　年　月　日

收款人：	
金　额：	
用　途：	
备　注：	

单位主管　　会计

本支票付款期十天

中国工商银行现金支票（浙）　　BM/02 2860277

出票日期　年　月　日　　付款名称：

收款人：　　出票人账号：

人民币（大写）		亿	千	百	十	万	千	百	十	元	角	分

用途：

上列款项请从

我账户内支付

出票人签章　　复核　　记账

图5-1　现金支票

表 5-26　　中国工商银行进账单（收账通知）

年　月　日

<table>
<tr><td rowspan="3">付款人</td><td>全　称</td><td colspan="3"></td><td rowspan="3">收款人</td><td>全　称</td><td colspan="10"></td><td rowspan="6">此联是收款人开户银行交给收款人的收账凭证</td></tr>
<tr><td>账　号</td><td colspan="3"></td><td>账　号</td><td colspan="10"></td></tr>
<tr><td>开户银行</td><td colspan="3"></td><td>开户银行</td><td colspan="10"></td></tr>
<tr><td colspan="2" rowspan="2">人民币
(大写)</td><td colspan="5" rowspan="2"></td><td>千</td><td>百</td><td>十</td><td>万</td><td>千</td><td>百</td><td>十</td><td>元</td><td>角</td><td>分</td></tr>
<tr><td></td><td></td><td></td><td></td><td></td><td></td><td></td><td></td><td></td><td></td></tr>
<tr><td colspan="2">票据种类</td><td colspan="3"></td><td colspan="12" rowspan="3">收款人开户行盖章</td></tr>
<tr><td colspan="2">票据张数</td><td colspan="3"></td></tr>
<tr><td colspan="5">单位主管　　会计　　复核　　记账</td></tr>
</table>

表 5-27　　中国工商银行现金缴款单（第一联　回单）

<table>
<tr><td rowspan="12">此联由银行盖章后退回单位</td><td rowspan="2">存款单位</td><td>全称</td><td colspan="6"></td><td colspan="2">开户银行</td><td colspan="9"></td></tr>
<tr><td>账号</td><td colspan="6"></td><td colspan="2">款项来源</td><td colspan="9"></td></tr>
<tr><td colspan="11" rowspan="2">人民币
(大写)</td><td>百</td><td>十</td><td>万</td><td>千</td><td>百</td><td>十</td><td>元</td><td>角</td><td>分</td></tr>
<tr><td></td><td></td><td></td><td></td><td></td><td></td><td></td><td></td><td></td></tr>
<tr><td colspan="2">票面</td><td>张数</td><td>万</td><td>千</td><td>百</td><td>十</td><td>元</td><td>角</td><td>分</td><td colspan="9">本存款单金额银行全部收讫</td></tr>
<tr><td colspan="2">壹佰元</td><td></td><td></td><td></td><td></td><td></td><td></td><td></td><td></td><td colspan="9" rowspan="4">（收款银行盖章）</td></tr>
<tr><td colspan="2">伍拾元</td><td></td><td></td><td></td><td></td><td></td><td></td><td></td><td></td></tr>
<tr><td colspan="2">拾元</td><td></td><td></td><td></td><td></td><td></td><td></td><td></td><td></td></tr>
<tr><td colspan="2">伍元</td><td></td><td></td><td></td><td></td><td></td><td></td><td></td><td></td></tr>
<tr><td colspan="2">壹元</td><td></td><td></td><td></td><td></td><td></td><td></td><td></td><td></td><td colspan="9">收款员　　复核员</td></tr>
</table>

会计　　复核　　记账

表5-28

借 支 单

年 月 日

工作部门		职务		姓名		盖章	
借支金额							
借款原因				附证件			
还款日期							
批　　核							

会计　　　　　　　　出纳　　　　　　　　制单

【要求】根据所给资料分别填制有关原始凭证。

第6章

设置和登记会计账簿

知识目标

1.明确会计账簿的作用和种类。

2.掌握账簿的设置、格式、登记方法和登记规则。

3.掌握对账的内容、结账的程序和方法。

4.掌握错账更正方法。

能力目标

1.能正确登记库存现金和银行存款日记账。

2.能正确登记总账和各种明细账，进行平行登记。

3.能正确进行错账的更正。

4.能进行对账、结账和更换新账。

思政目标

1.掌握学习的重要性，能做到与时俱进。

2.爱国爱党，爱岗敬业，维护国家利益，遵守《会计法》，抵制一切违法乱纪行为。

重点难点

重点：账簿的种类、格式、登记方法、平行登记及错账的更正。

难点：账簿登记方法、错账更正。

6.1 会计账簿认知

填制与审核会计凭证，可以将发生的经济业务进行如实、正确的记录，同时明确其经济责任。但会计凭证数量繁多、信息分散，缺乏系统性，不便于会计信息的整理与报告。为了全面、系统、连续地核算和监督单位的经济活动及财务收支情况，应设置会计账簿。

6.1.1 会计账簿的概念和意义

会计账簿（简称账簿），是指以经审核过的会计凭证为依据，由有专门格式、相互联结的账页所组成，用来全面、连续、系统地记录各项经济业务的簿籍。

设置和登记账簿是会计核算的专门方法，是编制会计报表的基础，是连接会计凭证与会计报表的中间环节，在会计核算中具有重要意义。

（1）通过账簿的设置和登记，记载、储存会计信息。将会计凭证所记录的经济业务一一记入有关账簿，可以全面反映会计主体在一定时期内所发生的各项资金运动，储存所需要的各项会计信息。

（2）通过账簿的设置和登记，将会计信息分类、汇总。账簿由不同的相互关联的账户所构成。通过账簿记录，一方面可以分门别类地反映各项会计信息，提供一定时期内经济活动的详细情况；另一方面可以通过发生额、余额计算，向有关各方提供其所需要的总括会计信息和反映财务状况及经营成果的综合价值指标。

（3）通过账簿的设置和登记，检查、校正会计信息。账簿记录是对会计凭证的进一步整理。如在永续盘存制下，通过有关盘存账户余额与实际盘点或核查结果的核对，可以确认财产的盘盈或盘亏，并根据实际结存数额调整账簿记录，做到账实相符，提供如实、可靠的会计信息。

（4）通过账簿的设置和登记，编报、输出会计信息。为了反映一定日期的财务状况及一定时期的经营成果，应定期进行结账工作，进行有关账簿之间的核对，计算出本期发生额和余额，据以编制会计报表，向有关各方提供所需要的会计信息。

6.1.2 会计账簿与账户的关系

账簿与账户有着十分密切的联系。账户是根据会计科目开设的，账户存在于账簿之中，账簿中的每一账页就是账户的存在形式和载体，没有账簿，账户就无法存在；然而，账簿只是一个外在形式，账户才是它的真实内容。账簿序时、分类地记载经济业务，是在个别账户中完成的。因此也可以说，账簿是由若干账页组成的一个整体，而开设于账页上的账户则是这个整体中的个别部分，所以，账簿与账户的关系，是形式和内容的关系。

6.1.3 会计账簿的种类

由于各个单位的经济业务和经营管理的要求不同，会计账簿的种类也有所不同。为了便于了解和运用会计账簿，可以按其用途、外表形式和账页格式等不同标志进行分类。

1）会计账簿按其用途不同，可分为序时账簿、分类账簿和备查账簿

（1）序时账簿。它又称日记账，是按照经济业务发生或完成时间的先后顺序逐日逐笔进行登记的账簿。序时账簿可以用来核算和监督某一类型经济业务或全部经济业务的发生或完成情况。序时账簿按其记录的内容不同，又可分为普通日记账和特种日记账。

普通日记账是指用来逐日逐笔记录全部业务的日记账，即把每天发生的各项经济业务逐日逐笔地登记在日记账中，并确定其会计分录，然后据以登记分类账。由于普通日

记账手续烦琐，目前很少使用。

特种日记账是按时间先后顺序专门登记某类经济业务发生情况的日记账，通常用来记录某一类比较重要的经济业务。我国的会计制度规定，那些发生频繁、要求严格管理和控制的业务，应设置特种日记账。任何企业都必须设置库存现金日记账和银行存款日记账。

（2）分类账簿。它是对全部经济业务按照会计要素的具体类别而设置的分类账户进行登记的账簿。分类账簿按其反映内容的详细程度不同，又可分为总分类账簿和明细分类账簿。

总分类账簿简称总账，是根据总分类（一级）账户开设账户，总括反映会计主体经济业务情况的账簿。总分类账簿主要为编制会计报表提供直接数据资料，主要采用三栏式。

明细分类账簿又称明细分类账，简称明细账，是根据二级或明细账户设置账户，详细记录某一类经济业务情况，提供明细核算资料的账簿。明细分类账簿可采用的格式主要有：三栏式、数量金额式和多栏式等。

分类账簿是会计账簿的主体，也是编制会计报表的主要依据。

（3）备查账簿。它也称辅助账簿或备查簿，是用来补充登记序时账簿和分类账簿等主要账簿中未记载或记载不全的经济业务的账簿。例如，反映企业租入固定资产的“租入固定资产登记簿”、反映为其他企业代管商品的“代管商品物资登记簿”等。备查账簿不一定在每个单位都设置，各单位根据具体需要而定。

备查账簿与序时账簿和分类账簿相比，存在以下不同之处：一是备查账簿不是根据会计科目设置的，而是根据表外科目设置的，与其他账户之间不存在密切的依存关系，登记时可能不需要记账凭证，甚至不需要一般意义上的原始凭证；二是备查账簿没有固定的格式，也不一定记录金额，更注重用文字来表述某项经济业务的发生情况和来龙去脉。

2）会计账簿按其外表形式的不同，可分为订本式账簿、活页式账簿和卡片式账簿

（1）订本式账簿（简称订本账）。它是启用之前就已将账页装订在一起，并对账页进行连续编号的账簿。订本账的优点是能够避免账页散失和防止抽换账页；其缺点是不能准确地为各账户预留账页，预留太多，造成浪费，预留太少，影响连续登记。这种账簿一般适用于总分类账、库存现金日记账、银行存款日记账。

（2）活页式账簿（简称活页账）。它是在账簿登记完毕之前并不固定装订在一起，而是装在活页账夹中。当账簿登记完毕之后（通常是一个会计年度结束之后），才将账页予以装订，加具封面，并给各账页连续编号。这类账簿的优点是记账时可根据实际需要，随时将空白账页装入账簿，或抽去不需用的账页，也便于分工记账；其缺点是如果管理不善，可能会造成账页散失或故意抽换账页。各种明细分类账一般采用活页账形式。

（3）卡片式账簿（简称卡片账）。它是将账户所需格式印刷在硬卡上。卡片账其实也是一种活页账，只不过它不是装在活页账夹中，而是装在卡片箱内。在我国，企业一般只对固定资产的核算采用卡片账形式。因为固定资产在长期使用中其实物形态不变，

又可能经常转移使用部门，设置卡片账便于随同实物转移。少数企业在材料核算中也使用材料卡片。固定资产卡片见表6-1。

表6-1 固定资产卡片 第 号

资产类别		制造厂名			资金来源		
编　　号		出厂编号			购置日期		
名　　称		出厂日期			安装日期		
型　　号		使用部门			开始使用日期		
项　目	金　额	折　旧			折　旧		
重置完全价值		年份	摊提额	累计额	年份	摊提额	累计额
改装或添置价值							
清理残值							
清理费用							
使用年限							
已使用年限							
尚可使用年限							
		原价变动记录					
		日期	增加	减少	变动后记录	变动原因	
年：基本折旧率	%						

企业在设置账簿体系时，应对那些比较重要、容易丢失的项目，采用订本式账簿，对那些次要的或不容易丢失的项目，可以采用活页式或卡片式账簿。

3）会计账簿按账页格式的不同，分为两栏式账簿、三栏式账簿、多栏式账簿和数量金额式账簿

（1）两栏式账簿。它是指只有借方和贷方两个基本金额栏目的账簿。普通日记账和转账日记账一般采用两栏式。

（2）三栏式账簿。它是指设有借方、贷方和余额三个基本栏目的账簿。这种格式适用于只提供价值核算信息，不需要提供数量核算信息的账簿。各种日记账、总分类账以及资本、债权、债务明细账都可采用三栏式账簿，见表6-2。

（3）多栏式账簿。它是指在账簿的两个基本栏目借方和贷方按需要分设若干专栏的账簿。这种格式适用于核算项目较多，且管理上要求提供各核算项目详细信息的账簿，如多栏式日记账、多栏式明细账。多栏式账簿按其记录的交易或事项的内容又可分为借方多栏式账簿、贷方多栏式账簿和借贷方多栏式账簿。收入、费用明细账一般均采用这种格式的账簿。借方多栏式账簿见表6-3。

（4）数量金额式账簿。它是在借方、贷方和余额三个栏目内，都分别设有数量、单价、金额等三个小栏，借以反映财产物资的实物数量和价值数量。如原材料、库存商品、产成品等明细账一般都采用数量金额式账簿，见表6-4。

表6-2 总分类账

账户名称： 第　页

年		凭证		摘　要	借　方	贷　方	借或贷	余　额
月	日	字	号					

表6-3 管理费用明细分类账 第　页

年		凭证		摘要	借　方						贷方	余额
月	日	字	号		工资及福利费	折旧费	办公费	水电费	差旅费	…		

表6-4 库存商品明细分类账

明细账户名称： 第　页

年		凭证		摘要	收　入			发　出			结　存		
月	日	字	号		数量	单价	金额	数量	单价	金额	数量	单价	金额

会计账簿的各种分类方法如图6-1所示。

- 会计账簿
  - 按用途分类
    - 序时账簿
      - 普通日记账
      - 特种日记账
    - 分类账簿
      - 总分类账簿
      - 明细分类账簿
    - 备查账簿
  - 按外表形式分类
    - 订本式账簿
    - 活页式账簿
    - 卡片式账簿
  - 按账页格式分类
    - 两栏式账簿
    - 三栏式账簿
    - 多栏式账簿
    - 数量金额式账簿

图6-1 会计账簿的分类

6.2　会计账簿的基本结构、启用与登记规则

为了全面、连续、系统地核算企业、事业等单位的资金运动，每个单位都必须设置会计账簿。但一个单位的账簿如何设置、设置哪些账簿、采用哪种账页格式，既要考虑国家统一会计制度的规定，又要符合本单位的具体特点，以满足单位进行会计核算和管理的需要。

6.2.1　账簿的基本结构

在实际工作中，账簿的格式是多种多样的，不同格式的账簿所包括的具体内容也不尽相同。但各种账簿都应具备以下基本要素：

1）封面

封面上主要载明账簿名称，如总分类账、××日记账、××明细账等。封底主要起保护账页的作用。

2）扉页

扉页上主要载明“账簿启用登记和经管人员一览表”以及“账户目录”。“账簿启用登记和经管人员一览表”应填列的主要内容有：单位名称、账簿名称、账簿页数、启用日期、会计机构负责人、会计主管人员、记账人员、移交人和移交日期、接管人和接管日期等。“账户目录”注明各个账户所在页次。

“账簿启用登记和经管人员一览表”格式见表6-5，“账户目录”格式见表6-6。

表6-5　账簿启用登记和经管人员一览表

<table>
<tr><td>单位名称</td><td colspan="12"></td></tr>
<tr><td>账簿名称</td><td colspan="12"></td></tr>
<tr><td>账簿编号</td><td colspan="12">总　　册　　　　第　　册</td></tr>
<tr><td>启用日期</td><td colspan="12">年　月　日　至　年　月　日</td></tr>
<tr><td rowspan="3">经管人员</td><td colspan="6">主　管</td><td colspan="6">记　账</td></tr>
<tr><td colspan="3">姓名</td><td colspan="3">盖章</td><td colspan="3">姓名</td><td colspan="3">盖章</td></tr>
<tr><td colspan="3"></td><td colspan="3"></td><td colspan="3"></td><td colspan="3"></td></tr>
<tr><td rowspan="5">交接记录</td><td colspan="3">日期</td><td colspan="3">监交</td><td colspan="3">移交</td><td colspan="3">接管</td></tr>
<tr><td>年</td><td>月</td><td>日</td><td>职务</td><td>姓名</td><td>盖章</td><td>职务</td><td>姓名</td><td>盖章</td><td>职务</td><td>姓名</td><td>盖章</td></tr>
<tr><td></td><td></td><td></td><td></td><td></td><td></td><td></td><td></td><td></td><td></td><td></td><td></td></tr>
<tr><td></td><td></td><td></td><td></td><td></td><td></td><td></td><td></td><td></td><td></td><td></td><td></td></tr>
<tr><td></td><td></td><td></td><td></td><td></td><td></td><td></td><td></td><td></td><td></td><td></td><td></td></tr>
<tr><td>备注</td><td colspan="6"></td><td>单位盖章</td><td colspan="5"></td></tr>
</table>

表6-6 账户目录

页数	科目名称或户名	页数	科目名称或户名

3）账页

账页是账簿用来记录具体经济业务的载体，其格式因记录经济业务内容的不同而有所不同，但基本内容应包括：

（1）账户名称（填写总账科目或明细科目）。

（2）日期栏（填写记账凭证的日期）。

（3）凭证（填写记账凭证的种类和编号）。

（4）摘要栏（填写经济业务的简要说明）。

（5）金额栏（填写经济业务项目增减的金额）。

（6）总页次和分户页次。

6.2.2 会计账簿的启用规则

（1）启用时，在账簿封面上写明单位名称和账簿名称。

（2）认真填写"账簿启用登记和经管人员一览表"，加盖单位公章和有关个人名章。

（3）启用订本式账簿，应当从第一页到最后一页顺序编定页码，不得跳页、缺号；使用活页式账页，应当按账户顺序编号，并须定期装订成册，装订后再按实际使用的账页顺序编定页码，另加目录，记明每个账户的名称和页次。

（4）在账页上开设账户，即填列会计科目。总账应按照会计科目顺序填写科目名称及启用页号。在启用活页式明细分类账时，应按照所属会计科目填写科目名称和页码，在年度结账后，撤去空白账页，填写使用页码。

6.2.3 会计账簿的登记规则

为了保证账簿记录的正确性，必须根据审核无误的会计凭证登记会计账簿，并遵循以下规则：

1）准确完整

登记会计账簿时，应当将会计凭证日期、编号、业务内容摘要、金额和其他有关资料逐项记入账簿内，做到数字准确、摘要清楚、登记及时、字迹工整。账簿中的日期，应填写记账凭证上的日期；以自制原始凭证，如收料单、领料单等作为记账依据的，账簿记录中的日期应按有关自制原始凭证上的日期填列。

2）注明记账符号

将每一记账凭证登记入账后，应在记账凭证上签名或者盖章（一般是在记账凭证中"记账"栏中打"√"），并注明已经登账的符号，表示已经记账，防止重记或漏记。

3）书写留空

账簿中书写的文字和数字应紧靠底线，上面要留有适当空格，不要写满格，一般应占格距的二分之一。这样，一旦发生登记错误，容易更正，也方便查账。

4）正常记账使用蓝黑墨水或者碳素墨水

登记账簿时要用蓝黑墨水或者碳素墨水书写，不得使用圆珠笔（银行的复写账簿除外）或者铅笔书写。

5）特殊记账使用红色墨水

下列情况可以用红色墨水记账：

（1）按照红字冲账的记账凭证，冲销错误记录。

（2）在不设借贷等栏的多栏式账页中，登记减少数。

（3）在三栏式账户的余额栏前，如未印明余额方向的，在余额栏内登记负数余额。

（4）根据国家统一的会计制度的规定可以用红字登记的其他事项。

6）顺序连续登记

各种账簿应按页次顺序连续登记，不得跳行、隔页。如果发生跳行、隔页，应当将空行、空页划线注销，或者注明“此行空白”“此页空白”字样，并由记账人员签名或者盖章，不得将账页随意抽掉或销毁。

7）结出余额

凡需要结出余额的账户，结出余额后，应当在“借或贷”栏内写明“借”或者“贷”等字样。没有余额的账户，应在“借或贷”栏内写“平”字，并在“余额”栏用“θ”表示。库存现金日记账和银行存款日记账必须逐日结出余额。

8）过次承前

每一账页登记完毕结转下页时，应当结出本页合计数及余额，写在本页最后一行和下页第一行有关栏内，并在摘要栏内注明“过次页”和“承前页”字样；也可以将本页合计数及金额只写在下页第一行有关栏内，并在摘要栏内注明“承前页”字样。对需要结计本月发生额的账户，结计“过次页”的本页合计数应当为自本月月初起至本页末止的发生额合计数；对需要结计本年累计发生额的账户，结计“过次页”的本页合计数应当为自年初起至本页末止的累计数；对既不需要结计本月发生额，也不需要结计本年累计发生额的账户，可以只将每页末的余额结转次页。

9）不得刮擦涂改

如发生账簿记录错误，不得涂改、挖改、刮擦或者用药水消除字迹，而应采用规定的方法更正。

6.3 会计账簿的格式与登记方法

6.3.1 日记账的格式和登记方法

企业通常设置的日记账主要有库存现金日记账和银行存款日记账。

1）库存现金日记账的格式和登记方法

库存现金日记账，是用来核算和监督库存现金每天的收入、支出和结存情况的账簿，由出纳人员根据涉及现金收、付的记账凭证，按经济业务发生的先后顺序，逐日逐笔进行登记。根据现金收款凭证和与现金有关的银行存款付款凭证登记现金收入，根据现金付款凭证登记现金支出；根据"上日余额+本日收入-本日支出=本日余额"的计算公式，逐日结出现金余额，并与库存现金实存数核对，以检查每日现金收付是否有误。库存现金日记账的格式主要有三栏式和多栏式两种。

（1）三栏式库存现金日记账。三栏式库存现金日记账，通常设置收入、支出、结余或借方、贷方、余额三个主要栏目，用来登记现金的增减变动及其结果。三栏式库存现金日记账的格式见表6-7。

表6-7　库存现金日记账（三栏式）　第　页

2020年		凭证号数	摘要	对方科目	借方	贷方	借或贷	余额
月	日							
12	1		月初余额				借	1 000
	2	现付1	购买办公用品	管理费用		900		
	2	银付1	提取现金	银行存款	3 500			
	2	现收1	销售产品收取现金	主营业务收入	25 000		借	28 600
~	~	~	~	~	~	~	~	~
12	31		本月合计		95 000	58 000	借	38 000

库存现金日记账的登记方法如下：

日期栏：登记现金实际收付的日期。

凭证号数栏：登记入账的收付款凭证的种类和编号，如"现金收（付）款凭证"，简写为"现收（付）"；"银行存款收（付）款凭证"，简写为"银收（付）"。

摘要栏：简要说明登记入账的交易或事项的内容。

对方科目栏（也可不设）：指库存现金收入的来源科目或库存现金支付的用途科目。其作用在于了解交易或事项的来龙去脉。

借方（收入）、贷方（支出）栏：登记库存现金实际收付的金额。每日终了，应分别计算库存现金收入和支出的合计数，结出余额，将余额与出纳员的库存现金进行核对，即通常所说的"日清"。月终同样要计算出库存现金收付和结余的合计数，通常称为"月结"。

工作实例6-1

某公司2021年12月1日，库存现金日记账余额为580元，当日发生三笔现金收付业务：

（1）从银行提取现金3 000元备用。

（2）报销差旅费1 200元，以现金支付。

（3）购买办公用品510元，以现金支付。

请根据上述资料编制记账凭证并登记现金存款日记账。

工作实例6-1

解析

（2）多栏式库存现金日记账。为了更清晰地反映账户之间的对应关系，了解现金变化的来龙去脉，还可以在三栏式日记账中收入和支出两个栏目下，按照现金收、付的对方科目设置专栏，形成多栏式库存现金日记账。但是，在使用会计科目比较多的情况下，多栏式日记账的账页过宽，不便于分工登记，因此，在实际工作中可以将多栏式库存现金日记账分设两本，即分为多栏式库存现金收入日记账和多栏式库存现金支出日记账。多栏式库存现金日记账的格式见表6-8、表6-9。

表6-8 库存现金收入日记账（多栏式） 第　页

年		凭证号数	摘要	贷方科目				支出合计	余额
月	日						收入合计		

表6-9 库存现金支出日记账（多栏式） 第　页

年		凭证号数	摘要	借方科目			
月	日						支出合计

其登记方法是：先根据有关现金收入业务的记账凭证登记库存现金收入日记账，根据有关现金支出业务的记账凭证登记库存现金支出日记账，每日营业终了，根据库存现金支出日记账结计的支出合计数，一笔转入库存现金收入日记账的“支出合计”栏中，并结出当日余额。

2）银行存款日记账的格式和登记方法

银行存款日记账是用来核算和监督银行存款每日的收入、支出和结余情况的账簿。银行存款日记账应按企业在银行开立的账户和币种分别设置，每个银行账户设置一本日记账；银行存款日记账由出纳员根据银行存款收款凭证、银行存款付款凭证以及与银行存款有关的现金付款凭证（将现金存入银行业务）序时登记的。

银行存款日记账的登记方法是：出纳员根据银行存款收款凭证和有关的现金付款凭证（现金存入银行的业务）登记银行存款收入栏，根据银行存款付款凭证登记其支出栏，每日结出存款余额。

银行存款日记账的格式与库存现金日记账相同，可以采用三栏式，也可以采用多栏式。

值得注意的是，无论是三栏式还是多栏式的银行存款日记账，都应在适当位置增加一栏“结算凭证”，以便记账时标明每笔业务的结算凭证及编号，便于与银行核对账目。

工作实例6-2

某公司2021年12月1日，银行存款日记账余额为210 000元，当日发生3笔银行存款收付业务：

（1）从银行提取现金8 000元备用，现金支票号码为001#；

（2）转账收取前欠货款60 000元，转账支票号码为012#；

（3）转账支付前欠材料款70 000元，转账支票号码为056#。

根据上述资料，编制记账凭证如下（以会计分录表示）：

银付1号：借：库存现金 8 000
　　贷：银行存款 8 000

银收1号：借：银行存款 60 000
　　贷：应收账款 60 000

银付2号：借：应付账款 70 000
　　贷：银行存款 70 000

根据上述记账凭证登记银行存款日记账，见表6-10。

表6-10 银行存款日记账

种类：结算户存款　　开户行：工商银行××支行　　账号：

2021年		结算凭证	凭证号数	摘要	对方科目	收入	支出	结余
月	日							
12	1			期初余额				210 000
12	1	现金支票001#	银付1	从银行提取现金	库存现金		8 000	
	1	转账支票012#	银收1	收入存银行	应收账款	60 000		
	1	转账支票056#	银付2	购买材料	应付账款		70 000	
12	1			本日合计		60 000	78 000	192 000

【注意】

1.所有单位都要设置库存现金日记账和银行存款日记账。

2.库存现金日记账和银行存款日记账必须采用订本式账簿。

3）普通日记账

普通日记账是用来序时登记全部经济业务的账簿，又称为分录簿。一般只设借方和贷方两个金额栏次，以满足编制会计分录的需要。普通日记账的格式见表6–11。

表6–11　普通日记账　第　页

2022年		结算凭证	凭证号数	摘 要	对应账户	借方金额	贷方金额
月	日						
2	1	略	略	收到投入的设备	固定资产 实收资本	20 000	 20 000
	3			原材料入库	原材料 在途物资	5 000	 5 000
	5			支付广告费	销售费用 银行存款	2 000	 2 000

规模较小、经济业务不多的企业，使用普通日记账程序比较简便，也可以满足业务需要，其优点是：

（1）便于了解企业在一定时期内发生的所有经济业务的全貌。

（2）把每一经济业务的应借应贷账户的名称、金额汇于一处，并有该项业务的摘要可供查考，能比较容易地发现记账差错。

（3）通过全月发生额合计，可以进行试算平衡。

使用普通日记账的缺点是：

（1）记账时不便于分工合作。

（2）无法了解某一特定账户的发生额及余额的变化情况。

（3）过账的工作量大。

如果企业规模较大、业务量较多且较复杂，就不宜设置普通日记账。

编制普通日记账时，可根据经济业务直接登记，然后再将普通日记账过入分类账。因此，设普通日记账一般可不再作记账凭证。

6.3.2　总分类账的格式和登记方法

总分类账应按照总分类科目设置，是对各项经济业务进行总分类核算的会计账簿，要求采用订本式账簿。每一企业都应设置总分类账，总分类账只以货币计量。

1）总分类账的格式

总分类账最常用的格式为三栏式，设置借方、贷方和余额三个基本金额栏目，其格式见表6–12。

表6-12 总分类账

账户名称：在途物资 第 页

2021年		凭证号数	摘 要	借 方	贷 方	借或贷	余 额
月	日						
12	1		月初余额			借	60 000
	6	转16	购入甲材料	50 000		借	110 000
	9	转28	上月购入材料入库		70 000	借	40 000
~	~	~	~	~	~	~	~
12	31		本月合计	130 000	120 000		70 000

2）总分类账的登记方法

总分类账的记账依据和登记方法取决于企业采用的账务处理程序，既可以根据记账凭证逐笔登记，也可以根据经过汇总的科目汇总表或汇总记账凭证等登记，具体登记方法将在第9章中详细介绍。

6.3.3 明细分类账的格式和登记方法

明细分类账是根据总账科目所属二级或明细科目开设的账户，分类、连续地登记经济业务以提供明细核算资料的账簿。明细分类账反映某一类经济业务明细核算资料，对总分类账起补充说明作用，它提供的资料也是编制会计报表的依据。

1）明细分类账的格式

明细分类账的格式主要有三栏式、数量金额式、多栏式、横线登记式四种。

（1）三栏式明细分类账。它是设有借方、贷方和余额三个栏目，适用于只需进行金额核算，不要求进行数量核算的明细账，例如“应收账款”“应付账款”“短期借款”“长期借款”“实收资本”等账户的明细分类核算。其格式见表6-13。

表6-13 应收账款明细分类账

明细科目：华夏公司 第 页

2021年		凭证号数	摘要	借方	贷方	借或贷	余额
月	日						
12	1		月初余额			借	3 000
	8	转11	销售商品，款项未收	60 000		借	63 000
	25	银收9	收回欠款		20 000	借	43 000
~	~	~	~	~	~	~	~
12	31		本月合计	90 000	70 000	借	23 000

（2）数量金额式明细账。它是在收入、发出和结存栏内分别设置数量、单价和金额栏目，分别登记实物的数量、单价和金额，适用于既需进行金额明细核算，又需进行数量核算的明细账，如“原材料”“库存商品”“周转材料”等存货账户的明细分类核算。其格式见表6-14。

表6-14　原材料明细分类账

材料名称：甲材料

计量单位：千克　　第　页

2021年		凭证号数	摘要	收入			发出			结存		
月	日			数量	单价	金额	数量	单价	金额	数量	单价	金额
12	1		期初余额							120	20	2 400
	6	付20	购入材料	300	20	6 000				420	20	8 400
	10	转30	生产领用				250	20	5 000	170	20	3 400
	24	付22	购入材料	200	20	4 000				370	20	7 400
	31		本月合计	500	20	10 000	250	20	5 000	370	20	7 400

（3）多栏式明细分类账。在一张账页内按有关明细项目分设若干专栏，主要适用于有关费用、成本、收入、财务成果等账户的明细账，如“制造费用”“管理费用”“主营业务收入”“本年利润”等账户的明细分类核算。

根据明细账户之间相互联系方式的不同，多栏式明细分类账账页格式分为三种：借方多栏（如“生产成本明细账”“制造费用明细账”等）、贷方多栏（如“主营业务收入明细账”等）、借方贷方均多栏（如“本年利润明细账”等）。其主要格式见表6-15、表6-16。

表6-15　制造费用明细分类账　　第　页

2021年		凭证号数	摘要	借方发生额				贷方	借或贷	余额
月	日			薪酬	折旧费	办公费	合计			
12	11	略	车间购买办公用品			3 000	3 000		借	3 000
	31		车间管理人员薪酬	30 000			30 000		借	33 000
	31		车间设备折旧		8 000		8 000		借	41 000
	31		本月合计	30 000	8 000	3 000	41 000		借	41 000
12	31		分配转出					41 000	平	0

表 6-16　本年利润明细分类账　第　页

<table>
<tr><th colspan="2">2021 年</th><th rowspan="2">凭证号数</th><th rowspan="2">摘要</th><th colspan="3">借方项目</th><th colspan="3">贷方项目</th><th rowspan="2">借或贷</th><th rowspan="2">余额</th></tr>
<tr><th>月</th><th>日</th><th></th><th></th><th>合计</th><th></th><th></th><th>合计</th></tr>
<tr><td></td><td></td><td></td><td></td><td></td><td></td><td></td><td></td><td></td><td></td><td></td><td></td></tr>
<tr><td></td><td></td><td></td><td></td><td></td><td></td><td></td><td></td><td></td><td></td><td></td><td></td></tr>
<tr><td></td><td></td><td></td><td></td><td></td><td></td><td></td><td></td><td></td><td></td><td></td><td></td></tr>
<tr><td></td><td></td><td></td><td></td><td></td><td></td><td></td><td></td><td></td><td></td><td></td><td></td></tr>
<tr><td></td><td></td><td></td><td></td><td></td><td></td><td></td><td></td><td></td><td></td><td></td><td></td></tr>
<tr><td></td><td></td><td></td><td></td><td></td><td></td><td></td><td></td><td></td><td></td><td></td><td></td></tr>
</table>

对不分借贷方向设置的多栏式明细分类账，登记增加数额时用蓝字登记，登记减少数额时用红字登记。

（4）横线登记式明细分类账。它也称平行登记式明细分类账，其特点是将前后密切相关的经济业务在同一行内进行登记，以检查每笔业务的变动及完成情况。其明细账实际上也是一种多栏式明细账。这种明细账适用于登记在途物资、应收票据和一次性备用金业务，如“其他应收款”明细分类账。其格式见表 6-17。

表 6-17　其他应收款——备用金明细分类账　第　页

<table>
<tr><th colspan="2" rowspan="2">2021 年</th><th rowspan="3">凭证号数</th><th rowspan="3">摘要</th><th rowspan="3">户名</th><th rowspan="3">借方（借支）</th><th colspan="5">贷方（报销、收回）</th><th rowspan="3">备注</th></tr>
<tr><th colspan="2">2021 年</th><th rowspan="2">凭证号数</th><th rowspan="2">报销金额</th><th rowspan="2">收回金额</th></tr>
<tr><th>月</th><th>日</th><th>月</th><th>日</th></tr>
<tr><td></td><td></td><td></td><td></td><td></td><td></td><td></td><td></td><td></td><td></td><td></td><td></td></tr>
<tr><td></td><td></td><td></td><td></td><td></td><td></td><td></td><td></td><td></td><td></td><td></td><td></td></tr>
<tr><td></td><td></td><td></td><td></td><td></td><td></td><td></td><td></td><td></td><td></td><td></td><td></td></tr>
<tr><td></td><td></td><td></td><td></td><td></td><td></td><td></td><td></td><td></td><td></td><td></td><td></td></tr>
<tr><td></td><td></td><td></td><td></td><td></td><td></td><td></td><td></td><td></td><td></td><td></td><td></td></tr>
<tr><td></td><td></td><td></td><td></td><td></td><td></td><td></td><td></td><td></td><td></td><td></td><td></td></tr>
</table>

2）明细分类账的登记方法

不同类型经济业务的明细分类账可根据管理需要，依据记账凭证、原始凭证或汇总原始凭证逐日逐笔或定期汇总登记。固定资产、债权、债务等明细账应逐日逐笔登记；原材料、库存商品收发明细账以及收入、费用明细账可逐笔登记，也可定期汇总登记。库存现金、银行存款账户由于已设置了日记账，不必再设明细账，其日记账实质上也是一种明细账。

6.3.4 备查账簿的格式和登记方法

备查账簿与日记账和分类账相比，其格式和登记方法不同，备查账簿的主要栏目不记录金额，它更注重用文字来表达某项经济业务的发生情况。例如，租入固定资产登记簿，它登记的依据主要是租赁合同与企业内部使用单位收到设备的证明。这两者在企业一般经济业务的核算中不能充当正式原始凭证，只能作为原始凭证的附件。

6.3.5 总分类账与明细分类账的关系及其平行登记

1）总分类账与明细分类账的关系

总分类账与明细分类账是既有内在联系又有区别的两类账户。

（1）二者之间的联系。第一，二者所反映的经济业务内容相同。如“原材料”总分类账与其所属的明细分类账都反映企业库存材料的增减变动和结余情况。

第二，二者登记账簿的原始依据相同。登记总分类账和明细分类账所依据的原始凭证是相同的。

（2）二者之间的区别。第一，二者反映经济内容的详细程度不同。总分类账反映资金增减变动的总括情况，提供总括资料；明细分类账反映资金增减变动详细情况，提供详细资料。

第二，二者的作用不同。总分类账是对明细分类账的概括和总结，对所属明细分类账起着统驭作用；明细分类账是对总分类账的补充，对总分类账的内容起着补充说明作用。

因此，总分类账与明细分类账提供的资料相互补充，既总括又详细地说明同一核算内容。

2）总分类账与明细分类账的平行登记

所谓平行登记，是指对同一项交易或者事项，要记入有关的总分类账户，设有明细分类账户的，还要记入有关的明细分类账户。概括起来，平行登记有如下四个要点：

（1）依据相同，即将发生的交易或事项记入总分类账户及其所属明细分类账户时，所依据的会计凭证（特别是指原始凭证）相同。虽然登记总分类账户及其所属明细分类账户的直接依据不一定相同，但原始依据是相同的。

（2）方向一致，即将发生的交易或事项记入总分类账户及其所属的明细分类账户时，记账的借贷方向应当一致。如果记入总分类账户的是借方（或贷方），记入其所属的明细分类账户时，也应记入借方（或贷方）。

（3）期间相同，即对发生的每一交易或事项，既要记入有关的总分类账户，又要在同一会计期间内记入其所属的明细分类账户。尽管登记总账与明细账的具体日期不一定相同，但都要在同一会计期间内进行登记。

（4）金额相等，即对发生的每一交易或事项，记入总分类账户的金额与记入其所属的明细分类账户的金额之和相等。

3）总分类账和明细分类账平行登记举例

工作实例6-3

工作实例6-3
解析

光华工厂2021年12月31日有关“应收账款”的总分类账户和明细分类账户的余额如下（增值税税率为13%）：

“应收账款”总分类账户借方余额800 000元；“应收账款——甲公司”明细分类账户借方余额300 000元；“应收账款——乙公司”明细分类账户借方余额500 000元。

12月份发生下列经济业务：

（1）5日，向甲公司销售一批商品，含税售价450 000元，货款尚未收取。

（2）9日，收到乙公司前欠商品货款500 000元。

（3）16日，收到甲公司上月货款余额300 000元。

（4）27日，向乙公司销售一批商品，含税售价200 000元，货款尚未收取。

根据上述经济业务编制会计分录，平行登记“原材料”总分类账户及明细分类账户，并编制应收账款总分类账户及其所属明细分类账户发生额及余额对照表。

6.4 更正错账

微课6-1
错账更正方法（1）

错账更正是指根据记账凭证登记账簿之后，发现已登记的账簿有错而采用的一种补救措施。可见，错账的更正就是对账簿中错误记录的更正。按《会计基础工作规范》的规定，账簿记录发生错误，不准涂改、挖补、刮擦或者用药水消除字迹，不准重新抄写，而必须采用规定的更正方法。常用的错账更正方法有三种：划线更正法、红字更正法和补充更正法。

6.4.1 划线更正法

在结账前，如果发现账簿记录有错误，而记账凭证没有错误，即纯属账簿记录中的文字或数字的笔误，可用划线更正法予以更正。

更正的方法是：先将账页上错误的文字或数字划一条红线，以表示予以注销，然后，将正确的文字或数字用蓝字写在被注销的文字或数字的上方，并由记账人员在更正处盖章。应当注意的是，更正时，必须将错误数字全部划销，而不能只划销、更正其中个别错误的数码，并应保持原有字迹仍可辨认，以备查考。

如将35 000错记成53 000，正确的方法应是将53 000全部用红线划掉，再在上方写上正确的数字35 000。对于文字错误，可以只划去错误的字词。更正后记账人员应在上方盖章，以示负责。

6.4.2　红字更正法

微课6-2

错账更正方法（2）

在记账以后，如果发现记账凭证中应借应贷的会计科目、方向或金额发生错误，可以用红字更正法进行更正。一般适用于以下两种情况：

（1）记账后发现记账凭证中的应借、应贷会计科目有错误，从而引起记账错误。更正时，先用红字填制一张与原错误记账凭证内容完全相同的记账凭证，在“摘要”栏内注明“冲销某月某日某号凭证”，并据以用红字登记有关账簿，冲销原来的错误记录；然后再用蓝字填制一张正确的记账凭证，在“摘要”栏内注明“订正某月某日某号凭证”，并据以用蓝字登记有关账簿。

工作实例6-4

某企业以银行存款4 500元购买材料，已验收入库。填制记账凭证时，误作下列凭证并入账：

（1）借：原材料　　4 500
　　贷：库存现金　　4 500

更正时，先用红字填制一张与原来错误记账凭证内容相同的记账凭证，并用红字登记入账。

（2）借：原材料　　4 500
　　贷：库存现金　　4 500

再用蓝字填制一张正确的记账凭证，并用蓝字登记入账。

（3）借：原材料　　4 500
　　贷：银行存款　　4 500

有关账簿更正记录如图6-2所示。

借方　原材料　贷方

借方	贷方
（1）4 500	
（2）4 500	
（3）4 500	

借方　库存现金　贷方

借方	贷方
	（1）4 500
	（2）4 500

借方　银行存款　贷方

借方	贷方
	（3）4 500

图6-2　有关账簿更正记录

（2）记账后发现记账凭证和账簿记录中应借、应贷会计科目无误，只是所记金额大于应记金额。更正时，应将多记金额用红字填制一张与原来错误记账凭证内容相同的记账凭证，在“摘要”栏内注明“冲销某月某日某号凭证多记金额”，并用红字登记入账，以冲销账簿中多记的金额。

工作实例6-5

联华公司从银行提取现金14 500元，备发工资。根据现金支票存根编制记账凭证时，误作如下凭证，并已入账：

（1）借：库存现金　　15 400

贷：银行存款　　15 400

所记金额15 400元减去应记金额14 500元等于900元。将所记金额大于应记金额的900元，作红字凭证，冲销多记金额，并据以用红字入账。

（2）借：库存现金　　900

贷：银行存款　　900

有关账簿更正记录如图6-3所示。

借方	库存现金	贷方
（1）15 400		
（2）900		

借方	银行存款	贷方
		（1）15 400
		（2）900

图6-3　有关账簿更正记录

6.4.3　补充登记法

记账后发现记账凭证和账簿记录中应借、应贷会计科目无误，只是所记金额小于应记金额，可采用补充登记法予以更正。

更正时，首先计算出应记金额和所记金额的差额，然后将少记金额用蓝字填制一张与原来错误记账凭证内容相同的记账凭证，在“摘要”栏内注明“补充某月某日某号凭证少记金额”，并用蓝字登记入账，以增加账簿中的少记金额。

工作实例6-6

阳光实业公司向新亚公司购进A材料一批，价值52 000元，货款尚未支付，材料已验收入库。根据A材料的发货票，作了如下记账凭证（不考虑增值税）：

（1）借：原材料——A材料　　50 000

贷：应付账款——新亚公司　　50 000

应记金额52 000元，凭证及账簿均少记了2 000元，应以蓝字金额填制一张与原来错误凭证相同的记账凭证，金额为2 000元，并据以入账。

（2）借：原材料——A材料　　2 000

贷：应付账款——新亚公司　　2 000

有关账簿更正记录如图6-4所示。

借方	原材料	贷方
（1）50 000		
（2）2 000		

借方	应付账款	贷方
		（1）50 000
		（2）2 000

图6-4　有关账簿更正记录

以上三种错账的更正方法中，除了划线更正法外，其他方法在填制更正的会计凭证时，均应在记账凭证的“摘要”栏内注明“订正（冲销或补充）某年某月某日某号凭证”的字样，以便查核。

6.5 对账及结账

6.5.1 对账的含义

对账就是为了保证账簿记录的真实性、完整性和准确性，在记账以后、结账之前，定期或不定期地对有关数据进行检查、核对，以便为编制会计报表提供真实、可靠数据资料的重要会计工作。

对账工作一般在月末进行，即在记账之后、结账之前进行。

6.5.2 对账的内容

对账的主要内容包括账证核对、账账核对、账实核对三个方面。

1）账证核对

账证核对，是指对各种账簿记录与记账凭证及其所附原始凭证的时间、凭证字号、内容、金额是否一致，记账方向是否相符等进行的核对，目的是检查记账有无错误，以保证账证相符。账证核对一般是通过编制凭证和记账过程中的“复核”环节进行的。

2）账账核对

账账核对是在账证核对相符的基础上，对不同账簿记录之间的有关数字进行的核对。其主要包括：

（1）总分类账中全部总账账户的期末借方余额合计数与全部总账账户的期末贷方余额合计数应核对相符。这种核对可以通过编制总账账户试算平衡表进行。

（2）总分类账中“库存现金”和“银行存款”账户期末余额应分别与库存现金日记账、银行存款日记账的期末余额核对相符。

（3）总分类账中各账户的期末余额应与其所属明细分类账的期末余额合计数核对相符。这种核对可以通过编制“总分类账户与明细分类账户发生额及余额对照表”来进行。

（4）财会部门的各种财产物资明细分类账的期末余额应与财产物资保管和使用部门的财产物资明细账的结存数核对相符。

3）账实核对

账实核对是在账账核对的基础上，将各种财产物资和债权、债务等的账面余额与实存数额进行的核对。其包括：

（1）库存现金日记账账面余额与库存现金实存数的核对。

（2）银行存款日记账账面余额与银行对账单的核对。

（3）各种应收、应付款项明细账账面余额与有关债务人、债权人的相关账面余额核对相符。

（4）各种财产物资明细分类账账面余额与财产物资实存数核对相符。

6.5.3 结账

结账是一项将账簿记录定期结算清楚的账务工作，就是在会计期末（月末、季末、年末）将本期内所有发生的经济业务全部登记入账以后，计算出各个账户的本期发生额和期末余额。结账工作也是编制会计报表的先决条件。

结账的内容通常包括两个方面：一是结清各种损益类账户，并据以计算确定本期利润；二是结清各资产、负债和所有者权益类账户，分别结出本期发生额合计和余额。

1）结账的程序

（1）结账前，必须将本期内所发生的各项交易或事项全部登记入账，并保证其正确性。

（2）根据权责发生制的要求，调整有关账户，合理确定本期应计的收入和费用。

（3）将各损益类账户转入“本年利润”账户，结平所有损益类账户。

（4）结出资产、负债和所有者权益类账户的本期发生额和期末余额，并结转下期。

计算本期各类账簿本期发生额和期末余额的工作，一般按月进行，称为月结；有的账目按季度结账，称为季结；年度终了时进行年结。

2）结账的方法

结账时，应根据不同的账户记录，分别采用不同的结账方法：

（1）对不需按月结计本期发生额的账户，如各项应收应付款明细账和各项财产物资明细账等，每次记账以后，都要随时结出余额，每月最后一笔余额即为月末余额。也就是说，月末余额就是本月最后一笔经济业务记录的同一行内余额。月末结账时，只需要在最后一笔经济业务记录下面通栏划单红线，不需要再结计一次余额。

（2）库存现金、银行存款日记账和需要按月结计发生额的收入、费用等明细账，每月结账时，要在最后一笔经济业务记录下面通栏划单红线，结出本月发生额和余额，在摘要栏内注明“本月合计”字样，在下面通栏划单红线。

（3）需要结计本年累计发生额的某些明细账户，每月结账时，应在“本月合计”行下结出自年初起至本月末止的累计发生额，登记在月份发生额下面，在摘要栏内注明“本年累计”字样，并在下面通栏划单红线。12月月末的“本年累计”就是全年累计发生额，全年累计发生额下面应当通栏划双红线。

（4）总账账户平时只需结出月末余额。年终结账时，为了总括地反映全年各项资金运动情况的全貌，核对账目，要将所有总账账户结出全年发生额和年末余额，在摘要栏内注明“本年合计”字样，并在合计数下通栏划双红线。

（5）年度终了结账时，有余额的账户，要将其余额结转到下一会计年度，并在摘要栏注明“结转下年”字样；在下一会计年度新建有关会计账簿的第一行余额栏内填写上年结转的余额，并在摘要栏注明“上年结转”字样。

【提示】

（1）将有余额的账户的余额直接记入新账余额栏内，不需要编制记账凭证，也不必将余额再记入本年账户的借方或贷方。

（2）在账簿中，结账通过划“结账线”表示：平时结账划单红线，年末结账划双红线。“结账线”应用通栏红线表示，不能只在账页中的金额部分划线。

（3）结出余额后，应在余额栏前的“借或贷”栏内写明“借”或“贷”字样，没有余额的账户，应在余额栏前的“借或贷”栏内写“平”字，并在余额栏内用“0”表示。

6.5.4　会计账簿的更换

会计账簿的更换通常是在新会计年度建账时进行。一般来说总账、日记账和多数明细账应每年更换一次。在年度终了时更换新账簿，并将各账户的年末余额结转到新的年度。

但有些财产物资明细账和债权债务明细账，不必每年更换一次，可以跨年度继续使用，如固定资产明细账、应收账款明细账等。各种备查账簿也可以跨年度连续使用。

本章小结

本章阐述了账簿的概念、意义、种类、设置和登记，错账的更正，对账和结账以及账簿的更换和保管等内容。设置和登记账簿是会计核算的专门方法，也是会计核算工作的中心环节。

为了满足不同会计信息使用者的需要，企业应设置和登记日记账、总分类账和各种明细分类账等。登记和使用账簿必须遵守一定的规则，会计主体还必须定期地进行结账和对账，为编制会计报表提供依据。

账簿可以按不同的标准进行分类，主要有以下三种：按用途分类，可分为序时账簿、分类账簿和备查账簿；按外表形式分类，可分为订本式账簿、活页式账簿和卡片式账簿；按账页格式分类，可分为两栏式账簿、三栏式账簿、多栏式账簿和数量金额式账簿。

总分类账是按照总分类账户分类登记全部经济业务的账簿。由于总分类账能够全面、总括地反映经济活动情况，并为编制会计报表提供资料，因而任何单位都要设置总分类账。总分类账一般采用借方、贷方、余额三栏式的订本账。

明细分类账是按照明细分类账户详细记录某一经济业务的账簿。明细分类账所提供的有关经济活动的详细资料，也是编制会计报表的依据之一。明细分类账主要有三栏式明细账、数量金额式明细账、多栏式明细账和横线登记式等格式。

在账簿设置的基础上，会计人员应依据审核无误的会计凭证，按照账簿登记规则登记各种账簿。为保证账簿记录的真实可靠，还要进行对账，即账证核对、账账核对和账实核对，期末办理结账。发生错账时应区分不同情况采用划线更正法、红字更正法和补充更正法等。

通常每年应更换账簿，但有些账簿也可以不更换，如固定资产明细账等。

习题与实训

随堂测6

1）单项选择题

（1）按用途分类，总账属于（　　）。

A.序时账簿　　B.分类账簿

C.备查账簿　　D.日记账

（2）总账、库存现金日记账和银行存款日记账应采用（　　）。

A.活页账　　B.订本账　　C.卡片账　　D.以上均可

（3）数量金额式明细账适用于“（　　）”账户的明细账。

A.原材料　　B.应收账款　　C.生产成本　　D.实收资本

（4）下列明细账中，应采用三栏式明细分类账的是（　　）。

A.制造费用明细账　　B.库存商品明细账

C.应收账款明细账　　D.管理费用明细账

（5）（　　）明细账应根据经济业务的内容和经营管理的需要，在“借方”或“贷方”分别按明细项目设若干专栏。

A.三栏式　　B.多栏式　　C.数量金额式　　D.横线登记式

（6）总账一般采用（　　）。

A.“收入”“支出”“结余”三栏式账页

B.“借方”“贷方”“余额”三栏式账页

C.多栏式账页

D.横线登记式账页

（7）库存现金日记账、银行存款日记账的登记方法是（　　）。

A.逐日汇总登记　　B.定期逐笔序时登记

C.逐日逐笔分类登记　　D.逐日逐笔序时登记

（8）库存现金日记账和银行存款日记账的登记依据是（　　）。

A.审核无误的收、付款原始凭证　　B.审核无误的收、付款记账凭证

C.审核无误的所有原始凭证　　D.审核无误的所有记账凭证

（9）下列说法中错误的是（　　）。

A.记账凭证中会计科目错误且已登账，应采用红字更正法更正

B.记账凭证中金额多记且已登账，应采用红字更正法更正

C.记账凭证中金额少记且已登账，应采用补充登记法更正

D.记账凭证无错但账簿金额少记，应采用补充登记法更正

（10）下列各项中，属于账证核对的是（　　）。

A.总分类账与其所属明细分类账核对

B.企业银行存款日记账与银行对账单核对

C.明细分类账之间的核对

D.总分类账与转账凭证之间的核对

(11) 在登账时，如果发生隔页、跳行，(　　)。

A.应将空页撕掉

B.应更改账簿记录

C.应将空页、空行用蓝线对角划掉，加盖“作废”字样，并由记账人员签章

D.应将空页、空行用红线对角划掉，加盖“作废”字样，并由记账人员签章

(12) 没有余额的账户，应在“借或贷”栏内(　　)。

A.注明没有余额

B.注明没有余额，并在余额栏内用“0”表示

C.注明“平”字

D.注明“平”字，并在余额栏内用“0”表示

(13) 每登记满一张账页时，应(　　)。

A.在下一页继续记录发生的业务

B.加计本页发生额总数，结出余额，填在账页的最末一行

C.在本页的最末一行摘要栏内注明“转次页”字样

D.加计本页发生额总数，结出余额，填在账页的最末一行，并在摘要栏内注明“转次页”字样

(14) 企业“银行存款日记账”与“银行对账单”之间的核对属于(　　)。

A.账证核对　　B.账账核对

C.账实核对　　D.债权债务核对

(15) 对于因为记账凭证的会计科目用错而导致的账簿错误，应采用(　　)更正。

A.划线更正法　　B.红字更正法　　C.补充登记法　　D.涂改法

(16) 某企业用现金报销职工医药费168元，会计人员编制的付款凭证为借记应付职工薪酬186元，贷记库存现金186元，并已登记入账。当年发现记账错误，更正时应采用的更正方法是(　　)。

A.划线更正法　　B.红字更正法

C.补充登记法　　D.重编正确的付款凭证

(17) 记账凭证填制正确，记账时文字或数字发生笔误引起的错账，应采用(　　)进行更正。

A.划线更正法　　B.重新登记法　　C.红字更正法　　D.补充登记法

(18) 某企业通过银行收回应收账款8 000元，在填制记账凭证时，误将金额记为6 000元，并已登记入账。当年发现记账错误，更正时应采用的更正方法是(　　)。

A.重编正确的收款凭证　　B.划线更正法

C.红字更正法　　D.补充登记法

(19) 账簿按用途分类时，管理费用明细账属于(　　)。

A.序时账簿　　B.分类账簿　　C.备查账簿　　D.订本账簿

(20) 最适合用于登记存货的账簿是(　　)。

A.两栏式账簿　　B.三栏式账簿　　C.多栏式账簿　　D.数量金额式账簿

2）多项选择题

（1）为了便于了解和运用会计账簿，可以对其进行的分类包括（　　）。

A.按账簿外表形式分类　　B.按账簿账页格式分类

C.按账簿用途分类　　D.按账簿经济内容分类

（2）银行存款日记账的登记依据可能是（　　）。

A.现金收款凭证　　B.银行存款收款凭证

C.现金付款凭证　　D.银行存款付款凭证

（3）下列账簿中，不能使用活页式的有（　　）。

A.制造费用明细账　　B.银行存款日记账

C.预付账款明细账　　D.原材料总账

（4）下列明细账中，应采用数量金额式账页的有（　　）。

A.应收账款　　B.实收资本　　C.原材料　　D.库存商品

（5）登账时应用红色墨水书写的情况有（　　）。

A.直接更改错误的文字和数字记录　　B.补充登记漏记的金额

C.冲销错账的金额　　D.月末结账后划线

（6）下列关于结账的做法中正确的有（　　）。

A.所有账户的总账和明细账都要结计本期发生额和余额

B.库存现金日记账需要按月结计发生额和余额

C.需要结计本年累计发生额的某些明细账，其12月月末的“本年累计”就是全年的累计发生额

D.总账账户平时只需结出月末余额

（7）以下属于账实核对的有（　　）。

A.银行存款日记账的账面余额与银行对账单核对

B.库存现金日记账余额与其总账余额核对

C.所有总账账户借方余额合计与贷方余额合计核对

D.本单位应收账款账面余额与对方单位账面记录核对

（8）采用多栏式明细账的有（　　）。

A.生产成本明细账　　B.主营业务收入明细账

C.制造费用明细账　　D.本年利润明细账

（9）用划线更正法更正错误时，应（　　）。

A.用红笔划线，并将错误数字全部划销

B.用蓝笔在错误数字上方写上正确数字

C.用红笔在错误数字上方写上正确数字

D.由更正人在更正处盖章以示负责

（10）生产车间生产产品领用原材料4 000元，填制记账凭证时，将金额误记为40 000元，科目没有错，并已登记入账。更正此种错误时（　　）。

A.应用红字更正法　　B.应用补充登记法

C.红字凭证的分录为：

借：生产成本　[36 000]

　贷：原材料　　[36 000]

D.补充凭证的分录为：

借：生产成本　　36 000

　贷：原材料　　　36 000

3）判断题

（1）会计账簿的记录是编制会计报表的前提和依据，也是检查、分析和控制单位经济活动的重要依据。（　　）

（2）各单位不得违反会计法和国家统一的会计制度的规定私设会计账簿。（　　）

（3）活页式账簿便于记账人员的分工，但账页容易散失和被随意抽换。（　　）

（4）多栏式账簿主要适用于既需要记录金额，又需要记录实物数量的财产物资明细账户。（　　）

（5）日记账应逐日逐笔顺序登记，总账可以逐笔登记，也可以汇总登记。（　　）

（6）登记库存现金日记账的依据是现金收付款凭证和银行收付款凭证。（　　）

（7）现金收付业务较少的单位，不必单独设置库存现金日记账，可以银行对账单或其他方法代替库存现金日记账，以简化核算。（　　）

（8）会计账簿登记中，如果不慎发生隔页，应立即将空页撕掉，并更改页码。（　　）

（9）如果发现以前年度记账凭证中会计科目和金额有错误并已导致账簿记录出现差错，可以采用红字更正法予以更正。（　　）

（10）记账凭证正确，因登记时的笔误而引起的账簿记录错误，可以采用划线更正法予以更正。（　　）

（11）根据具体情况，会计人员可以使用铅笔、圆珠笔、钢笔、蓝黑墨水或红色墨水填制会计凭证，登记账簿。（　　）

（12）在期末结账前发现账簿记录中文字出现错误，可以用红字更正法更正。（　　）

（13）对账，就是核对账目，即对各种会计账簿之间相对应的记录进行核对。（　　）

（14）总账账户平时只需结计月末余额，不需结计本月发生额。（　　）

（15）年终结账时有余额的账户，其余额结转到下一会计年度的方法是：将余额直接记入下一会计年度新建会计账簿同一账户的第一行余额栏内，并在摘要栏注明“上年结转”字样。（　　）

4）单项实训题

【实训题一】

【目的】库存现金日记账和银行存款日记账的登记方法。

【资料】

（1）欣欣公司2022年9月30日银行存款日记账的余额为30 000元，库存现金日记账的余额为1 000元。

（2）10月份发生下列现金和银行存款收付业务：

①2日，收到投资者追加投资100 000元并存入银行（银收1）。

②4日，从银行提取现金3 000元备用（银付1）。

③6日，从银行提取现金60 000元备发工资（银付2）。

④6日，以现金60 000元发放工资（现付1）。

⑤15日，职工刘华出差预借差旅费1 500元（现付2）。

⑥18日，以银行存款支付广告费5 000元（银付3）。

⑦20日，刘华出差回来报销差旅费1 200元（管理费用），余额300元退回（转账1、现收1）。

⑧22日，销售产品一批，价款及税款共计46 800元存入银行（银收2）。

⑨25日，收到某单位预付货款25 000元并存入银行（银收3）。

⑩30日，以银行存款支付电话费4 200元（银付4）。

【要求】登记库存现金日记账和银行存款日记账，见表6-18和表6-19。

【实训题二】

【目的】错账的更正方法。

【资料】华立公司12月份对账时发现下列记账凭证或账簿记录有误：

（1）10日，生产甲产品领用材料一批，价值16 000元。原编制的记账凭证为：

借：生产成本 1 600

贷：原材料 1 600

并据以登记入账。

表6-18 库存现金日记账 单位：元

2022年		凭证号数	摘 要	对方科目	收入	支出	结余
月	日						
10	1		期初余额				

表6-19 银行存款日记账 单位：元

2022年		凭证号数	结算方式支票号码	对方单位	摘要	对应账户	收入	支出	结余
月	日								
10	1				期初余额				

（2）15日，开出现金支票1 500元，支付企业行政管理部门的日常开支。原编制的记账凭证为：

借：管理费用 1 500

　贷：库存现金 1 500

并据以登记入账。

（3）20日，采购员王一回公司报销差旅费700元，原预借800元，余款交回现金。原编制的记账凭证为：

借：管理费用 700

　　库存现金 100

　贷：其他应收款 800

在登记账簿时，“其他应收款”账户贷方所记金额为80元。

（4）25日，收到客户的包装物押金900元。原编制的记账凭证为：

借：银行存款 900

　贷：其他应收款 900

并据以登记入账。

（5）30日，以银行存款支付欠供应商的货款3 600元。原编制的记账凭证为：

借：应付账款　　4 300

　贷：银行存款　　4 300

并据以登记入账。

（6）30日，结转本月完工产品成本4 500元。原编制的记账凭证为：

借：库存商品　　5 300

　贷：生产成本　　5 300

并据以登记入账。

（7）30日，分配结转本月发生的制造费用54 600元。原编制的记账凭证为：

借：生产成本　　46 600

　贷：制造费用　　46 600

并据以登记入账。

（8）30日，预提应由本月负担的银行借款利息900元。原编制的记账凭证为：

借：管理费用　　900

　贷：应付利息　　900

并据以登记入账。

【要求】根据上述错账的类型，选用适当的错账更正方法进行更正。

【实训题三】

【目的】练习总分类账户和明细分类账户的平行登记。

【资料】

（1）佳佳公司2022年1月31日有关总分类账户和明细分类账户的余额如下：

①总分类账户："原材料"840 000元；"应付账款"250 000元（贷方余额）。

②明细分类账户：

"原材料——甲材料"账户：2 200吨，单价200元，440 000元。

"原材料——乙材料"账户：4 000吨，单价100元，400 000元。

"应付账款——东东公司"账户：220 000元（贷方余额）。

"应付账款——大兴公司"账户： 30 000元（贷方余额）。

（2）2月份发生下列有关经济业务（不考虑增值税）：

①5日，用银行存款40 000元购进甲材料200吨，材料已验收入库。

②10日，以银行存款200 000元偿还前欠东东公司材料货款。

③15日，向大兴公司购进乙材料1 000吨，单价100元，货款100 000元尚未支付。材料已验收入库。

④20日仓库发出材料一批用于产品生产，其中，甲材料2 000吨，单价200元；乙材料4 500吨，单价100元。

⑤25日，以银行存款130 000元偿还前欠大兴公司材料货款。

【要求】

（1）根据资料（1）开设"原材料""应付账款"总分类账和明细分类账，并登记期初余额。（以"T"形账户表示）

（2）根据资料（2）编制会计分录。

（3）根据会计分录和资料（1）对“原材料”“应付账款”总分类账及明细分类账进行平行登记，并结出各账户的本期发生额及期末余额。（以“T”形账户表示）

（4）编制总分类账和明细分类账对照表。

【实训题四】

【目的】总分类账的开设和登记。

【资料】雅的公司2020年12月1日有关账户期初余额见表6-20。

表6-20 账户期初余额表 单位：元

账户名称	借方金额	账户名称	贷方金额
库存现金	100 000	应付账款	180 000
银行存款	250 000	短期借款	80 000
应收账款	150 000	实收资本	360 000
原材料	120 000		
合计	620 000	合计	620 000

12月份发生如下经济业务（不考虑增值税）：

（1）11日，接到银行收款通知，收到兴发公司投入资金200 000元，已存入银行账户。

（2）13日，销售产品取得收入90 000元，货款尚未收到。

（3）15日，以银行存款支付20 000元广告费。

（4）20日，向海鑫公司购入原材料60 000元，运杂费3 000元，原材料已入库，货款和运杂费尚未支付。

（5）23日，将现金6 000元存入银行。

（6）25日，向银行申请取得6个月借款90 000元，已存入银行账户。

（7）31日，接到银行通知，江山公司归还前欠货款60 000元，已存入银行。

【要求】

（1）根据上述资料编制记账凭证。

（2）开设总分类账，并登记总分类账户，结出期末余额。（以“T”形账户表示）

第 7 章

财产清查

知识目标

1.理解财产清查的意义和种类。
2.明确各种财产物资的清查方法。
3.掌握财产清查的账务处理。

能力目标

1.能编制银行存款余额调节表。
2.能对财产清查进行会计处理。

思政目标

1.具有良好的语言表达、逻辑思维能力，待人热情周到。
2.细心谨慎是最基本的工作要求。

重点难点

重点：银行存款余额调节表的编制、财产清查的方法及会计处理。
难点：财产清查结果的会计处理、银行存款余额调节表的编制。

7.1 财产清查认知

7.1.1 财产清查的概念及意义

1）财产清查的概念

所谓财产清查，是指通过对货币资金、实物资产和往来款项的盘点或核对，确定其实存数，查明账存数与实存数是否相符的一种专门方法。

为了保证财务信息资料的真实性，对于各种财产物资的增减变动和结存情况，都必须通过账簿记录来反映。为了保证账簿记录的正确和完整，应当定期或不定期地进行账证核对和账账核对，检查账簿是否根据会计凭证进行了正确的登记。在实际工作中，由于种种原因，可能会使财产物资的账面结存数与实际结存数发生差异，即账实不符。造成账实不符的原因主要有：

（1）在管理和核算方面，由于手续不健全或不严密而发生的计算上或登记上的错误，如凭证或账簿中出现漏记、重记、错记或计算错误。

（2）在收发财产物资时，由于计量或检验不准确，造成品种、数量或质量上的差错。

（3）由于管理不善或责任者的过失，造成财产物资毁损、短缺等。

（4）由于财产物资保管中发生自然损耗或遭受自然灾害而造成财产物资损失。

（5）由于不法分子贪污盗窃、营私舞弊而发生财产物资损失。

因此，为了保证会计账簿记录真实、可靠，就需要各单位在编制会计报表以前，对各项财产物资进行清查，做到账实相符。特别是在编制年度会计报表之前，必须进行财产清查，并对账实不符的问题根据有关规定进行会计处理。

2）财产清查的意义

（1）确保会计核算资料的真实可靠。通过财产清查，确定各项财产物资的实存数，查明实存数与账存数之间的差异以及发生差异的原因和责任归属，以便及时调整账面记录，使账实相符，从而保证会计核算资料的真实可靠。

（2）保证财产物资的安全完整。通过财产清查，可以发现单位财产管理制度的执行情况和存在的问题，针对问题分析原因，以便改进财产物资管理，建立健全财产物资保管的岗位责任制，保证各项财产物资的安全完整。

（3）促进财产物资的有效使用。通过财产清查，查明各项财产物资储备和利用情况，以便根据不同情况，分别采取不同措施。对于储备不足的，应及时加以补充，确保生产经营的需要；对于超储、积压或呆滞的，应及时处理，防止盲目采购，提高资金使用效率，加速资金周转。

（4）确保财经纪律的贯彻执行。通过财产清查，促使经办人员自觉遵守财经纪律和结算制度，及时结清债权债务，避免发生坏账损失，维护单位的商业信用。

7.1.2 财产清查的种类

财产清查的对象和范围往往是不同的，在时间上也有区别，一般有以下几种分类：

1）按照清查对象和范围分类

财产清查按照清查对象和范围的大小不同，可分为全面清查和局部清查。

（1）全面清查。它是指对属于本单位或存放在本单位的全部财产物资、货币资金和各项债权债务进行盘点和核对。全面清查的对象一般包括：

第一，货币资金，包括库存现金、银行存款等。

第二，财产物资，包括本单位所有固定资产、库存商品、材料物资、包装物、低值易耗品，属于本单位但在途中的各种在途商品、在途材料物资，存放在本单位的代销商品、材料物资等。

第三，债权债务，包括各项应收款项、应付款项和应交款项以及银行借款等。

全面清查范围广，内容多，花费的时间长。一般在以下几种情况下才需进行全面清查：①年终决算前，需进行一次全面清查；②单位撤销、合并或改变隶属关系时，需进行全面清查，以明确经济责任；③中外合资、国内联营，需进行全面清查；④开展清产核资，需进行全面清查，以摸清家底，准确地核定资金；⑤单位主要负责人调离工作，需要进行全面清查。

（2）局部清查。它是指根据需要对一部分财产物资进行的清查。其清查对象主要是流动性较大的财产，如库存现金、库存商品、材料物资、包装物等。局部清查范围小，涉及人员少，但专业性较强，一般包括：①库存现金，出纳人员应于每日业务终了时清点核对；②银行存款，出纳人员每月至少同银行核对一次；③各种有价证券和贵重的物资，每月应清查盘点一次；④一般的库存商品、材料物资、包装物等，年内应轮流盘点或重点抽查；⑤债权债务，每年应同对方核对1～2次。

2）按照清查时间分类

财产清查按照清查的时间不同，可分为定期清查和不定期清查。

（1）定期清查。它是指按规定或预先计划安排的时间对财产物资所进行的清查。这种清查通常是在年末、季末、月末结账前进行，这样可以在编制会计报表前发现账实不符的情况，据以调整有关账簿记录，使账实相符，从而保证会计报表资料的客观真实性。这种清查范围，可以是全面清查，也可以是局部清查。一般年末进行全面清查，季末、月末进行局部清查。

（2）不定期清查。它是指根据需要所进行的临时清查。一般在以下情况下进行不定期清查：①更换财产、现金保管人员，为了分清经济责任，要对其所保管的财产、现金进行清查；②发生自然灾害或意外损失，为了查明损失情况，要对遭受损失的有关财产进行清查；③财政、审计、银行等有关部门对本单位进行会计检查，为了验证会计资料的可靠性，要按检查要求和范围进行清查；④进行临时性清产核资，对某些要求清查的资产进行清查；⑤单位撤销、合并或改变隶属关系时，应对本单位的各项财产物资、货币资金、债权债务进行清查。

上述定期清查、不定期清查，可以是全面清查，也可以是局部清查，应根据实际需要来确定。

7.1.3 财产清查的一般程序

为了保证清查工作有条不紊地进行，一般可按照以下程序组织财产清查工作：

（1）建立财产清查小组。清查小组一般由会计部门、财产保管部门及使用部门等的人员组成，由管理层研究制订财产清查计划，确定工作进度和方式方法。

（2）组织清查人员学习有关政策规定，掌握有关法律、法规和相关业务知识，以提高财产清查工作的质量。

（3）确定清查对象、范围，明确清查任务。

（4）制订清查方案，具体安排清查内容、时间、步骤、方法，以及做好必要的清查前准备工作。

（5）清查应本着先清查数量、核对有关账簿记录等，后认定质量的原则进行。

（6）填制盘存清单。清查人员要做好盘点记录，填制盘存清单，列明所查财产物资的实存数量和款项及债权债务的实有数额。

（7）根据盘存清单填制实物、往来账项清查结果报告表。

7.2 财产清查的方法

由于财产物资的种类较多，各有其特点，为了达到财产清查工作的目的，针对不同的清查对象应采取不同的清查方法。

7.2.1 货币资金的清查

货币资金包括库存现金、银行存款和其他货币资金。对货币资金的清查主要是清查库存现金和银行存款。

1）库存现金的清查

库存现金的清查，是通过实地盘点的方法，确定库存现金的实存数，然后与库存现金日记账的账面余额核对，查明账款是否相符以及长余或短缺情况。

每日业务终了，出纳人员应将库存现金日记账的账面余额与现金的实存数进行核对，做到账实相符。清查小组清查前，出纳人员应将全部有关现金的收付款凭证登记入账，结出库存现金余额并填列在“库存现金盘点报告表”的“账存金额”栏。清查小组盘点时，出纳人员必须在场，现金应逐张查点。清查人员还应认真审核收付款凭证，注意有无违反现金管理制度（如白条抵库、挪用现金等）的情况。盘点结束后，应根据现金盘点结果，填制“库存现金盘点报告表”，并由盘点人员和出纳人员签章。库存现金盘点报告表是证明现金实有数额的重要原始凭证，也是查明账实不符原因和据以调整账簿记录的重要依据。其格式见表7-1。

表7-1 库存现金盘点报告表

单位名称：　　　　　　　　　　　　年　　月　　日

实存金额	账存金额	实存与账存对比		备注
		盘盈	盘亏	

盘点人签章：　　　　　　　　　　　　　　　　出纳员签章：

2）银行存款的清查

微课7-1

银行存款调节表的编制（1）

银行存款的清查与库存现金的清查方法不同，不是采用实地盘点法，而是采用与开户银行核对账目的方法进行的，也称对账单法。

银行存款清查的对账单法，是指将本单位银行存款日记账的账簿记录与开户银行转来的对账单逐笔进行核对，来查明银行存款的实有数额。企业在采用对账单法进行银行存款清查之前，应先检查本企业银行存款记录的完整性和余额；然后，将银行送来的对账单上所记录的银行存款收付记录与本企业银行存款日记账中登记的收付记录逐笔核对，若核对不符，原因主要有记账错误和未达账项两种。银行存款的清查一般在月末进行。

记账错误主要有两种情况：企业在编制记账凭证时会计分录做错，多记、少记金额造成银行存款日记账登记错误；银行记账发生串户等。因企业原因造成的日记账登记错误，须运用规定的错账更正方法进行更正，因银行方面的原因造成对账单金额的错误，应立即通知银行加以更正。

未达账项是指企业与银行之间，对同一项经济业务，由于凭证传递上的时间差所形成的一方已经登记入账，而另一方因未收到相关凭证，尚未登记入账的事项。具体来说，未达账项一般有以下四种情况：

（1）单位已记银行存款增加，而开户银行尚未记账（企业已收，银行未收）。例如，企业将销售商品收到的转账支票存入银行，根据银行盖章退回的“进账单”回联已登记银行存款增加，而银行尚未登记入账。

（2）单位已记银行存款减少，而开户银行尚未记账（企业已付，银行未付）。例如，企业开出一张转账支票购买办公用品，企业根据支票存根、入库单等原始凭证，已记银行存款减少，而银行此时尚未收到付款凭证尚未登记减少。

（3）开户银行已记单位存款增加，而单位尚未记账（银行已收，企业未收）。例如，外地某单位以汇兑方式支付企业销货款，银行收到汇款后已登记企业存款增加，而企业因未收到汇款凭证而尚未登记银行存款增加。

（4）开户银行已记单位存款减少，而单位尚未记账（银行已付，企业未付）。例如，银行受委托代企业支付电费，银行已取得支付电费的凭证，已减少了企业的存款，而企业因未收到银行支付电费的凭证而尚未登记银行存款减少。

在存在（1）与（4）两种未达账项的情况下，企业银行存款日记账的账面余额会大于银行对账单的余额；在存在（2）与（3）两种未达账项的情况下，企业银行存款日记账的账面余额会小于银行对账单的余额。

微课7-2

银行存款调节表的编制（2）

所以，在与银行对账时首先应查明是否存在未达账项，如果存在，就应该编制“银行存款余额调节表”，据以调节双方的账目余额，确定企业银行存款实有数。

银行存款余额调节表的编制，是以双方账面余额为基础，各自分别加上对方已收款入账而自己这一方尚未入账的数额，减去对方已付款入账而自己这一方尚未入账的数额。其计算公式如下：

$$\text{企业银行存款日记账余额}+\text{银行已收企业未收款}-\text{银行已付企业未付款}=\text{银行对账单存款余额}+\text{企业已收银行未收款}-\text{企业已付银行未付款}$$

如果相等，表明双方记账都是正确的；如果调节后双方的余额仍不相等，就表明还存在记账错误，应进一步查明原因，并按照错账更正的方法予以更正。

下面举例说明“银行存款余额调节表”的编制方法。

工作实例7-1

某企业2022年3月31日银行存款日记账的账面余额为920 000元，银行对账单上的余额为1 050 000元，经逐笔核对，查明有以下几笔未达账项：

（1）企业月末将收到的转账支票6 000元送存银行，企业已记账，而银行因尚未办妥划款手续尚未记账。（企业已收，银行未收）

（2）企业月末开出转账支票4 500元，企业已记账，而收票人尚未向银行办理进账手续，银行尚未记账。（企业已付，银行未付）

（3）银行代企业收入销货款133 000元，银行已记账，而企业尚未收到银行收款通知，尚未记账。（银行已收，企业未收）

（4）银行收取了企业短期借款第一季度的利息1 500元，银行已记账，而企业尚未收到银行的计付利息通知单，尚未记账。（银行已付，企业未付）

根据上述资料，编制“银行存款余额调节表”，见表7-2。

表7-2 银行存款余额调节表

2022年3月31日 单位：元

项目	金额	项目	金额
企业银行存款账面余额	920 000	银行对账单账面余额	1 050 000
加：银行已收，企业未收 减：银行已付，企业未付	133 000 1 500	加：企业已收，银行未收 减：企业已付，银行未付	6 000 4 500
调节后的存款余额	1 051 500	调节后的存款余额	1 051 500

调节后的银行存款余额，是月末企业银行存款的真正实有数额，即企业实际可动用的存款数额。需要注意的是：编制银行存款余额调节表，只是为了检查账簿记录的正确性，而不是要更改账簿记录。所以，企业不得按照银行存款余额调节表调整账面金额，各项未达账项要待收到银行转来的有关收、付结算凭证时，方可进行账务处理。

其他货币资金的清查方法与银行存款的清查基本相同，上述对银行存款的清查同样适用于银行借款。

课堂实训7-1

【目的】练习银行存款余额调节表的编制。

【资料】华夏公司2022年6月30日银行存款日记账余额为80 000元，银行对账单上的余额为82 425元，经过逐笔核对发现有下列未达账项：

1.企业于6月30日存入从其他单位收到的转账支票一张计8 000元，银行尚未入账。

2.企业于6月30日开出转账支票6 000元，现金支票500元，持票人尚未到银行办理转账和取款手续，银行尚未入账。

3.委托银行代收的外埠货款4 000元，银行已经收到入账，但收款通知尚未到达企业。

4. 银行受运输机构委托代收运费，已经从企业存款中付出150元，但企业尚未接到转账付款通知。

5. 银行计算企业的存款利息75元，已经记入企业存款户，但企业尚未入账。

【要求】编制“银行存款余额调节表”。

7.2.2 存货的清查

存货包括原材料、在产品、库存商品等。存货的清查涉及数量和金额两个方面。

1）确定存货账面结存的盘存制度

确定存货账面结存数量的方法有两种，即实地盘存制和永续盘存制。

（1）实地盘存制。它又称定期盘存制，是指平时根据会计凭证在有关账簿中只登记各项存货的增加数，不登记减少数，月末通过实地盘点，将盘点的实存数作为期末账面结存数，然后倒挤推算出本期减少数的盘存制度。在实地盘存制下，本期减少数的计算公式为：

期初结存数+本期增加数-期末实地盘存数=本期减少数

采用实地盘存制，期末实地盘点，就成为有关存货账簿登记减少数的唯一根据。采用实地盘存制，虽然平时能简化记账工作，但核算手续不严密，不能通过账簿随时反映和监督各项存货的增加、减少和结余情况，工作中如出现差错、毁损、盗窃、丢失等情况，均记入本期发出数，从而不利于发挥账簿记录对财产物资的控制作用，不利于加强对财产物资的管理和保护。因此，实地盘存制一般只适用于一些价值低、品种杂、进出频繁的材料物资。其他存货一般不宜采用实地盘存制。

（2）永续盘存制。它是指企业对各项财产物资收入和发出的数量和金额，都必须根据原始凭证和记账凭证在有关账簿中进行连续登记，并随时结出账面余额的一种盘存制度。采用这种方法，对存货的增加和减少，平时都要在账簿中连续加以记录，并随时结出账面结存数。在永续盘存制下，期末结存数的计算公式如下：

期初结存数+本期增加数-本期减少数=期末结存数

永续盘存制，虽然能在账簿中及时反映各项存货增减变动及结存情况，但也有可能发生账实不符的情况。因此，也需要对各项存货进行实地盘点，以查明账实是否相符。

工作实例7-2

某商业公司月初库存甲商品50件，单位成本1 000元；本月购入甲商品950件，单位成本1 000元；本期销售甲商品900件。期末经实地盘点，查明甲商品实存80件。按照永续盘存制和实地盘存制可分别计算如下：

永续盘存制下销售甲商品的成本（本月发出数）=1 000×900=900 000（元）

永续盘存制下月末甲商品账面余额（月末账面结存数）=1 000×50+1 000×950-900 000
=100 000（元）

实地盘存制下销售甲商品的成本=1 000×50+1 000×950-1 000×80=920 000（元）

可见，在永续盘存制下，通过实地盘点可以查明实存金额80 000元（1 000×80）和账存金额100 000元不符。因此，可以通过财产清查，确定财产物资实有数，并确定盘盈、盘亏数额。

在实地盘存制下，本期发出金额是倒挤得到的，无法确定盘盈、盘亏。实际上，盘亏金额20 000元（100 000−80 000），也作为了本期耗用数。

正是因为实地盘存制存在上述缺陷，故在会计核算中大部分财产物资应采用永续盘存制。

2）确定存货实际数量的方法

实物资产主要包括固定资产和各种不同形式的存货等。实物资产的清查就是对实物资产在数量和质量上所进行的清查。不同种类实物资产的实物形态、重量、体积、堆放的方式各不相同，清查的方法也各不相同。实物资产清查时，实物资产的保管员必须在场。常用的清查方法主要包括以下两种：

（1）实地盘点法。它是通过实地逐一点数或用计量器具确定实存数量的一种清查方法。这种方法适用范围广泛，要求严格，数字准确可靠，清查质量高，但工作量大。

（2）技术推算法。它是指利用技术方法推算财产物资实存数的方法。这种方法适用于堆存量大、价值较低、难以逐一清点或计量的实物，如煤炭、砂石等大宗物资。此方法盘点数字不够准确，但工作量较小。

存货的清查，首先，由清查人员协同有关财产物资的保管人员在现场进行实地盘点，确定其实有数量，并对质量进行检查。

其次，对各项财产物资的盘点结果如实登记在“盘存单”上，并由盘点人员和实物保管人员签章生效。“盘存单”是记录盘点日期实物财产实存数量的书面证明，是财产清查的重要原始凭证之一。“盘存单”的格式见表7−3。

表7−3　　盘存单

单位名称：　　编号：

盘点时间：　　财产类别：　　存放地点：

序号	名称	规格	计量单位	盘点数量	单价	金额	备注

盘点人签章：　　保管人签章：

最后，将“盘存单”所记录的实存数额与账面结存余额核对，发现账实不符时，填制“账存实存对比表”，据以确定盘盈或盘亏的数额。“账存实存对比表”是用以调整账簿记录的重要原始凭证，也是分析差异产生、明确经济责任的重要依据。其格式见表7−4。

表 7-4　　账存实存对比表

编号	类别及名称	计量单位	单价	实存		账存		差异			
								盘盈		盘亏	
				数量	金额	数量	金额	数量	金额	数量	金额

对于委托外单位加工、保管的财产物资，出租的固定资产，可通过发函询证的办法来证实。对代其他单位保管的物资和受托加工的物资，应认真履行受托和代管责任。

7.2.3 往来款项的清查

往来款项，是指各种债权债务结算款项，主要包括应收款项、应付款项、预收款项和预付款项等。往来款项的清查一般采用发函询证的方法进行核对，主要分以下三个步骤：

（1）将本单位的往来账款核对清楚，确认总分类账与明细分类账的余额相等。

（2）向对方单位填发对账单。

（3）收到对方单位的回单联后，应据以编制“往来款项清查报告单”。

清查单位在检查本单位各项结算款项账目正确、完整的基础上，编制“往来款项对账单”送交对方单位进行核对。对账单通常一式两联，其中一联作为回单联。对方单位如核对相符，应在对账单上签章退回，以便进一步核对。“往来款项对账单”的格式和内容见表 7-5。

表 7-5　　往来款项对账单

__________________单位：

你单位20××年×月×日购入我单位×产品××台，已付货款×××元，尚有×××元货款未付，请核对后将回单联寄回。

核查单位：（盖章）

20××年×月×日

沿此虚线裁开，将以下回单联寄回

……………………………………………………………………………………

往来款项对账单（回单联）

核查单位：

你单位寄来的“往来款项对账单”已经收到，经核对相符无误（或不符，应注明具体内容）。

××单位（盖章）

20××年×月×日

在查核过程中，如果发现未达账项，对方应编制“往来结算款项账面余额调节表”予以调整。其编制方法与“银行存款余额调节表”相同。往来款项清查以后，应按清查的结果编制“往来款项清查报告单”，填列各项债权、债务的余额。对有争议的款项以及无法收回或者无法支付的款项，应当在报告单上详细注明金额和原因。“往来款项清查报告单”的格式和内容见表7-6。

表7-6 往来款项清查报告单

种类： 年 月 日 单位：

明细账户	清查结果		差异额及原因	
	本企业账面金额	对方账面金额	差异额	差异原因

清查员： 会计： 制表人：

往来款项的清查，除了核对往来款项数额是否相符外，还应注意清查往来款项的结算时间，从中掌握往来款项的拖欠情况，以便加强债权管理，减少呆账、坏账损失。

7.3 财产清查结果的账务处理

财产清查的结果有三种情况：一是账存数与实存数相符；二是账存数大于实存数，即盘亏；三是账存数小于实存数，即盘盈。对于财产清查中出现的盘盈、盘亏，必须根据国家有关政策、法规和财经制度，按规定的程序报批后进行处理。

7.3.1 财产清查结果的处理程序

1）审批之前的处理

在处理建议得到批准之前，会计人员和财产管理人员应根据“账存实存对比表”“库存现金盘点报告表”等资料，编制记账凭证，调整有关财产的账面价值，使账簿记录与实际盘存数相符，同时根据企业的管理权限，将处理建议报股东（大）会或董事会，或者经理（厂长）会议或类似机构批准。

2）审批之后的处理

将财产清查的结果报经有关部门批准后，根据发生差异的原因和性质以及审批的意见，进行差异处理，调整账项。

7.3.2 财产清查结果的核算

1）账户设置

为了正确反映和监督财产物资的盘盈、盘亏及处理情况，在会计上应设置和运用

"待处理财产损溢"账户。

"待处理财产损溢"账户是资产类账户，用以核算各种财产的盘盈、盘亏和毁损及其处理情况。借方登记待处理财产的盘亏、毁损数和转销已批准处理的盘盈数；贷方登记待处理财产的盘盈数和转销已批准处理的盘亏和毁损数。处理前若为借方余额，反映企业尚未处理的各种财产的净损失；若为贷方余额，则表示尚未处理的各种财产的净溢余；期末，处理后应无余额。该账户应设置"待处理固定资产损溢"和"待处理流动资产损溢"两个明细账户，进行明细分类核算。"待处理财产损溢"账户示例如下：

借方　　待处理财产损溢　　贷方

（1）清查时发现的盘亏数 （2）经批准后盘盈的转销数	（1）清查时发现的盘盈数 （2）经批准后盘亏的转销数

2）账务处理

对于盘盈的财产物资，批准处理前，借记有关盘盈财产科目，贷记"待处理财产损溢"科目；批准处理后，借记"待处理财产损溢"科目，贷记"管理费用""营业外收入"等科目。

对于盘亏的财产物资，批准处理前，借记"待处理财产损溢"科目，贷记有关盘亏财产科目；批准处理后，借记"管理费用""营业外支出"等科目，贷记"待处理财产损溢"科目。下面分别针对货币资金、实物资产、往来款项清查结果进行实例说明。

（1）现金清查。当现金发生盘亏时，报经批准后，属于应由责任人赔偿或保险公司赔偿的部分，计入其他应收款；属于无法查明原因的，增加管理费用。

当现金发生溢余时，报经批准后，属于应支付给有关人员或单位的，计入其他应付款；属于无法查明原因的，计入营业外收入。

工作实例 7-3

工作实例 7-3

解析

大华公司在财产清查中发现现金短款660元，经查其中360元是由于出纳员张林责任造成的，另外300元原因不明。请进行相关账务处理。

工作实例 7-4

大华公司在财产清查时发现现金长款950元，无法查明原因。

①报经审批前，应根据"库存现金盘点报告表"编制记账凭证，并据此登记入账，调整账面记录，使之账实相符。会计分录如下：

借：库存现金　　950

　贷：待处理财产损溢——待处理流动资产损溢　　950

②批准后会计分录如下：

借：待处理财产损溢——待处理流动资产损溢　　950

　贷：营业外收入　　950

（2）存货清查。

第一，存货盘盈的核算。企业发生存货盘盈时，借记“原材料”“库存商品”等科目，贷记“待处理财产损溢”科目；在按管理权限报经批准后，借记“待处理财产损溢”科目，贷记“管理费用”等科目。

工作实例7-5

新大公司在财产清查中发现盘盈A材料2 000千克，实际单位成本40元。请进行相关账务处理。

工作实例7-5
解析

第二，存货盘亏及毁损的核算。企业财产清查中发现存货盘亏或毁损，在经报批准前，应将其成本转入“待处理财产损溢——待处理流动资产损溢”账户，贷记存货类账户，使账实相符。报经批准以后，再根据造成盘亏或毁损的原因，分情况进行处理，其进项税额应转入有关账户。

①属于正常损失，经批准后转作管理费用，借记“管理费用”账户，贷记“待处理财产损溢——待处理流动资产损溢”账户。

②属于非正常损失（包括按照增值税暂行条例规定不允许抵扣的增值税进项税额），能确定过失人的由过失人赔偿，记入“其他应收款”账户的借方。由于计量收发差错和管理不善等原因造成的超定额损耗，应先扣除残料价值和过失人的赔偿，然后将净损失记入“管理费用”账户；属于自然灾害或意外事故造成的存货损失，扣除保险公司的赔偿和残值后，记入“营业外支出”账户的借方和“待处理财产损溢——待处理流动资产损溢”账户的贷方。

工作实例7-6

光大公司在财产清查中发现盘亏B材料50千克，实际单位成本60元。经查，是由于挥发造成的，属于一般经营损失。

根据“账存实存对比表”，在审批前按材料的盘亏数入账，作如下会计分录：

借：待处理财产损溢——待处理流动资产损溢　　3 000

　贷：原材料——B材料　　3 000

上述材料盘亏系一般经营损失，经批准列作“管理费用”，应作如下会计分录：

借：管理费用　　3 000

　贷：待处理财产损溢——待处理流动资产损溢　　3 000

工作实例7-7

顺义公司在财产清查中发现C材料由于管理不善，发生火灾损失8 000元，其中2 000元可获保险公司赔偿，经报批处理，保管员王平赔偿800元，其余计入非常损失。请进行相关账务处理。

工作实例7-7
解析

（3）固定资产清查结果的处理。企业应定期或者至少于每年年末对固定资产进行清查盘点，以保证固定资产核算的真实性，充分挖掘企业现有固定资产的潜力。在固定资产清查过程中，如果发现有盘盈、盘亏的固定资产，应填制固定资产盘盈盘亏报告表。清查固定资产的损溢，及时查明原因，并按照规定程序报批处理。

第一，固定资产盘盈核算。企业在财产清查中盘盈的固定资产，作为前期差错处理。企业在财产清查中盘盈的固定资产，在按管理权限报经批准处理前应先通过“以前年度损益调整”账户核算。盘盈的固定资产，应按重置成本确定其入账价值，借记“固定资产”账户，贷记“以前年度损益调整”账户。

工作实例 7-8

大发公司在财产清查过程中，发现一台未入账的设备，重置成本为80 000元（假定与计税基础不存在差异）。根据《企业会计准则第28号——会计政策、会计估计变更和差错更正》的规定，该盘盈固定资产作为前期差错进行处理。假设不考虑增值税，该企业在盘盈固定资产时，作如下会计分录：

借：固定资产　　80 000

　贷：以前年度损益调整　　80 000

第二，固定资产盘亏核算。企业在财产清查中盘亏的固定资产，按盘亏固定资产的账面价值，借记“待处理财产损溢”账户，按已计提的累计折旧，借记“累计折旧”账户，按已计提的减值准备，借记“固定资产减值准备”账户，按固定资产的原价，贷记“固定资产”账户。按管理权限报经批准后处理时，按可收回的保险赔偿或过失人赔偿，借记“其他应收款”账户，按应计入营业外支出的金额，借记“营业外支出——盘亏损失”账户，贷记“待处理财产损溢”账户。

工作实例 7-9

工作实例 7-9

解析

大发公司进行财产清查时发现短缺一台笔记本电脑，原价10 000元，已计提折旧7 000元。请进行相关账务处理。

（4）应收、应付款项清查结果的处理。对于在财产清查中发现的长期不能结算的往来款项，应及时进行清理。经确认无法收回的应收账款，称为坏账。由于发生坏账而产生的损失，称为坏账损失。对于确认的坏账，报经批准后应予以核销。核销时，不通过“待处理财产损溢”账户，而应采用备抵法，通过设置“坏账准备”账户专门核算。

发生坏账损失时，借记“坏账准备”账户，贷记“应收账款”等账户。

另外，对于在财产清查中查明确实无法支付的应付账款，应按规定报经批准后，直接转作“营业外收入”。

工作实例 7-10

物美公司在财产清查中查明应收亚光公司货款6 000元，因该债务单位撤销，确实无法收回，经批准予以核销。编制会计分录如下：

借：坏账准备　　6 000

　贷：应收账款——亚光公司　　6 000

工作实例7-11

兴发公司在财产清查中查明应付天翼公司货款8 800元，因该单位撤销，确实无法支付，经批准予以核销。请编制相关会计分录。

工作实例7-11

解析

【注意】企业在日常工作中发生的待处理财产损溢，通常必须在年报编制前处理完毕。

课堂实训7-2

【目的】财产清查实训。

【资料】华光公司在财产清查中，发现以下问题：

（1）盘盈设备一台，重置价值39 000元，估计7成新（只作批准前）。

（2）盘亏设备一台，账面原价88 000元，已提折旧16 000元。

（3）甲材料账存5 800元，实存5 400元，系保管员责任。

（4）乙材料账存9 600元，实存8 100元，系收发计量不准确造成。

（5）应收百大公司账款4 800元，经查明确实无法收回，予以转销。

（6）丙材料账存38 000元，实存29 000元，系自然灾害造成，保险公司应给予2 000元赔偿，暂未收到款。

【要求】对上述业务进行相关账务处理（包括批准前和批准后账务处理）。

本章小结

本章主要阐述财产清查的意义、种类、方法和财产清查结果账务处理等知识和基本技能。

财产清查是指通过对货币资金、实物资产和往来款项的盘点或核对，确定其实存数，查明账存与实存是否相符的一种专门方法，是会计核算方法之一。

财产清查按清查范围划分，可分为全面清查和局部清查；按清查的时间划分，可分为定期清查和不定期清查。

现金的清查采用实地盘点的方法；银行存款的清查采用核对法；实物资产清查方法主要有实地盘点法和技术推算法；往来款项的清查一般采用发函询证的方法。

学习本章，要在理解财产清查概念和分类的基础上，掌握各种财产物资的清查方法和盘存制度，重点掌握银行存款余额调节表的编制和财产清查结果的账务处理。

习题与实训

1）单项选择题

（1）在记账无误的情况下，银行对账单与企业银行存款日记账账面余额不一致是由（　　）。

随堂测7

A.应付账款造成的　　B.未达账项造成的

C.坏账损失造成的　　D.应收账款造成的

(2) 采用实地盘存制，平时对财产物资（　　）。

A.只登记收入数，不登记发出数　　B.只登记发出数，不登记收入数

C.先登记收入数，后登记发出数　　D.先登记发出数，后登记收入数

(3) 财产清查按清查的对象与范围划分，可分为（　　）。

A.全面清查和定期清查　　B.全面清查和局部清查

C.定期清查和局部清查　　D.定期清查和不定期清查

(4) 下列情况中，（　　）需要进行全面清查。

A.年终决算之前　　B.重点抽查

C.更换财产保管员后　　D.发生意外损失后

(5)“坏账准备”账户属于（　　）账户。

A.损益类　　B.所有者权益类　　C.成本类　　D.资产类

(6) 盘盈的存货属计量不准，按规定可冲减“（　　）”账户。

A.财务费用　　B.待处理财产损溢　　C.管理费用　　D.营业外支出

(7) 财产清查按清查的时间不同分为（　　）。

A.定期清查和抽样清查　　B.定期清查和不定期清查

C.验资清查和决算清查　　D.全面清查和局部清查

(8)“银行存款余额调节表”调整后的存款余额表明的是（　　）。

A.企业可以支用的银行存款实存数额　　B.银行存款期末余额

C.平衡余额　　D.未达账项

(9) 清查往来款项时，如果有未达账项，应进行调整，待收到正式凭证后（　　）。

A.编制对账单　　B.作为坏账损失　　C.再作账簿调整　　D.冲减应收账款

(10) 企业进行财产清查时，发现存货盘亏，经批准核销，正确的账务处理方法为（　　）。

A.借：库存商品

　　贷：待处理财产损溢

B.借：待处理财产损溢

　　贷：管理费用

C.借：管理费用

　　贷：待处理财产损溢

D.借：待处理财产损溢

　　贷：库存商品

(11) 企业进行财产清查时，发现存货盘盈，在报批前正确的账务处理方法为（　　）。

A.借：库存商品

　　贷：待处理财产损溢

B.借：待处理财产损溢

贷：管理费用

C.借：管理费用

贷：待处理财产损溢

D.借：待处理财产损溢

贷：库存商品

(12) 存货毁损属于非常损失的部分，扣除保险公司赔款和残料价值之后，记入“(　　)”账户。

A.营业外支出　　B.营业外收入　　C.管理费用　　D.库存商品

(13) 现金清查中，属于由责任人赔偿的部分，应记入“(　　)”账户核算。

A.其他应付款　　B.其他应收款　　C.管理费用　　D.营业外收入

(14) 现金清查中，无法查明原因的短款，应记入“(　　)”账户核算。

A.其他应付款　　B.其他应收款　　C.管理费用　　D.营业外支出

(15) 现金清查中，无法查明原因的长款，应记入“(　　)”账户核算。

A.其他应付款　　B.其他应收款　　C.管理费用　　D.营业外收入

2) 多项选择题

(1) 全面清查，一般是在(　　)时进行。

A.年终　　B.季终

C.月终　　D.单位撤销、合并或改变隶属关系

(2) 月末企业银行存款日记账与银行对账单不一致，造成企业账面存款余额大于银行对账单存款余额的原因可能有(　　)。

A.企业已收款入账，而银行尚未入账　　B.企业已付款入账，而银行尚未入账

C.银行已收款入账，而企业尚未入账　　D.银行已付款入账，而企业尚未入账

(3)“待处理财产损溢”账户属于资产类账户，该账户用于核算各项财产物资的(　　)情况。

A.盘盈　　B.盘亏　　C.货币资产　　D.固定资产

(4) 往来款项的清查主要包括各种(　　)款项的清查。

A.应收账款　　B.预收账款　　C.银行存款　　D.预付账款

(5) 采用实地盘点法进行清查的项目有(　　)。

A.固定资产　　B.库存商品　　C.银行存款　　D.往来款项

(6) 定期清查的时间一般是(　　)。

A.年末　　B.月末　　C.中外合资时　　D.季末

(7) 核对账目法适用于(　　)。

A.固定资产的清查　　B.现金的清查

C.银行存款的清查　　D.短期借款的清查

(8) 全面清查的对象包括(　　)。

A.货币资金　　B.各种实物资产

C.往来款项　　D.在途物资

(9) 财产清查结果的处理步骤包括（　　）。

A.核准数字，查明原因　　B.调整凭证，做到账实相符

C.调整账簿，做到账实相符　　D.进行批准后的账务处理

(10) 下列可用作原始凭证、调整账簿记录的有（　　）。

A.账存实存对比表　　B.未达账项登记表

C.现金盘点报告表　　D.银行存款余额调节表

3）判断题

(1) 银行存款的清查，主要是将银行存款日记账与总账进行核对。（　　）

(2) 未达账项是造成企业银行存款日记账与银行对账单余额不等的唯一原因。（　　）

(3) 月末企业银行存款的实有余额为银行对账单余额加上企业已收、银行未收款项，减去企业已付、银行未付的款项。（　　）

(4) 产生未达账项的原因是记账错误，应采用适当的方法予以更正。（　　）

(5) 月末应根据“银行存款余额调节表”中调整后的余额进行账务处理，使企业银行存款账户的余额与调整后的余额一致。（　　）

(6) 从财产清查的对象和范围看，年终决算前对企业财产物资所进行的清查一般属于全面清查。（　　）

(7) 财产清查也是一种专门的会计核算方法。（　　）

(8) 采用永续盘存制的企业，能及时反映各项财产物资的结存额，所以不需对财产物资进行清查盘点。（　　）

(9) 实地盘存制是指月末对财产物资进行实地盘点，落实实际结存数，因此它是一种比较科学的财产物资管理办法。（　　）

(10) 进行现金清查时，一定要有出纳人员在场。（　　）

(11) 企业在财产清查中，查明应付外单位的货款，已无法归还，经上报审批后，可以将其转作“营业外收入”。（　　）

(12) 经确定确实无法收回的款项，如果企业按规定计提了坏账准备，则应借记“管理费用”，贷记“应收账款”。（　　）

(13) 财产清查结果审批后，应根据审批处理意见，编制相应的记账凭证，并据此登入有关账簿，结清待处理财产物资的数额。（　　）

(14) 盘亏固定资产，应由过失人或保险公司赔偿的金额，需增记“应收账款”，收到赔偿后，冲减“应收账款”。（　　）

4）单项实训题

【实训题一】

【目的】银行存款余额调节表的编制。

【资料】大发公司2022年3月31日银行对账单余额为97 000元，银行存款日记账账面余额为85 500元。经查发现有以下未达账项：

(1) 28日企业送存银行一张转账支票，金额20 000元，企业已经入账，银行尚未入账；

（2）29日企业开出转账支票一张，金额为21 500元，企业已经入账，但持票人尚未到银行办理转账手续，银行尚未入账；

（3）30日企业委托银行代收货款12 000元，银行已入账，企业尚未收到收款通知，尚未入账；

（4）30日银行代付水电费2 000元，已经入账，但企业尚未收到付款通知，尚未入账。

【要求】根据以上资料，编制银行存款余额调节表。

【实训题二】

【目的】银行存款余额调节表的编制。

【资料】杉杉公司2021年11月24—30日银行存款日记账和银行送来的对账单内容见表7-7和表7-8。

表7-7 银行存款日记账 单位：元

2021年		凭证号数		摘要	结算凭证		收入	支出	余额
月	日	字	号		种类	号数			
11	24			余额					250 000
	25	银付	228	付购料款	转支	045		200 000	
	26	银付	229	付运费	转支	046		1 000	
	27	银收	108	收销货款	电汇		234 000		
	28	银付	230	付购料款	电汇			90 000	
	29	银付	231	付修理费	转支	047		2 500	
	30	银收	109	收销货款	转支	127	150 000		340 500

表7-8 银行对账单 单位：元

2021年		摘要	结算凭证		收入	支出	余额
月	日		种类	号数			
11	24						250 000
	26	新海工厂	电汇		234 000		
	28	兴发工厂	转支	046		1 000	
	28	立新公司	转支	045		200 000	
	28	水 费	信汇			23 000	
	28	海天公司	汇票	048	3 200		
	29	三元公司	信汇		60 000		
	30	货 款	电汇			90 000	233 200

【要求】

（1）根据上述资料，将银行存款日记账与银行对账单进行逐笔核对（用红笔√表示对讫），确定未达款项。

（2）编制11月30日的银行存款余额调节表。

【实训题三】

【目的】财产清查核算。

【资料】大兴公司2021年年终进行财产清查，有关业务资料如下：

（1）盘盈乙材料500千克，每千克26元。

（2）盘亏A设备1台，账面原值30 000元，已提折旧8 000元。

（3）盘亏甲材料400千克，每千克20元。

（4）盘亏乙材料900千克，每千克26元。

（5）盘亏B产成品10件，每件35元。

上述清查结果经逐项核实：

（1）盘盈乙材料为计量不准造成的，按规定转作管理费用。

（2）盘亏A设备一台，已报废，按规定转作营业外支出。

（3）盘亏的甲材料，因管理不善造成，已无法收回，可转作管理费用。

（4）由于火灾造成乙材料损失，向保险公司索赔5 000元，其余转作营业外支出。

（5）B产成品损失，系李某失职造成的，应由其负责赔偿。

【要求】

（1）根据以上资料，编制审批前的会计分录。

（2）根据上述核实结果，编制审批后的会计分录。

第8章

编制财务会计报告

知识目标

1. 了解会计报表的作用、种类和编制要求。
2. 熟悉资产负债表的内容和结构、利润表的内容和结构。
3. 掌握资产负债表和利润表的内容和编制方法。

能力目标

1. 能编制资产负债表。
2. 能编制利润表。

思政目标

1. 热爱本职工作，忠于职守，廉洁奉公，严守职业道德。
2. 精通专业知识，掌握会计技术方法；勇于负责，不怕得罪人，不怕打击报复。

重点难点

重点：资产负债表的编制，利润表的编制。
难点：资产负债表的编制。

8.1 财务会计报告认知

财务会计报告是财务会计信息系统的最终产品，是会计信息的“物质载体”，同时又是将会计信息传递给使用者的手段。会计的基本职能之一是向信息使用者提供对决策有用的会计信息，编制财务会计报告，是会计核算的一种专门方法，也是会计核算程序的最后环节。

8.1.1 财务会计报告的概念和构成

1）财务会计报告的概念

财务会计报告是指企业对外提供的反映企业某一特定日期的财务状况和某一会计期间的经营成果、现金流量等会计信息的文件。财务会计报告包括会计报表及其附注和其他应当在财务会计报告中披露的相关信息和资料。其中，会计报表及其附注可以称为财务报表。

2）财务会计报告的构成

（1）会计报表。根据《企业会计准则第30号——财务报表列报》的规定，企业对外提供的会计报表至少包括：资产负债表、利润表、现金流量表、所有者权益（或股东权益）变动表（见表8-1）。

表8-1 会计报表的组成

编号	会计报表名称	编报期
会企01表	资产负债表	中期报告、年度报告
会企02表	利润表	中期报告、年度报告
会企03表	现金流量表	（至少）年度报告
会企04表	所有者权益（或股东权益）变动表	年度报告

资产负债表、利润表和现金流量表分别从不同角度反映企业的财务状况、经营成果和现金流量。

资产负债表反映企业在某一特定日期所拥有的资产、需偿还的债务以及股东（投资者）拥有的净资产情况。

利润表反映企业在一定会计期间的经营成果，即利润或亏损的情况，表明企业运用所拥有的资产获利的能力。

现金流量表是指反映企业在一定会计期间的现金和现金等价物流入和流出情况的会计报表。

所有者权益（或股东权益）变动表是指反映企业在资产负债表日所有者权益（或股东权益）变动情况的会计报表。

（2）会计报表附注。它是对资产负债表、利润表、现金流量表等报表中列示项目所作的进一步说明，以及对未能在这些报表中列示项目的说明等。会计报表附注是为了便于会计报表使用者理解会计报表的内容而对会计报表的编制基础、编制依据、编制原则和方法及主要项目等所作的解释。它是对会计报表的补充说明，是财务会计报告的重要组成部分。

8.1.2 财务会计报告的目标

财务会计报告的目标，就是为财务会计报告使用者提供与企业财务状况、经营成果和现金流量等有关的会计信息，反映企业管理层受托责任履行的情况，有助于财务会计报告使用者作出经济决策。

财务会计报告使用者通常包括：股东（投资者）、债权人、政府及相关机构、企业管理人员、职工和社会公众等。不同的财务会计报告使用者对财务会计报告所提供信息的要求有所不同。

（1）股东（投资者）主要关注投资的内在风险和投资的报酬。

（2）债权人主要关注的是其提供给企业的资金是否安全，自己的债权是否能够按期如数收回（按时收回本息）。

（3）政府及相关机构最关注的是国家资源的分配和运用情况，需要了解与经济政策（如税收政策）的制定、国民收入的统计等有关的信息。

（4）企业管理人员最关注的是企业财务状况的好坏、经营业绩的大小以及现金的流动情况。

（5）企业职工最关注的是企业为其提供的就业机会及其稳定性、劳动报酬高低和职工福利好坏等方面的资料，而上述情况又与企业的资本结构及盈利能力等密切相关。

（6）社会公众主要关注与自身利益及社会利益相关的某些特定的企业财务会计信息。

8.1.3 财务会计报告的种类

财务会计报告（或会计报表）可以按照不同的标准进行分类。

1）按反映的经济内容分类

按会计报表反映经济内容的不同，可以分为静态报表和动态报表。静态报表是指综合反映企业某一特定日期资产、负债和所有者权益状况的报表，如资产负债表；动态报表是指综合反映企业一定时期的经营情况或现金流动情况的报表，如利润表和现金流量表。

2）按编报时间分类

按财务会计报告编报期间的不同，可以分为中期财务会计报告和年度财务会计报告。中期财务会计报告是以短于一个完整会计年度的报告期间为基础编制的财务会计报告，包括月报、季报和半年报等。中期财务会计报告至少应当包括资产负债表、利润表、现金流量表和附注，其中，中期资产负债表、利润表和现金流量表应当是完整报表，其格式和内容应当与年度财务会计报告一致。与年度财务会计报告相比，中期财务会计报告中的附注披露可适当简略。

年度财务会计报告应当于年度终了后4个月内对外提供；半年度中期财务会计报告于年度中期结束后60天内对外提供；季度中期财务会计报告应于季度终了后15天内对外提供；月度财务会计报告应于月度终了后6天内对外提供。

3）按编制主体分类

按财务会计报告编报主体的不同，可以分为个别财务报告和合并财务报告。个别财务报告是由企业在自身会计核算基础上对账簿记录进行加工而编制的财务报告，它主要用以反映企业自身的财务状况、经营成果和现金流量情况。合并财务报告是以母公司和子公司组成的企业集团为会计主体，根据母公司和所属子公司的财务报告，由母公司编制的综合反映企业集团财务状况、经营成果及现金流量的财务报告。

4）按报送对象分类

按照财务会计报告报送对象的不同，可以分为内部报告和外部报告。内部报告是指为满足企业内部经营管理需要而编制的会计报告，它一般不需要规定统一的格式，也没有统一的编制要求，一般也不需要对外公开。外部报告是指企业向外提供的会计报告，主要供投资者、债权人、政府部门和社会公众等有关方面使用。

5）按填报单位分类

按财务会计报告填报单位的不同，可分为基层会计报告和汇总会计报告。

8.1.4 财务会计报告的编制要求

为了使会计报表能够最大限度地满足各有关方面的需要，实现编制会计报表的基本目的，充分发挥会计报表的作用，企业编制的会计报表应当真实可靠、相关可比、全面完整、编报及时、便于理解，符合国家统一的会计制度的有关规定。其基本要求如下：

1）真实可靠

企业会计报表各项目的数据必须建立在真实可靠的基础之上，使会计报表能够如实地反映企业的财务状况、经营成果和现金流量情况。

2）相关可比

企业会计报表所提供的财务会计信息必须与报表使用者的决策需要相关，满足报表使用者的需要，并且会计报表各项目的数据应当口径一致、相互可比，便于报表使用者在不同企业之间及同一企业前后各期之间进行比较。

3）全面完整

企业会计报表应当全面地披露企业的财务状况、经营成果和现金流量情况，完整地反映企业财务活动的过程和结果，以满足各有关方面对财务会计信息资料的需要。

4）编报及时

企业会计报表所提供的信息资料，具有很强的时效性。只有及时编制和报送会计报表，才能为使用者提供决策所需的信息资料。否则由于编报不及时，会计报表所提供的信息也可能失去其应有的价值，成为相关性较低甚至不相关的信息。

5）便于理解

可理解性是指会计报表提供的信息可以为使用者所理解。企业对外提供的会计报表是为广大会计报表使用者提供企业过去、现在和未来的有关资料，为企业目前或潜在的投资者和债权人提供决策所需要的会计信息，因此，编制的会计报表应当清晰明了，便于理解和利用。

我国《企业财务会计报告条例》规定，企业对外提供的财务会计报告应当依次编定页数，加具封面，装订成册，加盖公章。封面上应当注明：企业名称、企业统一代码、组织形式、地址、报表所属年度或者月份、报出日期，并由企业负责人和主管会计工作的负责人、会计机构负责人（会计主管人员）签名并盖章；设置总会计师的企业，还应当由总会计师签名并盖章。

8.2　编制资产负债表

8.2.1　资产负债表的概念和意义

1）概念

资产负债表是反映企业某一特定日期（如月末、季末、年末等）财务状况的会计报表。它是根据“资产=负债+所有者权益”这一会计等式，依照一定的分类标准和编排顺序，将单位在特定日期的全部资产、负债和所有者权益项目进行适当分类、汇总、排列后编制而成的。由于报表中的数据体现的是特定时刻的财务状况，因此资产负债表属于静态报表。

2）意义

（1）通过编制资产负债表，可以反映企业资产的构成及其状况，分析企业在某一日期所拥有的经济资源及其分布情况；可以反映企业某一日期的负债总额及其结构，分析企业目前与未来需要支付的债务数额；可以反映企业所有者权益的情况，了解企业现有的投资者在企业资产总额中所占的份额（资金的占用、来源及各自的构成）。

（2）通过对资产负债表项目金额及其相关比率的分析，可以帮助报表使用者全面了解企业的资产状况，分析企业的债务偿还能力，从而为未来的经济决策提供参考信息。例如，通过资产负债表可以计算流动比率、速动比率，以了解企业的短期偿债能力；又如，通过资产负债表可以计算资产负债率，以了解企业偿付到期长期债务的能力。

8.2.2　资产负债表的内容和结构

1）资产负债表的内容

（1）资产。资产负债表中的资产是指企业过去的交易或者事项形成的、由企业拥有或控制的、预期会给企业带来经济利益的资源。资产一般按照流动资产和非流动资产两大类别在资产负债表中列示，在流动资产和非流动资产类别下进一步按性质分项列示。

流动资产是指预计在一个正常营业周期中变现、出售或耗用，或者主要为交易目的而持有，或者预计在资产负债表日起1年内（含1年）变现的资产，或者自资产负债表起1年内交换其他资产或清偿负债的能力不受限制的现金或现金等价物。

资产负债表中列示的流动资产项目通常包括：货币资金、交易性金融资产、应收票据、应收账款、预付款项、其他应收款、存货、合同资产和1年内到期的非流动资产等。

非流动资产是指流动资产以外的资产。资产负债表中列示的非流动资产项目通常包括：债权投资、其他债权投资、长期应收款、其他权益工具投资、长期股权投资、投资性房地产、固定资产、在建工程、无形资产、开发支出、长期待摊费用、递延所得税资产以及其他非流动资产等。

（2）负债。资产负债表中的负债是指企业过去的交易或者事项形成的、预期会导致经济利益流出企业的现时义务。负债一般按照流动负债和非流动负债在资产负债表中进行列示，在流动负债和非流动负债类别下再进一步按性质分项列示。

流动负债是指预计在一个正常营业周期中清偿，或者主要为交易目的而持有，或者自资产负债表日起1年内（含1年）到期应予以清偿，或者企业无权自主地将清偿推迟至资产负债表日后1年以上的负债。资产负债表中列示的流动负债项目通常包括：短期借款、交易性金融负债、应付票据、应付账款、预收款项、合同负债、应付职工薪酬、应交税费、其他应付款、1年内到期的非流动负债等。

非流动负债是指流动负债以外的负债。非流动负债项目通常包括：长期借款、应付债券、长期应付款、预计负债、递延所得税负债和其他非流动负债等。

（3）所有者权益。所有者权益，是指企业资产扣除负债后由所有者享有的剩余权益，反映企业在某一特定日期股东（或投资者）拥有的净资产的总额。所有者权益一般按照实收资本、其他权益工具、资本公积、其他综合收益、盈余公积和未分配利润分项列示。

2）资产负债表的格式和内容

资产负债表由表头、表身和表尾等部分组成。表头部分应列明报表名称、编表单位名称、编制日期和金额计量单位；表身部分反映资产、负债和所有者权益的内容；表尾部分为补充说明。其中，表身部分是资产负债表的主体和核心。

目前，国际上流行的资产负债表的格式主要有账户式和报告式两种。我国企业的资产负债表采用账户式结构。

账户式资产负债表分左右两方。左方为资产项目，按资产的流动性大小排列。流动性大的资产如“货币资金”“交易性金融资产”等排在前面，流动性小的资产如“长期股权投资”“固定资产”等则排在后面。右方为负债及所有者权益项目，一般按求偿权先后顺序排列。负债在先，负债按到期日由近到远排列。“短期借款”“应付票据”等需要在1年以内或者长于1年的一个营业周期内偿还的流动负债排在前面，“长期借款”等在1年以上或者长于1年的一个营业周期以上才需偿还的非流动负债排在后面。所有者权益在后，按留在企业的永久性程度由大到小排列。

账户式资产负债表中的资产各项目的总计等于负债和所有者权益各项目的总计，也就是资产负债表的左方和右方平衡，即“资产=负债+所有者权益”。资产负债表的格式和内容见表8-2。

表8-2　资产负债表　会企01表

编制单位：　年　月　日　单位：元

资　产	期末余额	上年年末余额	负债和所有者权益（或股东权益）	期末余额	上年年末余额
流动资产：			流动负债：		
货币资金			短期借款		
交易性金融资产			交易性金融负债		
衍生金融资产			衍生金融负债		

续表

资　产	期末余额	上年年末余额	负债和所有者权益（或股东权益）	期末余额	上年年末余额
应收票据			应付票据		
应收账款			应付账款		
预付款项			预收款项		
其他应收款			合同负债		
存货			应付职工薪酬		
合同资产			应交税费		
持有待售资产			其他应付款		
一年内到期的非流动资产			持有待售负债		
其他流动资产			一年内到期的非流动负债		
流动资产合计			其他流动负债		
非流动资产：			流动负债合计		
债权投资			非流动负债：		
其他债权投资			长期借款		
长期应收款			应付债券		
长期股权投资			其中：优先股		
其他权益工具投资			永续债		
其他非流动金融资产			租赁负债		
投资性房地产			长期应付款		
固定资产			预计负债		
在建工程			递延收益		
生产性生物资产			递延所得税负债		
油气资产			其他非流动负债		
使用权资产			非流动负债合计		
无形资产			负债合计		
开发支出			所有者权益（或股东权益）：		
商誉			实收资本（或股本）		
长期待摊费用			其他权益工具		
递延所得税资产			其中：优先股		
其他非流动资产			永续债		
非流动资产合计			资本公积		
			减：库存股		
			其他综合收益		
			盈余公积		
			未分配利润		
			所有者权益（或股东权益）合计		
资产总计			负债和所有者权益（或股东权益）总计		

8.2.3 资产负债表的填列依据

资产负债表各项目均需填列“上年年末余额”和“期末余额”两栏。其中“上年年末余额”栏内各项数字，应根据上年年末资产负债表的“期末余额”栏内所列数字填列。如果本年度资产负债表规定的各项目的名称和内容与上年不一致，则应对上年年末资产负债表各项目的名称和数字按照本年度的规定进行调整。按调整后的数字填入本表“上年年末余额”栏内。“期末余额”栏主要有以下几种填列方法：

1）根据总账余额直接填列

资产负债表中大部分项目的“期末余额”可以根据有关总账的期末余额直接填列，如“递延所得税资产”“短期借款”“应付票据”“应付职工薪酬”“应交税费”“递延所得税负债”“预计负债”“实收资本”“资本公积”“盈余公积”等项目。这些项目中，“应交税费”等负债类项目，如果其相应账户出现借方余额，应以“-”号填列。

2）根据总账期末余额计算填列

资产负债表中一部分项目的“期末余额”需要根据有关总账的期末余额计算填列。如“货币资金”项目，需根据“库存现金”“银行存款”“其他货币资金”三个总账的期末余额的合计数填列。

“未分配利润”项目，根据“本年利润”账户的余额减去“利润分配”账户的余额填列。未弥补的亏损在本项目内以“-”号填列。

工作实例 8-1

工作实例 8-1

解析

大发公司 2020 年 12 月 31 日结账后的“库存现金”账户余额为 60 000 元，“银行存款”账户余额为 6 000 000 元，“其他货币资金”账户余额为 20 000 元。请计算该企业 2021 年 12 月 31 日资产负债表中的“货币资金”项目金额。

工作实例 8-2

某企业 2021 年 12 月 31 日应付管理人员工资 200 000 元，应付福利费 32 000 元，应付车间工作人员工资 49 000 元，无其他应付职工薪酬项目。

该企业 2021 年 12 月 31 日资产负债表中“应付职工薪酬”项目金额为：

200 000+32 000+49 000=281 000（元）

本例中，管理人员工资、车间工作人员工资和福利费都属于职工薪酬的范围，应当以各种应付未付职工薪酬加总后的金额，即“应付职工薪酬”总账科目余额填列在资产负债表中。

3）根据明细账余额计算填列

资产负债表中一部分项目的“期末余额”需要根据有关明细账的期末余额分析计算填列，如：

（1）“应付账款”项目。根据“应付账款”账户所属明细账贷方余额和“预付账款”账户所属明细账贷方余额相加后填列。

（2）“预付款项”项目。根据“预付账款”账户所属明细账借方余额和“应付账款”账户所属明细账借方余额相加后填列。

（3）“应收账款”项目。根据“应收账款”账户所属明细账借方余额和“预收账款”账户所属明细账借方余额相加后，减去“坏账准备”账户余额的金额填列。

（4）“预收款项”项目。根据“预收账款”账户所属明细账贷方余额和“应收账款”账户所属明细账贷方余额相加后填列。

（5）“应收票据”项目。根据“应收票据”账户的期末余额，减去“坏账准备”账户中相关坏账准备期末余额后的金额填列。

工作实例8-3

工作实例8-3

解析

立新公司2021年12月31日结账后有关明细账的余额见表8-3。

表8-3　立新公司2021年12月31日结账后有关明细账的余额　单位：元

账户名称	借方余额	贷方余额
应收账款	1 200 000	300 000
预付账款	700 000	50 000
应付账款	300 000	1 200 000
预收账款	500 000	1 300 000

试计算该企业2021年12月31日资产负债表中的相关项目金额。

工作实例8-4

利民公司2021年12月31日结账后有关账户余额见表8-4。

表8-4　利民公司2021年12月31日结账后有关账户余额　单位：元

总账	明细账户	借方余额		贷方余额	
		总账	明细账户	总账	明细账户
应收账款		16 000			
	A公司		20 000		
	B公司				4 000
预收账款				50 000	
	C公司				80 000
	D公司		30 000		
坏账准备	应收账款			1 000	

该企业2021年12月31日资产负债表中“应收账款”项目和“预收款项”项目的金额计算过程如下：

“应收账款”项目金额 = “应收账款”账户所属明细账借方余额 + “预收账款”账户所属明细账借方余额 − “坏账准备”账户贷方余额

=20 000+30 000−1 000=49 000（元）

“预收款项”项目金额 = “预收账款”账户所属明细账贷方余额 + “应收账款”账户所属明细账贷方余额 =80 000+4 000=84 000（元）

工作实例 8-5

工作实例 8-5

解析

新大公司2021年12月31日结账后有关科目余额见表8-5。

表 8-5　新大公司 2021 年 12 月 31 日结账后有关账户余额　单位：元

总账	明细账户	借方余额		贷方余额	
		总账	明细账户	总账	明细账户
应付账款				5 000	
	A公司				9 000
	B公司		4 000		
预付账款		4 000			
	C公司		6 000		
	D公司				2 000

试计算该企业2021年12月31日资产负债表中“应付账款”项目和“预付款项”项目的金额。

工作实例 8-6

某企业2021年12月1日购入原材料一批，价款160 000元，增值税20 800元，款项已付，材料已验收入库，当年根据实现的产品销售收入计算的增值税销项税额为51 000元。没有其他未支付的税费。

该企业2021年12月31日资产负债表中“应交税费”项目金额为：

51 000−20 800=30 200（元）

本例中，应交税费中只有未付增值税，本期应交增值税为销项税额减进项税额，即30 200元（51 000−20 800），作为资产负债表中“应交税费”的项目金额。

4）根据总账和明细账余额分析计算填列

如“长期借款”项目，需要根据“长期借款”总账期末余额，扣除“长期借款”总账所属的明细账中将在一年内到期，且企业不能自主地将清偿义务展期的长期借款后的金额计算填列。

工作实例 8-7

某企业长期借款情况见表8-6。

表8-6　某企业长期借款情况

借款起始日期	借款期限（年）	金额（元）
2021年1月1日	3	2 000 000
2019年1月1日	5	3 000 000
2018年6月1日	4	1 400 000

工作实例8-7 解析

试计算该企业2021年12月31日资产负债表中“长期借款”项目金额。

5）根据有关账户余额减去其备抵账户余额后的净额填列

（1）“应收账款”“应收票据”“长期股权投资”等项目，根据“应收账款”“应收票据”“长期股权投资”等账户的期末余额减去“坏账准备”“长期股权投资减值准备”等账户余额后的净额填列。

（2）“固定资产”项目，根据“固定资产”账户的期末余额减去“累计折旧”“固定资产减值准备”备抵账户余额后的金额，以及“固定资产清理”账户的期末余额填列。

（3）“无形资产”项目，根据“无形资产”账户的期末余额减去“累计摊销”“无形资产减值准备”备抵账户余额后的净额填列。

工作实例8-8

阿里公司2021年12月31日结账后的“应收账款”账户所属各明细账的期末借方余额合计680 000元，贷方余额合计460 000元，对应收账款计提的坏账准备为90 000元，假定“预收账款”账户所属明细账无借方余额。

该企业2021年12月31日资产负债表中的“应收账款”项目金额为：

“应收账款”项目金额 = “应收账款”账户所属明细账借方余额 + “预收账款”账户所属明细账借方余额 − “坏账准备”账户贷方余额 =680 000+0−90 000=590 000（元）

工作实例8-9

旺旺公司2021年12月31日结账后的“固定资产”账户余额为2 000 000元，“累计折旧”账户余额为190 000元，“固定资产减值准备”账户余额为180 000元，“固定资产清理”账户无余额。

工作实例8-9 解析

工作实例8-10

大兴公司2021年12月31日结账后的“无形资产”账户余额为580 000元，“累计摊销”账户余额为50 000元，“无形资产减值准备”账户余额为68 000元。

该企业2021年12月31日资产负债表中的“无形资产”项目金额为：

“无形资产”项目金额 = “无形资产”账户期末余额 − “累计摊销”账户余额 − “无形资产减值准备”账户余额 =580 000−50 000−68 000=462 000（元）

6）综合运用上述填列方法分析填列

“存货”项目，需要根据“原材料”“委托加工物资”“周转材料”“材料采购”“库存商品”“生产成本”“在途物资”“发出商品”“材料成本差异”等总账期末余额的分析汇总数，再减去“存货跌价准备”账户余额后的净额填列。

工作实例8-11

工作实例8-11

解析

华商公司原材料采用实际成本法核算，2021年12月31日结账后有关账户余额为：“在途物资”账户余额为160 000元（借方），“原材料”账户余额为2 700 000元（借方），“周转材料”账户余额为1 900 000元（借方），“库存商品”账户余额为1 500 000元（借方），“生产成本”账户余额为700 000元（借方），“存货跌价准备”账户余额为360 000元（贷方）。

试计算该企业2021年12月31日资产负债表中的“存货”项目金额。

本例中，企业应当以“在途物资”、“原材料”、“周转材料”（比如包装物和低值易耗品等）、“库存商品”、“生产成本”（表示期末在产品成本）各总账余额加总后，加上或减去“材料成本差异”（若材料采用计划成本法核算）总账余额（若为贷方余额，应减去；若为借方余额，应加上），再减去“存货跌价准备”总账余额后的净额，作为资产负债表中“存货”项目的金额。

工作实例8-12

阳光公司2021年12月31日有关账户余额见表8-7。

表8-7　科目余额表　单位：万元

编号	账户	期末余额
（1）	库存现金	800
（2）	银行存款	90 000
（3）	其他货币资金	15 000
（4）	交易性金融资产	6 700
（5）	应收账款（明细账借方余额）	80 000
（6）	应收账款（明细账贷方余额）	50 000
（7）	预付账款（明细账借方余额）	9 000
（8）	预付账款（明细账贷方余额）	8 000
（9）	应付账款（明细账贷方余额）	7 000
（10）	应付账款（明细账借方余额）	4 000
（11）	预收账款（明细账贷方余额）	8 000
（12）	预收账款（明细账借方余额）	6 000
（13）	坏账准备——应收账款	900
（14）	在途物资	9 000
（15）	原材料	700 000
（16）	发出商品	10 000
（17）	委托代销商品	200 000
（18）	生产成本	5 000
（19）	材料成本差异（贷方余额）	8 000
（20）	存货跌价准备（贷方余额）	4 000
（21）	长期借款	6 000
	其中：一年内到期的长期借款	2 000

要求：根据以上资料计算资产负债表中相关项目的金额。

该企业资产负债表中相关项目的金额为：

（1）货币资金=库存现金+银行存款+其他货币资金=800+90 000+15 000=105 800（万元）

（2）交易性金融资产=6 700万元

（3）应收账款=“应收账款”账户所属明细账借方余额+“预收账款”账户所属明细账借方余额−“坏账准备”账户贷方余额=80 000+6 000−900=85 100（万元）

（4）预收款项=“预收账款”账户所属明细账贷方余额+“应收账款”账户所属明细账贷方余额=8 000+50 000=58 000（万元）

（5）应付账款=“应付账款”账户所属明细账贷方余额+“预付账款”账户所属明细账贷方余额=7 000+8 000=15 000（万元）

（6）预付款项=“预付账款”账户所属明细账借方余额+“应付账款”账户所属明细账借方余额=9 000+4 000=13 000（万元）

（7）存货=在途物资+原材料+发出商品+委托代销商品+生产成本−材料成本差异−存货跌价准备

=9 000+700 000+10 000+200 000+5 000−8 000−4 000=912 000（万元）

（8）长期借款=“长期借款”总账余额−“长期借款”账户所属明细账中将在一年内到期且企业不能自主地将清偿义务展期的长期借款

=6 000−2 000=4 000（万元）

（9）一年内到期的非流动负债=2 000万元

8.2.4　资产负债表各项目的填列方法

1）资产项目的填列说明

（1）“货币资金”项目，反映企业库存现金、银行结算户存款、外埠存款、银行汇票存款、银行本票存款、信用卡存款、信用证保证金存款等的合计数。本项目应根据“库存现金”“银行存款”“其他货币资金”等账户期末余额的合计数填列。

（2）“交易性金融资产”项目，反映资产负债表日企业分类为以公允价值计量且其变动计入当期损益的金融资产，以及企业持有的指定为以公允价值计量且其变动计入当期损益的金融资产的期末账面价值。本项目应当根据“交易性金融资产”账户的相关明细账户的期末余额分析填列。

（3）“应收票据”项目，反映资产负债表日以摊余成本计量的，企业因销售商品、提供服务等收到的商业汇票，包括银行承兑汇票和商业承兑汇票。本项目应根据“应收票据”账户的期末余额，减去“坏账准备”账户中相关坏账准备期末余额后的金额分析填列。

（4）“应收账款”项目，反映资产负债表日以摊余成本计量的，企业因销售商品、提供服务等经营活动应收取的款项。本项目应根据“应收账款”账户的期末余额，减去“坏账准备”账户中相关坏账准备期末余额后的金额分析填列。

（5）“预付款项”项目，反映企业预付给供应单位的款项。本项目应根据“预付账款”账户所属各明细账户的期末借方余额填列。如果“预付账款”账户所属有关明细账户期末有贷方余额的，应在“应付账款”项目内填列。如果“应付账款”账户所属明细账户有借方余额的，也应包括在本项目内。

(6)“其他应收款”项目，反映企业除应收票据、应收账款、预付账款等经营活动以外的其他各种应收、暂付的款项。本项目应根据“应收利息”“应收股利”“其他应收款”账户的期末余额合计数，减去“坏账准备”账户中相关坏账准备期末余额后的金额填列。

(7)“存货”项目，反映企业期末在库、在途和在加工中的各项存货的实际成本，包括各种材料、商品、在产品、半成品、包装物、委托代销商品、受托代销商品等。本项目应根据“在途物资”“材料采购”“原材料”“周转材料”“库存商品”“委托加工物资”“受托代销商品”“生产成本”等账户的期末余额合计数减去提取的存货跌价准备后的净额填列。材料采用计划成本法核算，以及库存商品采用计划成本法或售价核算的企业，还应按加或减材料成本差异、商品进销差价后的数额填列。

(8)“一年内到期的非流动资产”项目，反映企业一年内到期的非流动资产的数额，根据非流动资产账户分析确定的一年内将要收回的资产额填列。

(9)“其他流动资产”项目，反映企业除上述流动资产项目外的其他流动资产。本项目应根据有关账户的期末余额填列。如果其他流动资产价值较大，应在会计报表附注中披露其内容和金额。

(10)“债权投资”项目，反映资产负债表日企业以摊余成本计量的长期债权投资的期末账面价值。本项目应根据“债权投资”账户的相关明细账户期末余额，减去“债权投资减值准备”账户中相关减值准备的期末余额后的金额分析填列。

(11)“其他债权投资”项目，反映资产负债表日企业分类为以公允价值计量且其变动计入其他综合收益的长期债权投资的期末账面价值。本项目应根据“其他债权投资”账户的相关明细账户的期末余额分析填列。

(12)“长期应收款”项目，反映企业的长期应收款项，包括融资租赁产生的应收款项，以及采用递延方式具有融资性质的销售商品和提供劳务等产生的应收款项等。实质上对被投资单位净投资的长期权益，也通过本账户核算。本项目应根据“长期应收款”账户的期末余额直接填列。

(13)“长期股权投资”项目，反映投资方对被投资单位实施控制、重大影响的权益性投资，以及对其合营企业的权益性投资。本项目应根据“长期股权投资”账户的期末余额，减去“长期股权投资减值准备”账户期末余额后的金额填列。

(14)“投资性房地产”项目，反映企业为赚取租金或资本增值，或两者兼有而持有的房地产的成本或公允价值，包括已出租的土地使用权、持有并准备增值后转让的土地使用权及已出租的建筑物等。本项目应根据“投资性房地产”账户的期末余额，减去“投资性房地产累计折旧（摊销）”和“投资性房地产减值准备”账户期末余额后的金额填列。

(15)“固定资产”项目，反映资产负债表日企业各种固定资产的期末账面价值和企业尚未清理完毕的固定资产清理净损益。本项目应根据“固定资产”账户的期末余额，减去“固定资产减值准备”账户的期末余额后的金额，以及“固定资产清理”账户的期末余额填列。

（16）“在建工程”项目，反映资产负债表日企业尚未达到预定可使用状态的在建工程的期末账面价值和企业为在建工程准备的各种物资的期末账面价值。本项目应根据“在建工程”账户的期末余额，减去“在建工程减值准备”账户的期末余额后的金额，以及“工程物资”账户的期末余额，减去“工程物资减值准备”账户的期末余额后的金额填列。

（17）“生产性生物资产”项目，反映企业为生产农产品、提供劳务或出租等目的而持有的生物资产的可收回金额，包括经济林、薪炭林、产畜和役畜等。本项目应根据“生产性生物资产”账户的期末余额，减去“生产性生物资产减值准备”账户的期末余额后的金额填列。

（18）“油气资产”项目，反映企业（石油、天然气开采企业）持有的矿区权益和油气井及相关设施的原价。本项目应根据“油气资产”账户期末余额减去“累计折耗”账户的期末余额，再减去“油气资产减值准备”账户期末余额后的金额填列。

（19）“开发支出”项目，反映企业在研究与开发无形资产的过程中发生的各项支出。本项目应根据“研发支出”账户期末余额填列。

（20）“商誉”项目，反映企业合并中形成的商誉价值。本项目应根据“商誉”账户期末余额减去“商誉减值准备”账户期末余额后的金额填列。

（21）“无形资产”项目，反映企业各项无形资产的原价扣除摊销后的净额。本项目应根据“无形资产”账户期末余额减去“累计摊销”账户期末余额，再减去提取的无形资产减值准备的净额填列。

（22）“长期待摊费用”项目，反映企业尚未摊销的摊销期限在一年以上的各种费用，如租入固定资产改良支出、摊销期限在一年以上的其他待摊费用。本项目应根据“长期待摊费用”账户的期末余额扣除一年内（含一年）摊销的数额后的余额填列。

（23）“递延所得税资产”项目，反映企业确认的可抵扣暂时性差异产生的递延所得税资产。本项目应根据“递延所得税资产”账户期末余额填列。

（24）“其他非流动资产”项目，反映企业除以上资产以外的其他非流动资产。本项目应根据有关账户的期末余额填列。如果其他非流动资产价值较大，应在会计报表附注中披露其内容和金额。

2）负债项目的填列说明

（1）“短期借款”项目，反映企业借入尚未归还的一年期以内（含一年）的借款。本项目应根据“短期借款”账户的期末余额填列。

（2）“交易性金融负债”项目，反映企业承担的交易性金融负债的公允价值，以及企业持有的指定为以公允价值计量且其变动计入当期损益的金融负债的期末账面价值。本项目应根据“交易性金融负债”账户的相关明细账户的期末余额填列。

（3）“应付票据”项目，反映资产负债表日以摊余成本计量的，企业因购买材料、商品和接受服务等开出、承兑的商业汇票，包括银行承兑汇票和商业承兑汇票。本项目应根据“应付票据”账户的期末余额填列。

(4)“应付账款”项目，反映资产负债表日以摊余成本计量的，企业因购买材料、商品和接受服务等经营活动应支付的款项。本项目应根据“应付账款”和“预付账款”账户所属的相关明细账户的期末贷方余额合计数填列。

(5)“预收款项”项目，反映企业预收购买单位的账款。本项目应根据“预收账款”账户所属各有关明细账的期末贷方余额合计数填列。如果“预收账款”账户所属有关明细账有借方余额的，其余额应在资产负债表“应收账款”项目内填列。如果“应收账款”账户所属明细账户有贷方余额的，其余额也应包括在本项目内。

(6)“应付职工薪酬”项目，反映企业根据有关规定应付给职工的各种薪酬。企业(含外商投资企业)按规定从净利润中提取的职工奖励及福利基金，也在本账户反映。本项目应根据“应付职工薪酬”账户的期末余额填列。

(7)“应交税费”项目，反映企业期末未交、多交或未抵扣的各种税费。本项目应根据“应交税费”账户的期末贷方余额填列。如“应交税费”账户期末为借方余额，以“-”号填列。

(8)“其他应付款”项目，反映企业除应付票据、应付账款、预收账款、应付职工薪酬、应交税费等经营活动以外的其他各项应付、暂收的款项。本项目应根据“应付利息”“应付股利”“其他应付款”账户的期末余额合计数填列。

(9)“一年内到期的非流动负债”项目，根据非流动负债各账户分析确定的将在一年内到期的金额之和填列。

(10)“其他流动负债”项目，反映企业除上述流动负债以外的其他流动负债。本项目应根据有关账户的期末余额填列。如其他流动负债价值较大的，应在会计报表附注中披露其内容及金额。

(11)“长期借款”项目，反映企业借入尚未归还的一年期以上(不含一年)的借款本息。本项目应根据“长期借款”账户的期末余额填列。

(12)“应付债券”项目，反映企业发行的尚未偿还的各种长期债券的本息。本项目应根据“应付债券”账户的期末余额填列。

(13)“长期应付款”项目，反映除了长期借款和应付债券以外的其他各种长期应付款。主要有应付补偿贸易引进设备款、采用分期付款方式购入固定资产和无形资产发生的应付账款、应付融资租入固定资产租赁费等。本项目应根据“长期应付款”账户的期末余额，减去相关的“未确认融资费用”账户的期末余额后的金额，以及“专项应付款”账户的期末余额，再减去所属相关明细账户中将于一年内到期的部分后的金额填列。

(14)“预计负债”项目，反映企业确认的对外提供担保、未决诉讼、产品质量保证、重组义务、亏损性合同等预计负债。本项目应根据“预计负债”账户的期末余额填列。

(15)“递延所得税负债”项目，反映企业确认的应纳税暂时性差异产生的所得税负债。本项目应根据“递延所得税负债”账户的期末余额填列。

(16)“其他非流动负债”项目，反映企业除以上非流动负债项目以外的其他非流动负债。本项目应根据有关账户的期末余额填列。如果其他非流动负债价值较大，应在会计报表附注中披露其内容和金额。

上述非流动负债各项目中将于一年内（含一年）到期的，应在“一年内到期的非流动负债”项目内单独反映，上述非流动负债各项目均应根据有关账户期末余额扣除将于一年内（含一年）到期偿还数后的余额填列。

3）所有者权益项目的填列说明

（1）“实收资本”项目，反映企业各股东实际投入的股本总额。本项目应根据“实收资本”账户的期末余额填列。

（2）“其他权益工具”项目，反映企业发行的除普通股以外分类为权益工具的金融工具的账面价值，并下设“优先股”和“永续债”两个项目，分别反映企业发行的分类为权益工具的优先股和永续债的账面价值。

（3）“资本公积”项目，反映企业资本公积的期末余额。本项目应根据“资本公积”账户的期末余额填列。

（4）“盈余公积”项目，反映企业盈余公积的期末余额。本项目应根据“盈余公积”账户的期末余额填列。

（5）“未分配利润”项目，反映企业尚未分配的利润。本项目应根据“本年利润”账户和“利润分配”账户的余额计算填列。未弥补的亏损，在本项目内以“-”号反映。

8.2.5　资产负债表的编制示例

工作实例8-13

华夏公司2021年12月31日有关资产、负债和所有者权益类账户余额见表8-8。

表8-8　科目余额表　单位：元

会计科目	总分类账户		明细分类账户	
	借方余额	贷方余额	借方余额	贷方余额
库存现金	2 000			
银行存款	64 000			
交易性金融资产	87 000			
应收账款	95 000			
——A公司			50 000	
——B公司			60 000	
——C公司				15 000
应收票据	30 000			
预付账款	50 000			
——X公司			30 000	
——Y公司			40 000	
——Z公司				20 000
应收利息	1 000			
应收股利	26 000			

续表

会计科目	总分类账户		明细分类账户	
	借方余额	贷方余额	借方余额	贷方余额
其他应收款	15 000			
原材料	63 000			
库存商品	165 000			
周转材料	12 000			
——包装物			5 000	
——低值易耗品			7 000	
长期股权投资	100 000			
其他债权投资	20 000			
固定资产	268 000			
累计折旧		93 800		
无形资产	50 000			
短期借款		100 000		
应付票据		35 000		
应付账款		65 000		
——E公司				35 000
——F公司			10 000	
——G公司				40 000
应付职工薪酬		5 000		
其他应付款		32 800		
应付利息		3 000		
应付股利		64 500		
应交税费		13 200		
预收账款		30 000		
——W公司			5 000	
——Q公司				35 000
长期借款		230 000		
应付债券		100 000		
实收资本		200 000		
资本公积		20 000		
盈余公积		20 700		
利润分配		35 000		
合计	1 048 000	1 048 000	—	—

根据上述资料，编制资产负债表（上年年末余额略），见表8-9。

表8-9 资产负债表

会企01表

编制单位：华为公司 2021年12月31日 单位：元

资　　产	期末余额	上年年末余额	负债和所有者权益（或股东权益）	期末余额	上年年末余额
流动资产：			流动负债：		
货币资金	66 000		短期借款	100 000	
交易性金融资产	87 000		交易性金融负债		
应收票据	30 000		应付票据	35 000	
应收账款	115 000		应付账款	95 000	
预付款项	80 000		预收款项	50 000	
其他应收款	42 000		应付职工薪酬	5 000	
存货	240 000		应交税费	13 200	
一年内到期的非流动资产			其他应付款	100 300	
其他流动资产			一年内到期的非流动负债		
流动资产合计	660 000		其他流动负债		
非流动资产：			流动负债合计	398 500	
债权投资			非流动负债：		
其他债权投资	20 000		长期借款	230 000	
长期应收款			应付债券	100 000	
长期股权投资	100 000		长期应付款		
投资性房地产			专项应付款		
固定资产	174 200		预计负债		
在建工程			递延所得税负债		
生产性生物资产			其他非流动负债		
油气资产			非流动负债合计	330 000	
无形资产	50 000		负债合计	728 500	
长期待摊费用			所有者权益（或股东权益）：		
递延所得税资产			实收资本（或股本）	200 000	
其他非流动资产			资本公积	20 000	
非流动资产合计	344 200		减：库存股		
			盈余公积	20 700	
			未分配利润	35 000	
			所有者权益（或股东权益）合计	275 700	
资产总计	1 004 200		负债和所有者权益（或股东权益）总计	1 004 200	

8.3 编制利润表

8.3.1 利润表的概念和意义

微课8-1

利润表的编制（1）

1）利润表的概念

利润表是指反映企业在一定会计期间经营成果的会计报表。利润表属于动态报表。

利润表主要是根据“收入-费用=利润”这一等式，依照一定的分类标准和顺序，将企业一定会计期间的各种收入、费用支出和直接计入当期利润的利得和损失进行适当分类、排列而成的，它也是企业的主要会计报表之一。利润表包括的项目有营业收入、营业成本、营业利润、利润总额、净利润、每股收益、其他综合收益的税后净额和综合收益总额等。

2）利润表的意义

利润表反映了企业经营业绩的主要来源和构成。通过利润表，可以从总体上了解企业收入、成本和费用、净利润（或净亏损）的实现及构成情况，帮助会计报表使用者全面了解企业的经营成果；同时，通过利润表提供的不同时期的比较数字（本期金额、上期金额），可以分析企业的获利能力及利润的未来发展趋势，了解投资者投入资本的保值增值情况，从而为其作出经济决策提供依据。

8.3.2 利润表的格式与内容

利润表由表头、表身和表尾等部分组成。表身部分为利润表的主体和核心。利润表的格式一般有两种：单步式和多步式。

单步式利润表是将当期所有的收入列在一起，然后将所有的费用列在一起，两者相减得出当期净损益。

多步式利润表是通过对当期的收入、费用、支出项目按性质加以归类，按利润形成的主要环节列示一些中间性利润指标，如营业利润、利润总额、净利润，分步计算当期净损益。

在我国，利润表一般采用多步式，多步式利润表的结构是将利润的计算分为若干步骤进行，其主要编制步骤和内容如下：

第一步，以营业收入为基础，减去营业成本、税金及附加、销售费用、管理费用、研发费用、财务费用、信用减值损失、资产减值损失，加上其他收益、公允价值变动收益（减去公允价值变动损失）、投资收益（减去投资损失）和资产处置收益（减去资产处置损失），计算出营业利润。

第二步，以营业利润为基础，加上营业外收入，减去营业外支出，计算出利润总额。

第三步，以利润总额为基础，减去所得税费用，计算出净利润（或净亏损）。

也可以用公式表示如下：

$$\text{营业利润}=\text{营业收入}-\text{营业成本}-\text{税金及附加}-\text{销售费用}-\text{管理费用}-\text{研发费用}-\text{财务费用}-\text{信用减值损失}-\text{资产减值损失}+\text{其他收益}+\text{公允价值变动收益}\left(-\text{公允价值变动损失}\right)+\text{投资收益}\left(-\text{投资损失}\right)+\text{资产处置收益}\left(-\text{资产处置损失}\right)$$

利润总额=营业利润+营业外收入-营业外支出

净利润=利润总额-所得税费用

因此，多步式利润表反映了构成营业利润、利润总额、净利润的各项要素的情况，有助于使用者从不同利润类别中了解企业经营成果的不同来源。

利润表的格式和内容见表8-10。

表8-10　　利润表　　会企02表

编制单位：　　2022年__年__月　　单位：元

项　目	本期金额	上期金额
一、营业收入		
减：营业成本		
税金及附加		
销售费用		
管理费用		
研发费用		
财务费用		
其中：利息费用		
利息收入		
加：其他收益		
投资收益（损失以“-”号填列）		
其中：对联营企业和合营企业的投资收益		
以摊余成本计量的金融资产终止确认收益（损失以“-”号填列）		
净敞口套期收益（损失以“-”号填列）		
公允价值变动收益（损失以“-”号填列）		
信用减值损失（损失以“-”号填列）		
资产减值损失（损失以“-”号填列）		
资产处置收益（损失以“-”号填列）		
二、营业利润（亏损以“-”号填列）		
加：营业外收入		
减：营业外支出		

续表

项　目	本期金额	上期金额
三、利润总额（亏损总额以“-”号填列）		
减：所得税费用		
四、净利润（净亏损以“-”号填列）		
（一）持续经营净利润（净亏损以“-”号填列）		
（二）终止经营净利润（净亏损以“-”号填列）		
五、其他综合收益的税后净额		
（一）不能重分类进损益的其他综合收益		
1. 重新计量设定受益计划变动额		
2. 权益法下不能转损益的其他综合收益		
3. 其他权益工具投资公允价值变动		
4. 企业自身信用风险公允价值变动		
……		
（二）将重分类进损益的其他综合收益		
1. 权益法下可转损益的其他综合收益		
2. 其他债权投资公允价值变动		
3. 金融资产重分类计入其他综合收益的金额		
4. 其他债权投资信用减值准备		
5. 现金流量套期储备		
6. 外币财务报表折算差额		
……		
六、综合收益总额		
七、每股收益：		
（一）基本每股收益		
（二）稀释每股收益		

8.3.3 利润表的编制方法

微课 8-2

利润表的编制（2）

1）利润表中的“本期金额”与“上期金额”

利润表中的“本期金额”栏，反映各项目的本期实际发生数，主要应依据损益类各账户的本期实际发生额填列。利润表中的“上期金额”栏，应根据上年该期利润表“本期金额”栏内所列数字填列。

2）利润表的填列方法

（1）“营业收入”项目，反映企业经营主要业务和其他业务所确认的收入总额。本项目应根据“主营业务收入”和“其他业务收入”账户的发生额合计分析填列。

（2）“营业成本”项目，反映企业经营主要业务和其他业务所发生的成本总额。本项目应根据“主营业务成本”和“其他业务成本”账户的发生额合计分析填列。

（3）“税金及附加”项目，反映企业经营业务应负担的消费税、城市维护建设税、资源税、土地增值税和教育费附加等。本项目应根据“税金及附加”账户的发生额分析填列。

（4）“销售费用”项目，反映企业在销售商品过程中发生的包装费、广告费等费用和为销售本企业商品而专设的销售机构的职工薪酬、业务费等经营费用。本项目应根据“销售费用”账户的发生额分析填列。

（5）“管理费用”项目，反映企业为组织和管理生产经营发生的管理费用。本项目应根据“管理费用”账户的发生额分析填列。

（6）“研发费用”项目，反映企业进行研究与开发过程中发生的费用化支出，以及计入管理费用的自行开发无形资产的摊销。本项目应根据“管理费用”账户下的“研发费用”明细账户的发生额，以及“管理费用”账户下的“无形资产摊销”明细账户的发生额分析填列。

（7）“财务费用”项目，反映企业为筹集生产经营所需资金等而发生的筹资费用。本项目应根据“财务费用”账户的发生额分析填列。

（8）“资产减值损失”项目，反映企业计提的各项资产发生的减值损失。本项目应根据“资产减值损失”等账户的发生额分析填列。

（9）“信用减值损失”项目，反映企业计提的各项金融工具减值准备所确认的信用损失。本项目应根据“信用减值损失”账户的发生额分析填列。

（10）“其他收益”项目，反映计入其他收益的政府补助，以及其他与日常活动相关且计入其他收益的项目。本项目应根据“其他收益”账户的发生额分析填列。

（11）“投资收益”项目，反映企业以各种方式对外投资所取得的净收益。本项目应根据“投资收益”账户的发生额分析填列；如为净损失，以“-”号填列。其中对联营企业和合营企业的投资收益要单列。

（12）“公允价值变动收益”项目，反映企业应当计入当期损益的资产或负债的公允价值变动收益。本项目应根据“公允价值变动损益”账户的发生额分析填列；如为净损失，以“-”号填列。

（13）“资产处置收益”项目，反映企业出售划分为持有待售的非流动资产（金融工具、长期股权投资和投资性房地产除外）或处置组（子公司和业务除外）时确认的处置利得或损失，以及处置未划分为持有待售的固定资产、在建工程、生产性生物资产及无形资产而产生的处置利得或损失。该项目应根据“资产处置损益”账户的发生额分析填列；如为处置损失，以“-”号填列。

（14）“营业利润”项目，反映企业实现的营业利润。如果为亏损，本项目以“-”号填列。

（15）“营业外收入”项目，反映企业发生的除营业利润以外的收益，主要包括与企业日常活动无关的政府补助、盘盈利得、捐赠利得（企业接受股东或股东的子公司直接或间接的捐赠，经济实质属于股东对企业的资本性投入的除外）等。本项目应根据“营业外收入”账户的发生额分析填列。

（16）“营业外支出”项目，反映企业发生的除营业利润以外的支出，主要包括公益性捐赠支出、非常损失、盘亏损失、非流动资产毁损报废损失等。本项目应根据“营业外支出”账户的发生额分析填列。

（17）“利润总额”项目，反映企业实现的利润总额。如为亏损总额，以“-”号填列。

（18）“所得税费用”项目，反映企业按规定从本期损益中扣除的所得税费用，本项目应根据“所得税费用”账户的发生额分析填列。

（19）“净利润”项目，反映企业实现的净利润。如为净亏损，以“-”号填列。

（20）“其他综合收益的税后净额”项目，反映企业根据企业会计准则规定未在损益中确认的各项利得和损失扣除所得税影响后的净额。

（21）“综合收益总额”项目，反映净利润和其他综合收益的合计金额。

（22）“基本每股收益”项目，应当按照归属于普通股股东的当期净利润，除以发行在外普通股的加权平均数计算并填列。

（23）“稀释每股收益”项目，首先，企业存在稀释性潜在普通股的，应当分别调整归属于普通股股东的当期净利润和发行在外普通股的加权平均数，并据以计算稀释每股收益；其次，对归属于普通股股东的当期净利润进行调整；最后，在此基础上，计算稀释每股收益。

工作实例8-14

运昌公司2021年度“主营业务收入”账户的贷方发生额为56 000 000元，借方发生额为300 000元（系10月份发生的购买方退货），“其他业务收入”账户的贷方发生额为1 000 000元。该企业2021年度利润表中“营业收入”项目的金额为：

“营业收入”项目金额=主营业务收入+其他业务收入=56 000 000-300 000+1 000 000=56 700 000（元）

工作实例8-15

工作实例8-15

解析

美达公司2021年度“主营业务成本”账户的借方发生额为40 000 000元，贷方发生额为9 000 000元（系11月份发生的购买方退货），“其他业务成本”账户的借方发生额为16 000 000元。试计算该企业2021年度利润表中“营业成本”项目的金额。

“营业成本”项目金额=40 000 000-9 000 000+16 000 000=47 000 000（元）

8.3.4 利润表的编制示例

工作实例8-16

永昌股份有限公司2022年度损益类账户累计发生净额见表8-11，编制该公司2022年度利润表，见表8-12。

表 8-11　　永昌股份有限公司2022年度损益类账户累计发生净额　　单位：元

账户名称	借方发生额	贷方发生额
主营业务收入		1 300 000
主营业务成本	860 000	
税金及附加	25 000	
销售费用	32 000	
管理费用	146 000	
财务费用	48 000	
资产减值损失	26 000	
投资收益		289 000
营业外收入		60 000
营业外支出	18 000	
所得税费用	123 500	

表 8-12　　利润表　　会企02表

编制单位：永昌股份有限公司　　2022年度　　单位：元

项目	本期金额	上期金额
一、营业收入	1 300 000	
减：营业成本	860 000	
税金及附加	25 000	
销售费用	32 000	
管理费用	146 000	
财务费用	48 000	
加：投资收益（损失以“–”号填列）	289 000	
其中：对联营企业和合营企业的投资收益	0	
公允价值变动收益（损失以“–”号填列）	0	
资产减值损失（损失以“–”号填列）	–26 000	
二、营业利润（亏损以“–”号填列）	452 000	
加：营业外收入	60 000	
减：营业外支出	18 000	
三、利润总额（亏损总额以“–”号填列）	494 000	
减：所得税费用	123 500	
四、净利润（净亏损以“–”号填列）	370 500	
五、其他综合收益的税后净额		
六、综合收益总额		
七、每股收益：		
（一）基本每股收益		
（二）稀释每股收益		

本章小结

本章主要阐述财务报表的作用、种类、编制要求，编制资产负债表和利润表等内容。

财务报表是在日常会计核算的基础上，对企业财务状况、经营成果和现金流量的结构性表述。编制财务报表，是会计核算的专门方法之一，也是会计核算工作的最终“产品”和最后环节。

财务报表主要包括资产负债表、利润表、现金流量表、所有者权益（或股东权益）变动表及会计报表附注。

资产负债表是反映企业某一特定日期全部资产、负债和所有者权益及其构成情况的报表，是一张静态报表。我国企业资产负债表采用账户式结构，其左方反映资产情况，右方反映负债及所有者权益（或股东权益）情况。

利润表是反映企业某一时期内经营活动成果的报表，是一张动态报表。我国企业利润表采用多步式进行编制。

习题与实训

1）单项选择题

（1）（　　）是指企业对外提供的反映企业某一特定日期财务状况和某一会计期间经营成果、现金流量情况的书面文件。

A.资产负债表　　B.利润表

C.会计报表附注　　D.财务会计报告

随堂测8

（2）下列项目中，属于“非流动负债”项目的是（　　）。

A.应付票据　　B.长期借款

C.应付股利　　D.应付职工薪酬

（3）资产负债表中“所有者权益”类项目的排列顺序是（　　）。

A.未分配利润　盈余公积　资本公积　实收资本

B.实收资本　资本公积　盈余公积　未分配利润

C.实收资本　盈余公积　资本公积　未分配利润

D.资本公积　盈余公积　未分配利润　实收资本

（4）某企业期末“应收账款”所属明细账借方余额之和为500 800元，所属明细账贷方余额之和为9 800元，总账为借方余额491 000元，则在当期资产负债表“应收账款”项目所填列的数额为（　　）元。

A.500 800　　B.9 800　　C.491 000　　D.510 600

（5）（　　）是反映企业一定时期经营成果的会计报表。

A.资产负债表　　B.利润表　　C.现金流量表　　D.会计报表附注

（6）我国的利润表采用（　　）结构。

A.单步式　　B.多步式　　C.账户式　　D.报告式

（7）在利润表上，利润总额减去（　　）后，得出净利润。

A.管理费用　　B.增值税　　C.营业外支出　　D.所得税费用

（8）某企业2021年12月31日“无形资产”账户余额为500万元，“累计摊销”账户余额为200万元，“无形资产减值准备”账户余额为100万元。该企业2021年12月31日资产负债表中“无形资产”项目的金额为（　　）万元。

A.500　　B.300　　C.400　　D.200

（9）某企业2021年12月31日“固定资产”账户余额为4 000万元，“累计折旧”账户余额为1 600万元，“固定资产减值准备”账户余额为100万元，“在建工程”账户余额为500万元。该企业2021年12月31日资产负债表中“固定资产”项目的金额为（　　）万元。

A.2 300　　B.2 500　　C.3 000　　D.2 800

（10）某企业2021年发生的“营业收入”为1 000万元，“营业成本”为600万元，“销售费用”为20万元，“管理费用”为50万元，“财务费用”为10万元，“投资收益”为40万元，“资产减值损失”为70万元（损失），“公允价值变动损益”为80万元（收益），“营业外收入”为25万元，“营业外支出”为15万元。该企业2021年的“营业利润”为（　　）万元。

A.370　　B.330　　C.320　　D.390

（11）某企业“应收账款”账户月末借方余额为20 000元，其中“应收甲公司账款”明细账户借方余额35 000元，“应收乙公司账款”明细账户贷方余额15 000元。“预收账款”账户月末贷方余额为15 000元，其中“预收A工厂账款”明细账户贷方余额25 000元，“预收B工厂账款”明细账户借方余额10 000元。该企业月末资产负债表中“应收账款”项目的金额为（　　）元。

A.40 000　　B.25 000　　C.15 000　　D.45 000

（12）乙企业“原材料”账户借方余额为150万元，“生产成本”账户借方余额为200万元，“在途物资”账户借方余额为50万元，“材料成本差异”账户贷方余额为30万元，该企业期末资产负债表中“存货”项目应填列的金额为（　　）万元。

A.520　　B.370　　C.420　　D.390

（13）某企业“应付账款”账户月末贷方余额为40 000元，其中“应付甲公司账款”明细账户贷方余额35 000元，“应付乙公司账款”明细账户贷方余额5 000元。“预付账款”账户月末贷方余额为30 000元，其中“预付A工厂账款”明细账户贷方余额50 000元，“预付B工厂账款”明细账户借方余额20 000元。该企业月末资产负债表中“应付账款”项目的金额为（　　）元。

A.90 000　　B.30 000　　C.40 000　　D.70 000

（14）某企业期末“工程物资”账户的余额为100万元，“发出商品”账户的余额为80万元，“原材料”账户的余额为100万元，“材料成本差异”账户的借方余额为10万元。假定不考虑其他因素，该企业资产负债表中“存货”项目的金额为（　　）万元。

A.190　　B.180　　C.170　　D.290

(15) 编制利润表主要是根据（　　）。

A.资产、负债及所有者权益各账户的本期发生额

B.资产、负债及所有者权益各账户的期末余额

C.损益类各账户的本期发生额

D.损益类各账户的期末余额

(16) 某企业年末“应收账款”账户的借方余额为300万元，其中，“应收账款”明细账户的借方余额为400万元，贷方余额为100万元，年末计提坏账准备后的“坏账准备”账户的贷方余额为20万元。假定不考虑其他应收款项计提坏账准备因素，该企业年末资产负债表中“应收账款”项目的金额为（　　）万元。

A.280　　B.300　　C.380　　D.400

(17) 某企业“应付账款”账户月末贷方余额为50 000元，其中“应付甲公司账款”明细账户贷方余额45 000元，“应付乙公司账款”明细账户贷方余额20 000元，“应付丙公司账款”明细账户借方余额15 000元。“预付账款”账户月末贷方余额为20 000元，其中“预付A工厂账款”明细账户贷方余额30 000元，“预付B工厂账款”明细账户借方余额10 000元。该企业月末资产负债表中“应付账款”项目的金额为（　　）元。

A.95 000　　B.45 000　　C.20 000　　D.25 000

(18) 下列各项中，不会影响“营业利润”金额增减的是（　　）。

A.资产减值损失　　B.财务费用　　C.投资收益　　D.营业外收入

(19) 资产负债表的下列项目中，需要根据几个总账账户的期末余额进行汇总填列的是（　　）。

A.应付职工薪酬　　B.短期借款　　C.货币资金　　D.资本公积

(20) 资产负债表中“未分配利润”项目金额等于（　　）。

A.“本年利润”账户余额

B.“利润分配”账户余额

C.“本年利润”账户余额-“利润分配”账户余额

D.“本年利润”账户贷方余额-“利润分配”账户借方余额或+“利润分配”账户贷方余额

2）多项选择题

(1) 中期财务会计报告包括（　　）。

A.月度财务会计报告　　B.半年度财务会计报告

C.季度财务会计报告　　D.年度财务会计报告

(2) 资产负债表中的“预付款项”项目应根据（　　）计算填列。

A.“应付账款”所属明细账借方余额合计数

B.“应付账款”总账余额

C.“预付账款”所属明细账借方余额合计数

D.“应付账款”所属明细账贷方余额合计数

(3) 下列账户中，可能影响资产负债表“应收账款”项目金额的有（　　）。

A.应收账款 B.预收账款 C.预付账款 D.坏账准备

(4) 资产负债表中的“应收账款”项目应根据（ ）计算填列。

A.“应收账款”所属明细账借方余额合计

B.“预收账款”所属明细账借方余额合计

C.按“应收账款”余额一定比例计提的“坏账准备”账户的贷方余额

D.“应收账款”总账的借方余额

(5) 下列项目中，列示在资产负债表左方的有（ ）。

A.固定资产 B.无形资产 C.非流动资产 D.流动资产

(6) 下列等式中正确的有（ ）。

A.资产=负债+所有者权益

B.营业利润=主营业务收入+其他业务收入-主营业务成本-其他业务成本+投资收益+公允价值变动收益

C.利润总额=营业利润+营业外收入-营业外支出

D.净利润=利润总额-所得税费用

(7) 下列各项中，属于资产负债表中“流动资产”项目的有（ ）。

A.货币资金 B.预收款项 C.应收账款 D.存货

(8) 资产负债表中的“存货”项目反映的内容包括（ ）。

A.发出商品 B.材料成本差异 C.委托加工物资 D.生产成本

(9) 利润表中的“营业成本”项目填列的依据有（ ）。

A.“营业外支出”发生额 B.“主营业务成本”发生额

C.“其他业务成本”发生额 D.“税金及附加”发生额

(10) 资产负债表中的“存货”项目根据（ ）账户的期末余额的合计数进行填列。

A.“在途物资” B.“原材料” C.“自制半成品” D.“工程物资”

3) 判断题

(1) 资产负债表是反映企业某一特定时期财务状况的会计报表。 （ ）

(2) 资产负债表的格式主要有账户式和报告式两种，我国采用的是报告式，因此才出现财务会计报告这个名词。 （ ）

(3) 资产负债表中的应收账款项目应根据“应收账款”所属明细账借方余额合计数、“预收账款”所属明细账借方余额合计数和“坏账准备”总账的贷方余额计算填列。 （ ）

(4) 资产负债表中的“预收款项”项目应根据“预收账款”和“应收账款”所属各明细账的期末贷方余额合计数填列。如“预收账款”所属各明细账期末有借方余额，应在资产负债表“应付账款”项目内填列。 （ ）

(5) 资产负债表中的“应付账款”项目应根据“应付账款”和“预付账款”所属各明细账的期末贷方余额合计数填列。如“应付账款”所属明细账期末有借方余额，应在资产负债表“预付款项”项目内填列。 （ ）

（6）中期财务会计报告是指以一年的中间日为资产负债表日编制的财务会计报告。（ ）

（7）资产负债表中的“货币资金”项目，应根据“银行存款”账户的期末余额填列。（ ）

（8）实际工作中，为使财务报表及时报送，企业可以提前结账。（ ）

（9）资产负债表中“固定资产”项目应根据“固定资产”账户余额减去“累计折旧”“固定资产减值准备”等账户的期末余额后的金额填列。（ ）

（10）季度、月度财务会计报告通常仅指财务报表，至少应该包括资产负债表、利润表和现金流量表。（ ）

4）单项实训题

【实训题一】

【目的】练习资产负债表中“应收账款”“应付账款”“预收款项”“预付款项”等项目的计算填列。

【资料】

华厦公司预收、预付货款情况较少，没有设立“预收账款”和“预付账款”总账账户；不考虑坏账准备。10月末有关账户余额如下：

“应收账款”总账账户为借方余额150 000元，其明细账户余额为：

飞乐公司借方余额80 000元；

长岭公司贷方余额50 000元；

凤凰公司借方余额100 000元；

永生公司贷方余额30 000元；

永久公司借方余额35 000元；

家乐公司借方余额15 000元。

【要求】计算填列资产负债表10月末“应收账款”、“应付账款”、“预收款项”和“预付款项”项目的金额。

【实训题二】

【目的】练习资产负债表中“存货”和“未分配利润”项目的填列。

【资料】创智公司2021年12月末有关总账账户余额如下：

（1）“原材料”账户借方余额210 000元；

（2）“库存商品”账户借方余额185 000元；

（3）“生产成本”账户借方余额38 000元；

（4）“在途物资”账户借方余额15 000元；

（5）“材料成本差异”账户贷方余额56 000元；

（6）“产品成本差异”账户贷方余额8 500元；

（7）“利润分配”账户借方余额510 000元；

（8）“本年利润”账户贷方余额850 000元。

【要求】计算填列12月末资产负债表“存货”和“未分配利润”项目金额。

【实训题三】

【目的】练习资产负债表项目的填列。

【资料】甲公司2021年12月31日结账后有关账户余额见表8-13。

表8-13 甲公司2021年12月31日结账后有关账户余额 单位：万元

账户名称	借方余额	贷方余额
应收账款	500	80
坏账准备——应收账款		50
预收账款	100	200
应付账款	60	300
预付账款	200	60

【要求】根据上述资料，计算资产负债表中下列项目的金额：（1）应收账款；（2）预付款项；（3）应付账款；（4）预收款项。

【实训题四】

【目的】练习资产负债表项目的填列。

【资料】乙公司2021年12月31日有关资料见表8-14。

表8-14 乙公司2021年12月31日有关资料

借款起始日期	借款期限（年）	金额（万元）
2021年1月1日	3	300
2019年1月1日	5	600
2018年6月1日	4	450

【要求】根据上述资料，计算资产负债表中下列项目的金额：

（1）长期借款；

（2）一年内到期的非流动负债。

【实训题五】

【目的】资产负债表的编制。

【资料】天华股份有限公司2021年12月31日的科目余额表见表8-15。

表8-15 科目余额表 单位：元

科目名称	借方余额	贷方余额
库存现金	10 000	
银行存款	57 000	
应收票据	60 000	
应收账款	80 000	
预付账款		30 000

续表

科目名称	借方余额	贷方余额
坏账准备——应收账款		5 000
原材料	70 000	
周转材料	10 000	
发出商品	90 000	
材料成本差异		55 000
库存商品	100 000	
交易性金融资产	2 000	
固定资产	800 000	
累计折旧		300 000
在建工程	40 000	
无形资产	150 000	
短期借款		10 000
应付账款		70 000
预收账款		10 000
应付职工薪酬	4 000	
应交税费		13 000
长期借款		80 000
实收资本		500 000
盈余公积		200 000
未分配利润		200 000

(1) 债权债务明细科目余额。

应收账款明细资料如下：

应收账款——A公司　借方余额100 000元

应收账款——B公司　贷方余额20 000元

预付账款明细资料如下：

预付账款——C公司　借方余额20 000元

预付账款——D公司　贷方余额50 000元

应付账款明细资料如下：

应付账款——E公司　贷方余额100 000元

应付账款——F公司　借方余额30 000元

预收账款明细资料如下：

预收账款——G公司　贷方余额40 000元

预收账款——H公司　借方余额30 000元

（2）长期借款共2笔，均为到期一次性还本付息。金额及期限如下：

①从工商银行借入30 000元（本利和），期限从2020年6月1日至2022年6月1日。

②从建设银行借入50 000元（本利和），期限从2021年8月1日至2022年8月1日。

【要求】根据科目余额表编制2021年12月31日的资产负债表，见表8-16。

表8-16　资产负债表　会企01表

编制单位：天华股份有限公司　2021年12月31日　单位：元

资产	期末余额	上年年末余额	负债和股东权益	期末余额	上年年末余额
流动资产：			流动负债：		
货币资金			短期借款		
交易性金融资产			交易性金融负债		
应收票据			应付票据		
应收账款			应付账款		
预付款项			预收款项		
其他应收款			应付职工薪酬		
存货			应交税费		
一年内到期的非流动资产			其他应付款		
其他流动资产			一年内到期的非流动负债		
流动资产合计			其他流动负债		
非流动资产：			流动负债合计		
债权投资			非流动负债：		
其他债权投资			长期借款		
长期应收款			应付债券		
长期股权投资			长期应付款		
投资性房地产			预计负债		
固定资产			递延所得税负债		
在建工程			其他非流动负债		
生产性生物资产			非流动负债合计		
油气资产			负债合计		
无形资产			股东权益：		
开发支出			股本		
商誉			资本公积		
长期待摊费用			减：库存股		
递延所得税资产			盈余公积		
其他非流动资产			未分配利润		
非流动资产合计			股东权益合计		
资产总计			负债和股东权益总计		

【实训题六】

【目的】利润表的编制。

【资料】大华公司2021年度有关损益类账户发生额见表8-17。

表8-17　损益类账户发生额　单位：元

账户名称	借方发生额	贷方发生额
主营业务收入	450 000	4 930 800
其他业务收入		2 345 800
投资收益	300 000	2 450 878
营业外收入		500 940
主营业务成本	3 670 700	345 800
税金及附加	1 222 454	
其他业务成本	754 600	
销售费用	333 655	
管理费用	326 000	45 000
财务费用	229 767	76 348
营业外支出	547 657	
所得税费用	809 774	
合计	8 644 607	10 695 566

【要求】根据上述资料编制该公司2021年度利润表，见表8-18。

表8-18　利润表　会企02表

编制单位：　2021年度　单位：元

项目	本期金额	上期金额
一、营业收入		
减：营业成本		
税金及附加		
销售费用		
管理费用		
财务费用		
加：投资收益（损失以"-"号填列）		
其中：对联营企业和合营企业的投资收益		

续表

项 目	本期金额	上期金额
公允价值变动收益（损失以“-”号填列）		
资产减值损失（损失以“-”号填列）		
二、营业利润（亏损以“-”号填列）		
加：营业外收入		
减：营业外支出		
三、利润总额（亏损总额以“-”号填列）		
减：所得税费用		
四、净利润（净亏损以“-”号填列）		
五、其他综合收益的税后净额		
六、综合收益总额		
七、每股收益：		
（一）基本每股收益		
（二）稀释每股收益		

第9章

会计核算形式

知识目标

1.了解会计核算形式的种类。

2.掌握记账凭证、科目汇总表和汇总记账凭证核算形式的特点、程序、优缺点及适用范围。

能力目标

能根据记账凭证、科目汇总表和汇总记账凭证核算形式进行账务处理。

思政目标

1.要有强烈的事业心和责任感。

2.具有良好的内部协调与沟通能力。

重点难点

重点：记账凭证、科目汇总表和汇总记账凭证三种会计核算形式的账务处理。

难点：科目汇总表和汇总记账凭证的编制。

9.1 会计核算形式认知

9.1.1 账务处理程序的意义

账务处理程序，也称会计核算组织程序或会计核算形式，是指会计凭证、会计账簿、会计报表相结合的方式，包括会计凭证和账簿的种类、格式，会计凭证与账簿之间的联系方法，由原始凭证到编制记账凭证、登记明细分类账和总分类账、编制会计报表的工作程序和方法等。科学、合理的账务处理程序应符合下列基本要求：

（1）要结合本单位实际，适应本单位生产经营活动的特点和规模的大小，满足本单位组织会计核算的要求。

（2）要有利于全面、及时、正确地反映本单位经济活动情况，提供高质量的会计核算信息，满足投资者和债权人等外部和单位内部会计信息使用者的需要。

（3）要有利于简化会计核算手续，提高会计工作效率，节约会计核算工作的人力、物力和财力。

9.1.2 账务处理程序的种类

我国常用的账务处理程序主要有记账凭证账务处理程序、汇总记账凭证账务处理程序以及科目汇总表账务处理程序三种。

这三种账务处理程序的主要不同之处在于登记总分类账的依据和方法不同。

9.2 记账凭证核算形式

9.2.1 记账凭证账务处理程序的特点

记账凭证账务处理程序是指对所发生的交易或事项，都要根据原始凭证或原始凭证汇总表编制记账凭证，然后直接根据记账凭证逐笔登记总分类账的一种账务处理程序。

记账凭证账务处理程序是最基本的账务处理程序，它是其他账务处理程序的基础。

在记账凭证账务处理程序下，需要设置的会计凭证，包括收款凭证、付款凭证和转账凭证，也可以采用一种通用的记账凭证。需要设置的账簿，包括库存现金日记账、银行存款日记账、总分类账和明细分类账。库存现金日记账和银行存款日记账一般采用三栏式；明细分类账可以采用三栏式、多栏式或数量金额式；总分类账一般采用三栏式。

9.2.2 记账凭证账务处理的一般程序

（1）根据原始凭证编制汇总原始凭证。

（2）根据原始凭证或汇总原始凭证，编制记账凭证。

（3）根据收款凭证、付款凭证逐笔登记库存现金日记账和银行存款日记账。

（4）根据原始凭证、汇总原始凭证和记账凭证，登记各种明细分类账。

（5）根据记账凭证逐笔登记总分类账。

（6）期末，库存现金日记账、银行存款日记账和明细分类账的余额同有关总分类账的余额核对相符。

（7）期末，根据总分类账和明细分类账的记录，编制会计报表。

记账凭证核算形式的账务处理流程如图9-1所示。

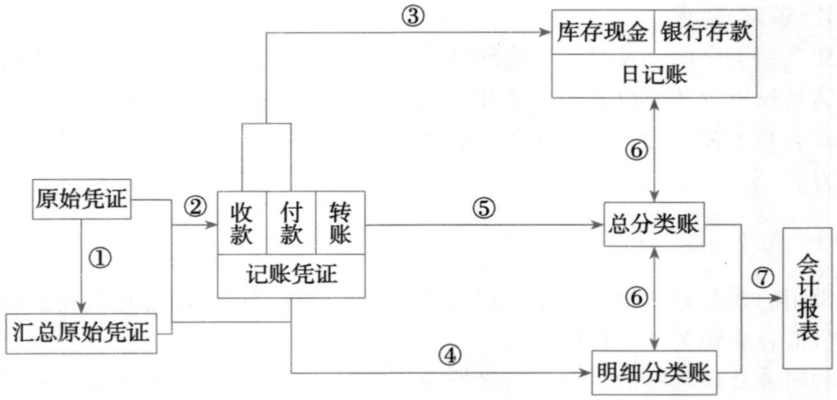

图9-1 记账凭证核算形式的账务处理流程图

9.2.3 记账凭证账务处理程序的特点、优缺点及适用范围

（1）特点。记账凭证账务处理程序的特点是：对发生的经济业务事项，都要根据原始凭证或汇总原始凭证编制记账凭证，然后直接根据记账凭证登记总分类账。

（2）优缺点。记账凭证账务处理程序的优点是：账务处理程序简单明了，易于理解；总分类账可以较详细地反映交易或事项的发生情况，便于查账、对账。缺点是登记总分类账的工作量较大。

（3）适用范围。记账凭证账务处理程序一般适用于规模较小、交易或事项较少的单位。同时，为了最大限度地克服其局限性，实务工作中，应尽量将原始凭证汇总编制汇总原始凭证，再根据汇总原始凭证编制记账凭证，从而简化总账登记的工作量。

9.2.4 记账凭证账务处理程序的运用

工作实例 9-1

立新公司2021年11月30日总分类账户余额见表9-1。

表9-1 总分类账户余额表 单位：元

账户名称	借方余额	贷方余额
库存现金	900	
银行存款	180 000	
应收账款	28 300	
原材料	63 000	
库存商品	30 000	
短期借款		6 000
应交税费		3 000
应付账款		5 000
实收资本		244 000
本年利润		44 200
合计	302 200	302 200

该公司2021年12月份发生下列经济业务（增值税税率为13%）：

（1）1日，收到国家投入资本60 000元，存入银行。

（2）3日，从和平公司购进A材料800千克，每千克50元，增值税进项税额为5 200元，共计45 200元。材料已验收入库，款项已用银行存款支付。

（3）7日，生产甲产品领用A材料300千克，每千克50元，共计15 000元。

（4）9日，南海公司偿还货款28 300元，款项已收到，存入银行。

（5）10日，销售甲产品200件给兴旺公司，每件300元，增值税销项税额为7 800元。共计67 800元，款项已收到，存入银行。

（6）10日，用银行存款归还前欠利新公司货款2 000元。

（7）12日，用银行存款归还短期借款6 000元。

（8）15日，销售甲产品100件给吉祥公司，每件190元，增值税销项税额为2 470元，共计21 470元，货款尚未收到。

（9）17日，张明出差，预借差旅费800元，出纳支付现金800元。

（10）18日，用银行存款支付产品广告费3 800元。

（11）22日，张明出差归来，报销差旅费700元，余额100元退回。

（12）24日，从银行提取现金2 800元备用。

（13）25日，用现金2 500元支付职工培训讲课费。

（14）31日，结转本月销售产品成本29 000元。

（15）31日，将本月损益类账户的余额转入“本年利润”账户。

【要求】

（1）根据以上资料填制收款凭证、付款凭证、转账凭证。

（2）根据记账凭证，逐笔登记总账，并结出本期发生额和期末余额。

根据以上要求进行会计处理：

（1）根据以上经济业务取得的原始凭证，填制收款凭证、付款凭证和转账凭证，见表9-2至表9-18。

表9-2　　收款凭证　　借方科目：银行存款

2021年12月1日　　银收字第01号

摘要	贷方科目		借或贷	金额
	总账科目	明细科目		
国家投入资本	实收资本	国家资本		60 000
合计				60 000

表 9-3　　收款凭证　　借方科目：银行存款

2021年12月9日　　银收字第02号

摘要	贷方科目		借或贷	金额
	总账科目	明细科目		
收回南海公司货款	应收账款	南海公司		28 300
合计				28 300

表 9-4　　收款凭证　　借方科目：银行存款

2021年12月10日　　银收字第03号

摘要	贷方科目		借或贷	金额
	总账科目	明细科目		
甲产品销售收入	主营业务收入	甲产品		60 000
	应交税费	应交增值税（销项税额）		7 800
合计				67 800

表 9-5　　收款凭证　　借方科目：库存现金

2021年12月22日　　现收字第01号

摘要	贷方科目		借或贷	金额
	总账科目	明细科目		
出差报销差旅费退回多余金额	其他应收款	张明		100
合计				100

表 9-6　　付款凭证　　贷方科目：银行存款

2021年12月3日　　银付字第01号

摘要	借方科目		借或贷	金额
	总账科目	明细科目		
支付购料款	原材料	A材料		40 000
	应交税费	应交增值税（进项税额）		5 200
合计				45 200

表 9-7

付款凭证

2021年12月10日

贷方科目：银行存款

银付字第02号

摘要	借方科目		借或贷	金额
	总账科目	明细科目		
归还前欠货款	应付账款	利新公司		2 000
合计				2 000

表 9-8

付款凭证

2021年12月12日

贷方科目：银行存款

银付字第03号

摘要	借方科目		借或贷	金额
	总账科目	明细科目		
归还短期借款	短期借款			6 000
合计				6 000

表 9-9

付款凭证

2021年12月18日

贷方科目：银行存款

银付字第04号

摘要	借方科目		借或贷	金额
	总账科目	明细科目		
支付产品广告费	销售费用			3 800
合计				3 800

表 9-10

付款凭证

2021年12月24日

贷方科目：银行存款

银付字第05号

摘要	借方科目		借或贷	金额
	总账科目	明细科目		
提现	库存现金			2 800
合计				2 800

表 9-11 付 款 凭 证 贷方科目：库存现金

2021 年 12 月 17 日 现付字第 01 号

摘要	借方科目		借或贷	金额
	总账科目	明细科目		
出差预借差旅费	其他应收款	张明		800
合计				800

表 9-12 付 款 凭 证 贷方科目：库存现金

2021 年 12 月 25 日 现付字第 02 号

摘要	借方科目		借或贷	金额
	总账科目	明细科目		
付培训讲课费	管理费用			2 500
合计				2 500

表 9-13 转 账 凭 证

2021 年 12 月 7 日 转字第 01 号

摘要	总账科目	明细科目	借方金额	贷方金额
生产领用材料	生产成本	甲产品	15 000	
	原材料	A 材料		15 000
合计			15 000	15 000

表 9-14 转 账 凭 证

2021 年 12 月 15 日 转字第 02 号

摘要	总账科目	明细科目	借方金额	贷方金额
销售产品尚未收到货款	应收账款	吉祥公司	21 470	
	主营业务收入	甲产品		19 000
	应交税费	应交增值税（销项税额）		2 470
合计			21 470	21 470

表9-15　转账凭证

2021年12月22日　转字第03号

摘要	总账科目	明细科目	借方金额	贷方金额
报销差旅费	管理费用	差旅费	700	
	其他应收款	张明		700
合计			700	700

表9-16　转账凭证

2021年12月31日　转字第04号

摘要	总账科目	明细科目	借方金额	贷方金额
结转销售成本	主营业务成本	甲产品	29 000	
	库存商品	甲产品		29 000
合计			29 000	29 000

表9-17　转账凭证

2021年12月31日　转字第05号

摘要	总账科目	明细科目	借方金额	贷方金额
结转本月销售	主营业务收入	甲产品	79 000	
收入	本年利润			79 000
合计			79 000	79 000

表9-18　转账凭证

2021年12月31日　转字第06号

摘要	总账科目	明细科目	借方金额	贷方金额
结转本月成本费用	本年利润		36 000	
	管理费用			3 200
	销售费用			3 800
	主营业务成本			29 000
合计			36 000	36 000

（2）根据记账凭证登记总分类账，见表9-19、表9-20（仅以库存现金、银行存款总账为例，其他账户从略）。

表 9-19　　库存现金总账（库存现金日记账）

2021 年		凭证号数	摘要	借方	贷方	借或贷	余额
月	日						
12	1		期初余额			借	900
	17	现付 01	出差预借差旅费		800	借	100
	22	现收 01	出差报销差旅费	100		借	200
	24	银付 05	提现	2 800		借	3 000
	25	现付 02	付培训讲课费		2 500	借	500
12	31		本月合计	2 900	3 300	借	500

表 9-20　　银行存款总账（银行存款日记账）

2021 年		凭证号数	摘要	借方	贷方	借或贷	余额
月	日						
12	1		期初余额			借	180 000
	1	银收 01	国家投入资本	60 000		借	240 000
	3	银付 01	支付购料款		45 200	借	194 800
	9	银收 02	收回南海公司货款	28 300		借	223 100
	10	银收 03	甲产品销售收入	67 800		借	290 900
	10	银付 02	归还前欠货款		2 000	借	288 900
	12	银付 03	归还短期借款		6 000	借	282 900
	18	银付 04	支付产品广告费		3 800	借	279 100
	24	银付 05	提现		2 800	借	276 300
12	31		本月合计	156 100	59 800	借	276 300

9.3 科目汇总表核算形式

9.3.1 科目汇总表账务处理程序的特点

科目汇总表账务处理程序又称记账凭证汇总表账务处理程序，它是根据记账凭证定期编制科目汇总表，再根据科目汇总表登记总分类账的一种账务处理程序。

在科目汇总表账务处理程序下，需要设置的会计凭证，包括收款凭证、付款凭证和转账凭证，也可以采用一种通用的记账凭证。需要设置的账簿，包括库存现金日记账、银行存款日记账、总分类账和明细分类账。库存现金日记账和银行存款日记账一般采用三栏式；明细分类账可以采用三栏式、多栏式或数量金额式；总分类账一般采用三栏式。

9.3.2　科目汇总表账务处理的一般程序

（1）根据原始凭证编制汇总原始凭证。

（2）根据原始凭证或汇总原始凭证编制记账凭证。

（3）根据收款凭证、付款凭证逐笔登记库存现金日记账和银行存款日记账。

（4）根据原始凭证、汇总原始凭证和记账凭证，登记各种明细分类账。

（5）根据各种记账凭证编制科目汇总表。

（6）根据科目汇总表登记总分类账。

（7）期末，库存现金日记账、银行存款日记账和明细分类账的余额同有关总分类账的余额核对相符。

（8）期末，根据总分类账和明细分类账的记录，编制会计报表。

科目汇总表核算形式的账务处理流程如图9-2所示。

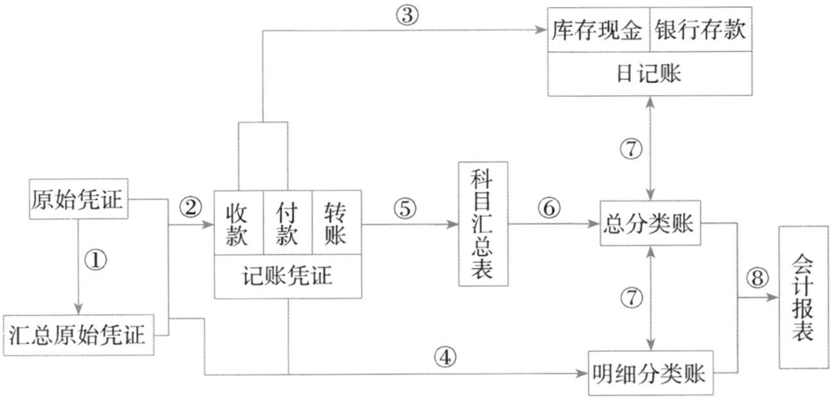

图9-2　科目汇总表核算形式的账务处理流程图

9.3.3　科目汇总表的编制方法

首先，将汇总期内各项交易或事项所涉及的总账科目填列在科目汇总表的“会计科目”栏内。其次，根据汇总期内所有记账凭证，按相同会计科目分别加计其借方发生额和贷方发生额，并将其汇总金额填在各相应会计科目的“借方”和“贷方”栏内。最后，还应分别加总全部会计科目“借方”和“贷方”发生额，进行发生额的试算平衡。具体汇总方式可分为两种：

（1）全部汇总。它就是将一定时期（10天、半个月、1个月）的全部记账凭证汇总到一张科目汇总表内的汇总方式。

（2）分类汇总。它就是将一定时期（10天、半个月、1个月）的全部记账凭证分别按库存现金、银行存款收、付款的记账凭证和转账记账凭证进行汇总。

需要注意的是，由于汇总方式不同，科目汇总表可以采用不同的格式。但不论任何格式的科目汇总表，都只反映各个科目的本期借方发生额、贷方发生额，不反映各个科目之间的对应关系。

9.3.4 科目汇总表账务处理程序的特点、优缺点及适用范围

（1）特点。科目汇总表账务处理程序的特点是：根据记账凭证定期归类、汇总编制科目汇总表，然后根据科目汇总表登记总分类账。

（2）优缺点。科目汇总表账务处理程序的优点是：①科目汇总表的编制和使用较为简便，易学易做；②根据科目汇总表一次或分次登记总分类账，大大减轻了登记总分类账的工作量；③科目汇总表可以起到试算平衡的作用。缺点是：在科目汇总表和总分类账中，不反映科目的对应关系，不便于查对账目。

（3）适用范围。科目汇总表账务处理程序的适用范围较广，特别适用于规模大、业务量多的企业。

9.3.5 科目汇总表账务处理程序的运用

工作实例9-2

业务资料见【工作实例9-1】。

（1）记账凭证编制略。

（2）根据所填制的记账凭证（表9-2至表9-18）为依据，采用全部汇总的方法对记账凭证定期（15天）编制科目汇总表。

①12月1日至12月15日。

第一步：建立“T”形账。

银行存款

60 000	45 200
28 300	2 000
67 800	6 000
156 100	53 200

原材料

40 000	15 000
40 000	15 000

实收资本

	60 000
	60 000

应交税费

5 200	7 800
	2 470
5 200	10 270

应收账款

21 470	28 300
21 470	28 300

生产成本

15 000	
15 000	

主营业务收入

	60 000
	19 000
	79 000

短期借款

6 000	
6 000	

应付账款

2 000	
2 000	

第二步：将上面的“T”形账记入科目汇总表，见表9-21。

表9-21　　科目汇总表　　单位：元

2021年12月1日至15日　　汇字第1号

会计科目	账页	借方发生额	贷方发生额	记账凭证起讫号数
银行存款		156 100	53 200	略
实收资本			60 000	
原材料		40 000	15 000	
应交税费		5 200	10 270	
生产成本		15 000		
应收账款		21 470	28 300	
主营业务收入			79 000	
应付账款		2 000		
短期借款		6 000		
合计		245 770	245 770	

②12月15日至12月31日。

第一步：建立“T”形账。

其他应收款

800	100
	700
800	800

销售费用

3 800	3 800
3 800	3 800

库存现金

100	800
2 800	2 500
2 900	3 300

银行存款

	3 800
	2 800
	6 600

主营业务成本

29 000	29 000
29 000	29 000

管理费用

700	3 200
2 500	
3 200	3 200

主营业务收入

79 000	
79 000	

本年利润

36 000	79 000
36 000	79 000

库存商品

	29 000
	29 000

第二步：将上面的“T”形账记入科目汇总表，见表9-22。

表9-22　科目汇总表　单位：元

2021年12月16日至31日　汇字第2号

会计科目	账页	借方发生额	贷方发生额	记账凭证起讫号数
库存现金		2 900	3 300	略
银行存款			6 600	
其他应收款		800	800	
库存商品			29 000	
管理费用		3 200	3 200	
销售费用		3 800	3 800	
主营业务成本		29 000	29 000	
主营业务收入		79 000		
本年利润		36 000	79 000	
合计		154 700	154 700	

（3）根据科目汇总表登记总分类账，见表9-23和表9-24（仅以库存现金、银行存款总账为例，其他从略）。

表9-23　库存现金总账

2021年		凭证号数	摘要	借方	贷方	借或贷	余额
月	日						
12	1		期初余额			借	900
	31	科汇2	16—31日汇总过入	2 900	3 300	借	500
12	31		本月合计	2 900	3 300	借	500

表9-24　银行存款总账

2021年		凭证号数	摘要	借方	贷方	借或贷	余额
月	日						
12	1		期初余额			借	180 000
	15	科汇1	1—15日汇总过入	156 100	53 200	借	282 900
	31	科汇2	16—31日汇总过入		6 600	借	276 300
12	31		本月合计	156 100	59 800	借	276 300

9.4　汇总记账凭证核算形式

9.4.1　汇总记账凭证账务处理程序的特点

汇总记账凭证账务处理程序是根据原始凭证或汇总原始凭证编制记账凭证，并定期根据记账凭证分类编制汇总收款凭证、汇总付款凭证和汇总转账凭证，再根据汇总记账凭证登记总分类账的一种账务处理程序。这种账务处理程序定期（5天或10天）将全部记账凭证按收、付款凭证和转账凭证分别归类编制成汇总记账凭证，然后再根据汇总记账凭证登记总分类账。

在汇总记账凭证账务处理程序下，除设置收款凭证、付款凭证和转账凭证外，还应设置汇总收款凭证、汇总付款凭证和汇总转账凭证，作为登记总分类账的依据。

账簿组织和记账凭证账务处理程序相同，设置库存现金日记账和银行存款日记账，一般采用三栏式。总分类账可采用对应科目的三栏式。设置各种明细分类账，根据需要可采用三栏式、数量金额式或多栏式。

9.4.2　汇总记账凭证账务处理的一般程序

（1）根据原始凭证编制汇总原始凭证。

（2）根据原始凭证或汇总原始凭证，编制收款凭证、付款凭证和转账凭证。

（3）根据收款凭证、付款凭证逐笔登记库存现金日记账和银行存款日记账。

（4）根据原始凭证、汇总原始凭证和各种记账凭证，登记各种明细分类账。

（5）根据收款凭证、付款凭证和转账凭证编制相应的汇总记账凭证。

（6）根据各种汇总记账凭证登记总分类账。

（7）期末，库存现金日记账、银行存款日记账和明细分类账的余额同有关总分类账的余额核对相符。

（8）期末，根据总分类账和明细分类账的记录，编制会计报表。

汇总记账凭证账务处理程序流程如图9-3所示。

9.4.3　汇总记账凭证的编制

汇总记账凭证分为汇总收款凭证、汇总付款凭证和汇总转账凭证3种。

1）汇总收款凭证

汇总收款凭证是指按“库存现金”和“银行存款”科目的借方分别设置的一种汇总记账凭证。它汇总了一定时期内现金和银行存款的收款业务，其格式见表9-25和表9-26。

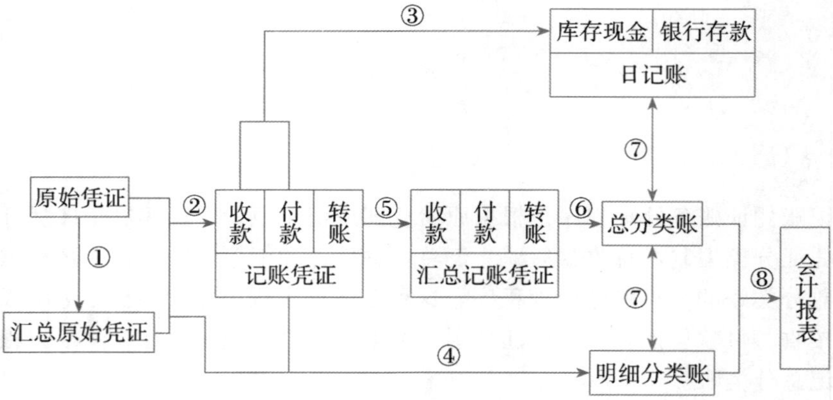

图9-3 汇总记账凭证账务处理程序流程图

表9-25 汇总收款凭证 借方科目：库存现金

2022年×月 汇收第1号

贷方科目	金额			总账页数		
	1—10日收款凭证 第 号至第 号	11—20日收款凭证 第 号至第 号	21—31日收款凭证 第 号至第 号	合计	借方	贷方
合计						

表9-26 汇总收款凭证 借方科目：银行存款

2022年×月 汇收第2号

贷方科目	金额			总账页数		
	1—10日收款凭证 第 号至第 号	11—20日收款凭证 第 号至第 号	21—31日收款凭证 第 号至第 号	合计	借方	贷方
合计						

汇总收款凭证的编制方法：将一定期间内全部库存现金和银行存款收款凭证，分别按其对应贷方科目进行归类，计算出每一贷方科目发生额合计数，填入汇总收款凭证中。一般可5天或10天汇总一次，月终计算出合计数，据以登记总分类账。

2）汇总付款凭证

汇总付款凭证是指按“库存现金”和“银行存款”科目的贷方分别设置的一种汇总记账凭证。它汇总了一定时期内现金和银行存款的付款业务，其格式见表9-27和表9-28。

表9-27 汇总付款凭证 贷方科目：库存现金

2022年×月 汇付第1号

借方科目	金额			总账页数		
	1—10日付款凭证 第 号至第 号	11—20日付款凭证 第 号至第 号	21—31日付款凭证 第 号至第 号	合计	借方	贷方
合计						

表9-28 汇总付款凭证 贷方科目：银行存款

2022年×月 汇付第2号

借方科目	金额			总账页数		
	1—10日付款凭证 第 号至第 号	11—20日付款凭证 第 号至第 号	21—31日付款凭证 第 号至第 号	合计	借方	贷方
合计						

汇总付款凭证的编制方法：将一定期间内全部库存现金和银行存款付款凭证，分别按其对应借方科目进行归类，计算出每一借方科目发生额合计数，填入汇总付款凭证中。一般可5天或10天汇总一次，月终计算出合计数，据以登记总分类账。

3）汇总转账凭证

汇总转账凭证是指按每一贷方科目分别设置，用来汇总一定时期内转账业务的一种汇总记账凭证，其格式见表9-29。

表9-29 汇总转账凭证 贷方科目：

2022年×月 汇转第1号

借方科目	金额			总账页数		
	1—10日转账凭证 第 号至第 号	11—20日转账凭证 第 号至第 号	21—31日转账凭证 第 号至第 号	合计	借方	贷方
合计						

汇总转账凭证的编制方法：将一定期间内全部转账凭证按其对应借方科目进行归类，计算出每一借方科目发生额合计数，填入汇总转账凭证中。一般可5天或10天汇总一次，月终计算出合计数，据以登记总分类账。

编制完汇总记账凭证后，据以登记总分类账。总分类账的登记在月终进行。根据汇总收款凭证的合计数，记入总分类账“库存现金”和“银行存款”账户的借方，以及有关账户的贷方；根据汇总付款凭证的合计数，记入总分类账“库存现金”和“银行存款”账户的贷方，以及有关账户的借方；根据汇总转账凭证的合计数，记入总分类账户所设置账户的贷方，以及有关账户的借方。

9.4.4 汇总记账凭证账务处理程序的特点、优缺点及适用范围

（1）特点。汇总记账凭证账务处理程序的特点是：根据原始凭证或汇总原始凭证编制记账凭证，根据记账凭证定期编制汇总记账凭证，再根据汇总记账凭证登记总分类账。

（2）优缺点。优点：大大减少了登记总分类账的工作量；在汇总记账凭证和总分类账中，可以清晰地反映账户之间的对应关系，便于查对和分析账目。

缺点：按每一贷方账户编制汇总转账凭证，不利于会计日常核算工作的分工；当转账凭证较多时，编制汇总转账凭证的工作量较大。

（3）适用范围。汇总记账凭证账务处理程序主要适用于规模较大、交易或事项较多，特别是转账业务少，而收、付款业务较多的单位。

9.4.5 汇总记账凭证账务处理程序的运用

工作实例 9-3

业务资料见【工作实例 9-1】。

（1）编制记账凭证（略）。

（2）根据记账凭证登记汇总记账凭证（汇总转账凭证略），见表 9-30 至表 9-33。

表 9-30　　汇总收款凭证　　借方科目：库存现金

2021 年 12 月　　汇收 01 号

贷方科目	金额				总账页数	
	1—10 日收款凭证 第　号至第　号	11—20 日收款凭证 第　号至第　号	21—31 日收款凭证 第　号至第　号	合计	借方	贷方
其他应收款			100	100		
合计			100	100		

表 9-31　　汇总收款凭证　　借方科目：银行存款

2021 年 12 月　　汇收 02 号

贷方科目	金额				总账页数	
	1—10 日收款凭证 第　号至第　号	11—20 日收款凭证 第　号至第　号	21—31 日收款凭证 第　号至第　号	合计	借方	贷方
实收资本	60 000			60 000		
应收账款	28 300			28 300		
主营业务收入	60 000			60 000		
应交税费	7 800			7 800		
合计	156 100			156 100		

表 9-32　　汇总付款凭证　　贷方科目：库存现金

2021 年 12 月　　汇付 01 号

借方科目	金额			总账页数		
	1—10 日付款凭证 第　号至第　号	11—20 日付款凭证 第　号至第　号	21—31 日付款凭证 第　号至第　号	合计	借方	贷方
其他应收款		800		800		
管理费用			2 500	2 500		
合计		800	2 500	3 300		

表 9-33　　汇总付款凭证　　贷方科目：银行存款

2020 年 12 月　　汇付 02 号

借方科目	金额			总账页数		
	1—10 日付款凭证 第　号至第　号	11—20 日付款凭证 第　号至第　号	21—31 日付款凭证 第　号至第　号	合计	借方	贷方
原材料	40 000			40 000		
应交税费	5 200			5 200		
应付账款	2 000			2 000		
短期借款		6 000		6 000		
销售费用		3 800		3 800		
库存现金			2 800	2 800		
合计	47 200	9 800	2 800	59 800		

（3）根据汇总记账凭证登记总分类账，见表 9-34、表 9-35（仅以库存现金、银行存款总账为例，其他从略）。

表 9-34　　库存现金总账

2021 年		凭证号数	摘要	借方	贷方	借或贷	余额
月	日						
12	1		期初余额			借	900
	31	汇收 01	1—31 日汇总过入	100		借	1 000
	31	汇付 02	1—31 日汇总过入	2 800		借	3 800
	31	汇付 01	1—31 日汇总过入		3 300	借	500
12	31		本月合计	2 900	3 300	借	500

表 9-35　　银行存款总账

2021年		凭证号数	摘要	借方	贷方	借或贷	余额
月	日						
12	1		期初余额			借	180 000
	31	汇收 02	1—31 日汇总过入	156 100		借	336 100
	31	汇付 02	1—31 日汇总过入		59 800	借	276 300
12	31		本月合计	156 100	59 800	借	276 300

各种账务处理程序对比见表 9-36。

表 9-36　　各种账务处理程序对比表

内容 种类	记账凭证账务处理程序	汇总记账凭证账务处理程序	科目汇总表账务处理程序
优点	简单明了，总分类账可以较详细地反映经济业务的发生情况	减轻了登记总分类账的工作量，便于了解账户之间的对应关系	可以简化总分类账的登记工作，并可做到试算平衡
缺点	登记总分类账的工作量较大	不利于日常分工，当转账凭证较多时，编制汇总转账凭证的工作量较大	不能反映账户对应关系，不便于查对账目
适用范围	规模较小、经济业务较少的单位	规模较大、经济业务较多、收（付）款业务较多的单位	规模较大、经济业务较多的单位
登记总账的依据	根据记账凭证逐笔登记	根据汇总记账凭证登记	根据科目汇总表登记

本章小结

本章是对会计核算形式的概括和总结。

科学合理的会计核算形式，对于提高会计信息的质量和会计工作的效率有着重要的作用。在我国，根据登记总分类账的依据和方法不同，会计核算形式主要有：记账凭证核算形式、科目汇总表核算形式、汇总记账凭证核算形式等。不同的会计核算形式，在凭证、账簿、报表的设置、种类及账务处理步骤和方法等方面各有特点，分别适用于不同规模和性质的单位。

通过本章的学习，要掌握各种会计核算形式的特点、账务处理程序、优缺点和适用范围。

习题与实训

1）单项选择题

随堂测9

（1）各种会计账务处理程序之间的区别在于（　　）。

A.总账的格式不同

B.登记总账的依据和方法不同

C.会计凭证的种类不同

D.编制会计报表的依据不同

（2）关于记账凭证账务处理程序，下列说法中不正确的是（　　）。

A.根据记账凭证逐笔登记总分类账，是最基本的会计账务处理程序

B.简单明了，易于理解，总分类账可以较详细地反映经济业务的发生情况

C.登记总分类账的工作量较大

D.适用于规模较大、经济业务量较多的单位

（3）采用记账凭证账务处理程序时，登记总分类账的依据是（　　）。

A.科目汇总表　　B.记账凭证　　C.汇总记账凭证　　D.汇总原始凭证

（4）（　　）是记账凭证账务处理程序的主要缺点。

A.不便于会计合理分工　　B.不能体现账户的对应关系

C.登记总账的工作量较大　　D.方法不易掌握

（5）记账凭证账务处理程序适用于（　　）的单位。

A.规模较小、业务量较少　　B.规模较小、业务量较多

C.规模较大、业务量较少　　D.规模较大、业务量较多

（6）（　　）是一种最基本的账务处理程序，其他各种账务处理程序都是在此基础上发展形成的。

A.记账凭证账务处理程序　　B.日记总账账务处理程序

C.汇总记账凭证账务处理程序　　D.科目汇总表账务处理程序

（7）科目汇总表的主要缺点是不能反映出（　　）。

A.借方发生额　　B.贷方发生额

C.借方和贷方发生额　　D.科目对应关系

（8）编制科目汇总表的直接依据是（　　）。

A.原始凭证　　B.原始凭证汇总表　　C.记账凭证　　D.汇总记账凭证

（9）科目汇总表账务处理程序的优点是（　　）。

A.详细反映经济业务的发生情况　　B.可以做到试算平衡

C.便于了解账户之间的对应关系　　D.便于查对账目

（10）汇总记账凭证账务处理程序的缺点是（　　）。

A.总分类账中不能反映有关科目之间的对应关系

B.登记总分类账的工作量较大

C.不便于查对账目

D.编制汇总记账凭证的工作量较大

(11)汇总记账凭证账务处理程序适用于（　　）的单位。

A.规模较小、经济业务较多　　B.规模较大、经济业务较多

C.规模较大、经济业务不多　　D.规模较小、经济业务不多

(12)汇总收款凭证是根据库存现金或银行存款的收款凭证，按库存现金或银行存款科目的（　　）分别设置，并按（　　）科目加以归类汇总。

A.借方　贷方　　B.贷方　借方　　C.借方　借方　　D.贷方　贷方

(13)汇总转账凭证根据转账凭证按每个科目的（　　）分别设置，并按对应的（　　）科目归类汇总。

A.借方　贷方　　B.贷方　借方　　C.借方　借方　　D.贷方　贷方

2）多项选择题

(1)记账凭证账务处理程序适用于（　　）的企业。

A.规模较大　　B.规模较小　　C.业务不多　　D.所用会计科目较多

(2)（　　）不属于记账凭证账务处理程序中的步骤。

A.根据原始凭证编制记账凭证

B.根据记账凭证登记总账

C.根据记账凭证中的收、付款凭证登记库存现金、银行存款日记账

D.根据汇总记账凭证登记总账

(3)科目汇总表账务处理程序的优点是（　　）。

A.科目汇总表的编制和使用较为简便，易学易做

B.可以清晰地反映科目之间的对应关系

C.可以大大减少登记总分类账的工作量

D.科目汇总表可以起到试算平衡的作用，保证总账登记的正确性

(4)采用科目汇总表账务处理程序时，月末应将（　　）与总分类账进行核对。

A.库存现金日记账　　B.明细分类账

C.汇总记账凭证　　D.银行存款日记账

(5)科目汇总表账务处理程序的特点是（　　）。

A.能够减少登记总账的工作量

B.不能反映账户间的对应关系

C.能反映各账户一定时期内的借方本期发生额和贷方本期发生额

D.适用于规模较大、经济业务较多的企业

(6)汇总记账凭证账务处理程序下，汇总转账凭证应采用（　　）形式。

A.一借一贷　　B.一借多贷　　C.一贷多借　　D.多借多贷

(7)汇总记账凭证一般分为（　　）。

A.汇总收款凭证　　B.汇总付款凭证　　C.原始凭证汇总表　　D.汇总转账凭证

(8)汇总记账凭证账务处理程序的优点是（　　）。

A.便于会计核算的日常分工　　B.便于了解账户之间的对应关系

C.减轻了登记总分类账的工作量　　　D.便于试算平衡

(9) 汇总收款凭证的编制方法是（　　）。

A.按库存现金、银行存款科目的借方设置

B.按库存现金、银行存款科目的贷方设置

C.按与设置科目相对应的贷方科目加以归类、汇总

D.按与设置科目相对应的借方科目加以归类、汇总

(10) 总账记账的依据可以是（　　）。

A.记账凭证　　B.明细账　　C.科目汇总表　　D.汇总记账凭证

3）判断题

(1) 在规模较大、业务量较多的单位，适合采用记账凭证账务处理程序，因为该账务处理程序简单明了、方便易学。（　　）

(2) 汇总记账凭证可以明确地反映账户（科目）之间的对应关系。（　　）

(3) 汇总记账凭证账务处理程序适用于规模大、经济业务较多的单位。（　　）

(4) 各种会计账务处理程序下，会计报表的编制方法都是相同的。（　　）

(5) 任何会计核算形式的第一步都是将所有的原始凭证汇总编制成汇总原始凭证。（　　）

(6) 记账凭证核算形式一般适用于规模小且经济业务较少的单位。（　　）

(7) 科目汇总表不仅可以起到试算平衡的作用，而且可以反映账户之间的对应关系。（　　）

(8) 汇总转账凭证是按借方科目分别设置，按其对应的贷方科目归类汇总。（　　）

(9) 在汇总记账凭证核算形式下，为了便于编制汇总转账凭证，要求所有转账凭证的科目对应关系只能是一借一贷或一借多贷。（　　）

(10) 各种会计核算形式的主要区别在于登记总账的依据和方法不同。（　　）

第10章

会计档案管理

知识目标

1. 了解会计档案的内容。
2. 明确归档保管、保管期限的规定。
3. 掌握会计档案查阅、鉴定和销毁的方法。

能力目标

会计档案的内容、归档保管、保管期限的规定，查阅和销毁的方法。

思政目标

1. 具备严谨细致的工作作风。
2. 具有责任担当、职业操守，能做到爱国爱党、忠诚守信、遵纪守法。

重点难点

重点：会计档案的内容。
难点：会计档案的保管。

10.1 会计档案的内容

10.1.1 会计档案的概念

会计档案是指单位在进行会计核算等过程中接收或形成的，记录和反映单位经济业务事项的，具有保存价值的文字、图表等各种形式的会计资料，包括通过计算机等电子设备形成、传输和存储的电子会计档案。

各单位（包括国家机关、社会团体、企业、事业单位、按规定应当建账的个体工商户和其他组织）必须根据财政部和国家档案局发布的《会计档案管理办法》的规定，加强对会计档案管理工作的领导，建立会计档案的立卷、归档、保管、查阅和销毁等管理制度。

10.1.2 会计档案的内容

会计档案的内容是指会计档案的范围，具体包括以下四个部分：

（1）会计凭证，包括原始凭证、记账凭证；

（2）会计账簿，包括总账、明细账、日记账、固定资产卡片及其他辅助性账簿；

（3）财务会计报告，包括月度、季度、半年度、年度财务会计报告；

（4）其他会计资料，包括银行存款余额调节表、银行对账单、纳税申报表、会计档案移交清册、会计档案保管清册、会计档案销毁清册、会计档案鉴定意见书及其他具有保存价值的会计资料。

采用电子计算机进行会计核算的单位，应当保存打印出的纸质会计档案。具备采用磁介质保存会计档案条件的单位，应将保存在磁介质上的会计数据、程序文件及其他会计核算资料视同会计档案一并管理。

10.2 会计档案的归档和保管

10.2.1 会计档案的归档

根据《会计档案管理办法》的规定，各单位当年形成的会计档案，应由会计机构按照归档的要求，整理立卷，装订成册，编制会计档案保管清册。在会计年度终了后，可由单位会计管理机构临时保管1年，再移交单位档案管理机构保管。因工作需要确需推迟移交的，应当经单位档案管理机构同意。单位会计管理机构临时保管会计档案最长不超过3年。临时保管期间，会计档案的保管应当符合国家档案管理的有关规定，且出纳人员不得兼管会计档案。

移交本单位档案机构保管的会计档案，原则上应当保持原卷册的封装，一般不得拆封。个别需要拆封重新整理的，档案机构应当会同会计机构和经办人员共同拆封整理，以分清责任。

10.2.2 会计档案的保管期限

会计档案的重要程度不同，其保管的期限也有所不同。

各种会计档案的保管期限，根据其特点，可分为永久、定期两类。定期保管期限一般分为10年和30年。会计档案的保管期限，从会计年度终了后的第一天算起。

新《会计档案管理办法》，自2016年1月1日起施行，对各类会计档案的保管，原则上应当按照表10-1和表10-2所列期限执行，表中保管期限为最低保管期限。

表 10-1　　企业和其他组织会计档案保管期限表

序号	档案名称	保管期限	备注
一	会计凭证		
1	原始凭证	30年	
2	记账凭证	30年	
二	会计账簿		
3	总账	30年	
4	明细账	30年	
5	日记账	30年	
6	固定资产卡片		固定资产报废清理后保管5年
7	其他辅助性账簿	30年	
三	财务会计报告		
8	月度、季度、半年度财务会计报告	10年	
9	年度财务会计报告	永久	
四	其他会计资料		
10	银行存款余额调节表	10年	
11	银行对账单	10年	
12	纳税申报表	10年	
13	会计档案移交清册	30年	
14	会计档案保管清册	永久	
15	会计档案销毁清册	永久	
16	会计档案鉴定意见书	永久	

表 10-2　　财政总预算、行政单位、事业单位和税收会计档案保管期限表

序号	档案名称	保管期限			备注
		财政总预算	行政单位和事业单位	税收会计	
一	会计凭证				
1	国家金库编送的各种报表及缴库退库凭证	10年		10年	
2	各收入机关编送的报表	10年			
3	行政单位和事业单位的各种会计凭证		30年		包括：原始凭证、记账凭证和传票汇总表
4	财政总预算拨款凭证和其他会计凭证	30年			包括：拨款凭证和其他会计凭证
二	会计账簿				
5	日记账		30年	30年	

续表

序号	档案名称	保管期限			备注
		财政总预算	行政单位和事业单位	税收会计	
6	总账	30年	30年	30年	
7	税收日记账（总账）			30年	
8	明细分类、分户账或登记簿	30年	30年	30年	
9	行政单位和事业单位固定资产卡片				固定资产报废清理后保管5年
三	财务会计报告				
10	政府综合财务报告	永久			下级财政、本级部门和单位报送的保管2年
11	部门财务报告		永久		所属单位报送的保管2年
12	财政总决算	永久			下级财政、本级部门和单位报送的保管2年
13	部门决算		永久		所属单位报送的保管2年
14	税收年报（决算）			永久	
15	国家金库年报（决算）	10年			
16	基本建设拨、贷款年报（决算）	10年			
17	行政单位和事业单位会计月、季度报表		10年		所属单位报送的保管2年
18	税收会计报表			10年	所属税务机关报送的保管2年
四	其他会计资料				
19	银行存款余额调节表	10年	10年		
20	银行对账单	10年	10年	10年	
21	会计档案移交清册	30年	30年	30年	
22	会计档案保管清册	永久	永久	永久	
23	会计档案销毁清册	永久	永久	永久	
24	会计档案鉴定意见书	永久	永久	永久	

注：税务机关的税务经费会计档案保管期限，按行政单位会计档案保管期限规定办理。

10.3 会计档案的查阅和销毁

10.3.1 会计档案的查阅

单位应当严格按照相关制度利用会计档案，在进行会计档案查阅、复制、借出时履行登记手续，严禁篡改和损坏。

单位保存的会计档案一般不得对外借出。确因工作需要且根据国家有关规定必须借出的，应当严格按照规定办理相关手续。

会计档案借用单位应当妥善保管和利用借入的会计档案，确保借入会计档案的安全完整，并在规定时间内归还。

10.3.2 会计档案的鉴定

单位应当定期对已到保管期限的会计档案进行鉴定，并形成会计档案鉴定意见书。经鉴定，仍需继续保存的会计档案，应当重新划定保管期限；对保管期满，确无保存价值的会计档案，可以销毁。

会计档案鉴定工作应当由单位档案管理机构牵头，组织单位会计、审计、纪检监察等机构或人员共同进行。

10.3.3 会计档案的销毁

经鉴定可以销毁的会计档案，应当按照以下程序销毁：

（1）单位档案管理机构编制会计档案销毁清册，列明拟销毁会计档案的名称、卷号、册数、起止年度、档案编号、应保管期限、已保管期限和销毁时间等内容。

（2）单位负责人、档案管理机构负责人、会计管理机构负责人、档案管理机构经办人、会计管理机构经办人在会计档案销毁清册上签署意见。

（3）单位档案管理机构负责组织会计档案销毁工作，并与会计管理机构共同派员监销。监销人在会计档案销毁前，应当按照会计档案销毁清册所列内容进行清点核对；在会计档案销毁后，应当在会计档案销毁清册上签名或盖章。

电子会计档案的销毁还应当符合国家有关电子档案的规定，并由单位档案管理机构、会计管理机构和信息系统管理机构共同派员监销。

保管期满但未结清的债权债务会计凭证和涉及其他未了事项的会计凭证不得销毁，纸质会计档案应当单独抽出立卷，电子会计档案单独转存，保管到未了事项完结时为止。

单独抽出立卷或转存的会计档案，应当在会计档案鉴定意见书、会计档案销毁清册和会计档案保管清册中列明。

10.3.4　会计档案保管的特殊情况

单位分立后原单位存续的，其会计档案应当由分立后的存续方统一保管，其他方可以查阅、复制与其业务相关的会计档案。

单位分立后原单位解散的，其会计档案应当经各方协商后由其中一方代管或按照国家档案管理的有关规定处置，各方可以查阅、复制与其业务相关的会计档案。

单位分立中未结清的会计事项所涉及的会计凭证，应当单独抽出由业务相关方保存，并按照规定办理交接手续。

单位因业务移交其他单位办理所涉及的会计档案，应当由原单位保管，承接业务单位可以查阅、复制与其业务相关的会计档案。对其中未结清的会计事项所涉及的会计凭证，应当单独抽出由承接业务单位保存，并按照规定办理交接手续。

单位合并后原各单位解散或者一方存续其他方解散的，原各单位的会计档案应当由合并后的单位统一保管。单位合并后原各单位仍存续的，其会计档案仍应当由原各单位保管。

建设单位在项目建设期间形成的会计档案，需要移交给建设项目接受单位的，应当在办理竣工财务决算后及时移交，并按照规定办理交接手续。

单位因撤销、解散、破产或其他原因而终止的，在终止或办理注销登记手续之前形成的会计档案，按照国家档案管理的有关规定处置。

本章小结

本章简述了会计档案的内容、归档保管、保管期限的规定以及查阅、鉴定和销毁的方法。

习题与实训

随堂测10

1）单项选择题

(1) 原始凭证和记账凭证的保管期限为（　　）。

A.30年　　B.25年　　C.3年　　D.10年

(2) 会计档案是记录和反映经济业务事项的重要历史（　　）。

A.凭证　　B.资料和依据　　C.资料和证据　　D.材料

(3) 企业年度财务会计报告的保管期限为（　　）。

A.5年　　B.15年　　C.25年　　D.永久

(4) 根据《会计法》的规定，（　　）主管全国的会计工作。

A.国务院财政部门　　B.国务院

C.审计部门　　D.各级人民政府

(5) 企业会计准则由（　　）根据《会计法》制定并公布。

A.国务院财政部门　　B.国务院

C.全国人民代表大会　　D.各级人民政府

2）多项选择题

（1）下列关于会计档案管理的说法中，正确的有（　　）。

A.出纳人员不得兼管会计档案

B.会计档案的保管期限，从会计档案形成后的第一天算起

C.单位负责人应在会计档案销毁清册上签署意见

D.采用电子计算机进行会计核算的单位，应保存打印出的纸质会计档案

（2）下列各项中，属于会计档案的有（　　）。

A.银行对账单　　B.银行存款余额调节表

C.会计档案保管清册　　D.会计档案销毁清册

（3）定期保管期限一般分为（　　）年和（　　）年。

A.10　　B.30　　C.5　　D.20

3）判断题

（1）企业和其他组织的银行存款余额调节表、银行对账单和固定资产报废清理后的固定资产卡片等会计档案保管期限应当为5年。（　　）

（2）各单位的会计档案不得借出，但经批准后可以复制。（　　）

（3）保管期满但尚未结清的债权债务原始凭证，不得销毁，应单独抽出立卷。（　　）

（4）银行存款余额调节表、对账单是会计档案。（　　）

（5）当年形成的会计档案，在会计年度终了后，可暂由本单位会计机构保管1年。（　　）

主要参考文献

［1］赵筠. 基础会计实务［M］. 北京：中国人民大学出版社，2011.

［2］赵筠. 基础会计［M］. 4版. 大连：东北财经大学出版社，2017.

［3］财政部会计司编写组. 企业会计准则讲解［M］. 北京：人民出版社，2021.

［4］财政部会计资格评价中心. 初级会计实务［M］. 北京：经济科学出版社，2021.

［5］财政部会计资格评价中心. 中级会计实务［M］. 北京：经济科学出版社，2021.